臺灣歷史與文化 研究輯刊

三 編

第 **6** 冊

清代臺灣後山的開發

張永楨 著

花木蘭文化出版社

國家圖書館出版品預行編目資料

清代臺灣後山的開發／張永楨 著—初版—新北市：花木蘭
文化出版社，2013〔民 102〕
目 2+180 面；19×26 公分
（臺灣歷史與文化研究輯刊 三編：第 6 冊）
ISBN：978-986-322-468-6（精裝）
1. 臺灣開發史　2. 清代
733.08　　　　　　　　　　　　　　　　　102017303

ISBN-978-986-322-468-6

臺灣歷史與文化研究輯刊
三 編 第 六 冊　　　　　ISBN：978-986-322-468-6

清代臺灣後山的開發

作　　者　張永楨
總 編 輯　杜潔祥
出　　版　花木蘭文化出版社
發 行 所　花木蘭文化出版社
發 行 人　高小娟
聯絡地址　235 新北市中和區中安街七二號十三樓
　　　　　電話：02-2923-1455 ／傳真：02-2923-1452
網　　址　http://www.huamulan.tw 信箱 sut81518@gmail.com
印　　刷　普羅文化出版廣告事業
初　　版　2013 年 9 月
定　　價　三編 18 冊（精裝）新臺幣 40,000 元

清代臺灣後山的開發

張永楨　著

作者簡介

張永楨，出生於南投縣國姓鄉，現居草屯鎮。國姓國小、國中，台中一中畢業。東吳大學歷史學士、東海大學歷史碩士、成功大學歷史博士。現職為南開科技大學文化創意設計系專任副教授。曾撰寫《彰化縣志》、《新竹市志》、《集集鎮志》、《二林鎮志》、《竹山鎮志》、《南投縣志》、《續修草屯鎮志》、《南投農田水利會志》、《中國現代史》、《台灣史》及《南投縣古物調查》、《草屯鎮歷史資源調查研究》、《清代濁水溪中游的開發》等書，另外撰有學術論文十餘篇。

提　　要

　　清代台灣後山的自然環境，並非絕佳之生存空間。就地形上而言，高山縱橫，河川交錯，只有狹小平原為可耕之地。氣候方面，冬季多霪雨，夏季多颱風，又處於地震帶上，地震頻仍，再加上瘴氣深重，交通困難，故早期只有原住民居於此地，過著穴居野處，狩獵游耕的生活。荷蘭、明鄭治台時期，因產金之說流傳，偶有外來採金者涉足其間，然猶為荒煙未啟之地。

　　清廷治台以後，因恐漢人入侵「番地」及亂黨竄伏而劃界立石，以禁止漢人進入後山拓墾。但漢人或為生計所迫；或為利益之驅使，仍不斷地零星入墾，如吳全、鄭尚、黃阿鳳等均是。

　　當清廷將後山視為化外之時，外人之覬覦後山卻接踵而至，先是貝尼奧斯基之企圖拓殖，繼則為美利士之侵墾，其後更有美國、日本等國野心家之群起而進，終於釀成「牡丹社之役」。但卻喚醒了清廷對後山的關注，而有同治十三年（1874）「開山撫番」之進行，百餘年來之封禁亦告解除。故清廷之積極經營後山，乃肇始於外人之覬覦，此為清廷理台史及台灣開發史上均為一大特色。

　　清末經營後山，以兵工開路，設局以招徠移民，經二十餘年之拓墾，至清廷割讓台灣前夕，後山終由蠻荒未闢變成有漢人五千餘人，闢地數千甲之局面。奠定後山開發之基礎；也穩固了清廷統治後山之基礎。

目

次

圖目次

表目錄

第一章　前　言

　　清代稱台灣東部為「後山」或「山後」，〔註1〕蓋台灣本島中脊有中央
山脈縱貫其間，早期大陸移民來台都居台灣西部，視東部位處中央山脈之
後，故稱「後山」或「山後」，稱西部為「前山」或「山前」。〔註2〕後山
之範圍，向來因人因時而所指各異，有泛指整個中央山脈以東，大約包括
今宜蘭、台東、花蓮三縣及屏東縣之東半部者；〔註3〕亦有專指清光緒年
間之卑南廳及台東直隸州範圍者，〔註4〕大約即為今日之花蓮、台東兩縣
總和。本文之研究係採後者之範圍，其理由如下：（一）、本區北、西、南
三面皆為中央山脈所阻，東面瀕海，自成一地理區。（二）、本區之開發主
要在光緒年間，而本區北鄰之噶瑪蘭平原則於同治末年已大致開發完成，
故不納入本文範圍。（三）、本區大略與光緒年間之卑南廳及台東直隸州相
符，行政區域與自然環境均成一獨立區域。（四）、本區之開發，係清廷為
防範外人竊據而以官方力量移民開墾之地區，為台灣其他各地所無之特殊
區域。

　　關於清代後山地方之區域研究，國內外學者研究者甚少，其最主要者有：

〔註1〕清代文獻中稱山後者有：《蠡測彙鈔》，《東征集》、《彰化縣志》；稱後山者有：
　　　　劉家謀詩自註文，何澂詩自註文及光緒年間之文獻概皆稱後山；此外，亦有
　　　　後山與山後並稱者，如《噶瑪蘭廳志》。
〔註2〕光緒十三年（1887）雲林撫墾局委員陳世烈築雲林城於林圯埔（今竹山鎮），
　　　　稱前山第一城，故台灣西部亦稱前山或山前。如〈生番歌〉中有「山前山後
　　　　陰且寒」語。
〔註3〕同治十三年（1874）以前作品所言後山大多指此範圍，如《蠡測彙鈔》即是。
〔註4〕同治十三年（1874）以後文獻檔案後山所指範圍大多屬此。如沈葆楨之《福
　　　　建台灣奏摺》，劉銘傳之《劉壯肅公奏議》等。

日人某氏經調查所著之《台東移住民史》，〔註5〕日人渡邊善嗣之《改隸前の東部台灣》〔註6〕及陳顯忠之《談台灣後山之開發》，〔註7〕楊越凱《台東史實概述》，〔註8〕以上諸作品大都著重於漢人移入情形之介紹，對於土地之拓墾，漢「番」勢力之消長，官治組織之運作及社會結構等均未加論述。另日人於光緒二十三年（日明治二十九年、1897）曾對台東做一全盤性之調查，結果撰成《台東殖民地豫察報文》一書，〔註9〕近人陳榮波亦據該書撰成〈清季台灣東部之農耕型態〉一文。〔註10〕然上二書著重於住民生活及農耕情形之敘述，其他方面則仍付闕如，因此激發本人重新做一整體性研究之企圖。尤其近年來台灣西部人口分佈過密，工商業亦有高度集中於西部之現象，因此政府不斷地開發東部，希望能疏散西部之人口與工業，使東、西部獲得均衡之發展，如花蓮國際港之開闢、北迴鐵路之興建等均說明之政府之著力於此。故本文之研究，兼有提供清代開發後山之經驗，希能做為今日開發東部之參考。

清代之後山雖早已有漢人進入開發，但其開發之加速主要在同治十三年（1874）牡丹社之役以後，迄於光緒二十一年（1895）日人治台為止。因此後山在十九世紀七十年代以後的二十餘年間，在各方面均起了相當之變化，然因當時人之相關著作甚少，欲做深入之探討非易，此誠為本文撰寫之困難所在。

本論文先由自然環境及人文背景談起，進而論及開發過程，至於第四章主要係探討清季後山之農耕型態、土地制度，土著及漢人社會結構為主，至於社會安全、祭祀信仰等其他社會問題，則以史料缺乏，容後蒐得更多資料時再行進一步探究。又本論文中除引文外，凡前人所謂「生番」、「熟番」或「番人」概以土著稱之，因之「番社」則稱「土著社」。惟有時為行文方便，亦偶爾沿用「生番」、「熟番」、「番社」等語。

〔註 5〕 作者不詳，《台灣慣習記事》第四卷第一號、1969、頁 4 至 15、及同卷第二號，1969、頁 105 至 106。

〔註 6〕 渡邊善嗣，《改隸前の東部台灣》，台北印刷株式會社，1931，台北。

〔註 7〕 陳顯忠，〈談台灣後山之開發〉，《台灣文獻》三十二卷第 2 期，台灣省文獻委員會出版（以下簡稱省文獻會），1891，頁 184 至 200。

〔註 8〕 楊越凱，〈台東史實概述〉，《台灣文獻》二十八卷第 4 期，1977，頁 133 至 146。

〔註 9〕 田代安定，《台東殖民地豫察報文》，台灣總督府出版，1897。

〔註10〕 陳榮波，〈清季台灣東部之農耕型態〉，《台灣銀行季刊》第十三卷第 1 期，台灣銀行，1961，頁 324 至 344。

　　本文之撰寫係以史學方法爲主，兼取社會科學之長處，然後運用東海大學所藏台灣銀行經濟研究室出版之台灣文獻叢刊及研究叢刊爲主要史料，並大量運用台中圖書館黎明分館及中央圖書館台灣分館所藏之日文資料，以補地方史料之不足，此外亦利用台灣省文獻會，花蓮縣政府，中央研究院民族學研究所，近代史研究所及故宮博物院所藏之相關資料，來從事後山地方之區域研究。期透過區域研究，能對清代台灣之地方行政，經濟，社會等層面之瞭解有所裨益。

　　本論文之撰寫與資料之搜集費近三年之功夫，雖非嘔心瀝血，却已克盡心力，然限於時間有限及本人才疏學淺，所知有限，其中欠妥之處必多，唯盼將來再做進一步之探討，更祈各方家先進不吝指教。

第二章　後山之地理環境及人文背景

　　談歷史脫離不了時空和人事，蓋歷史所要探討者，乃人類在時空的活動事項，因而欲對某一地區之歷史做深入的探討，首應對該一地區之地理環境和人文社會背景有所了解，因一地之自然環境和人文背景將影響該地之歷史發展。有鑑於此，本論文擬先於本章中對後山之景觀背景加以探討。

第一節　位置與地形

　　台灣島位處中國大陸之東南沿海，全島似一臥魚，南北稍窄而中部寬，中央山脈以中央偏東之地位縱貫於其間，將本島劃分爲東、西兩部份，西部多平原及丘陵，古稱前山地區；東部則多高山縱谷，古稱後山地帶。本文研究之範圍即東部之後山地區。其所在位置大約即清光緒元年所設卑南廳之範圍。據光緒五年（1879）台灣道夏獻綸所繪《台灣輿圖》後山總圖中，〔註1〕卑南廳之範圍爲：北起東澳灣（今宜蘭縣東澳灣），南迄八瑤灣（今屏東縣八瑤灣），西界「番山」（中央山脈）、東臨大洋（太平洋）、再加上火燒嶼（綠島）與紅頭嶼（蘭嶼）（圖二－一）。又光緒中葉所繪之《台灣地輿全圖》中所示後山台東直隸州之範圍亦與夏圖同（圖二－二）。〔註2〕

〔註1〕夏獻綸，《台灣輿圖》，台灣文獻叢刊第四五種，台灣銀行經濟研究室（以下簡稱台文叢），1959，頁69至74。
〔註2〕撰者不詳，《臺灣地輿全圖》，台文叢第一八五種，1963，頁72至74。

附圖二－一　後山總圖

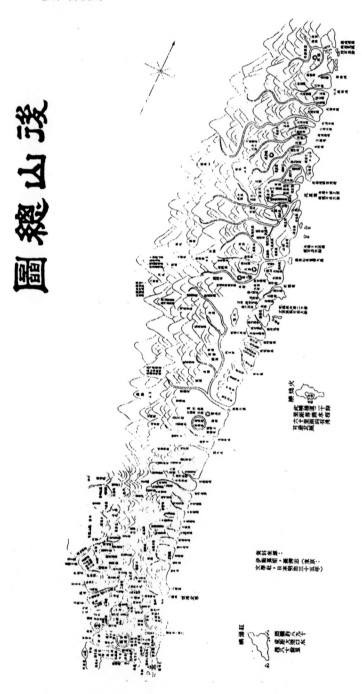

資料來源：伊能嘉矩，《臺灣志》（東京：文學社，日本明治三十五年）

附圖二－二　臺東直隸州後山全圖

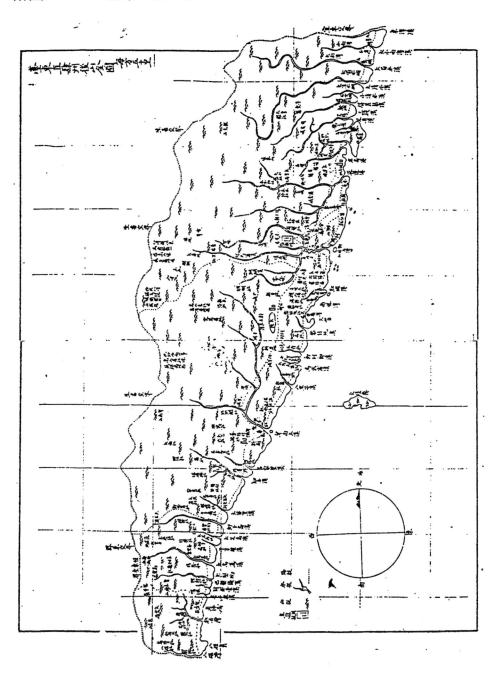

資料來源：不著撰者：《臺灣地輿全圖》，頁73。

但光緒十九年（1893）屠繼善所修《恒春縣志》卷一〈疆域記〉中說：

> 北……九十里，觀音石前加爾崙灣，與台東之卑南交界。〔註3〕

又同書卷一〈前後山道里記〉中云：

> ……又楓港東北行，十里善化社（舊名射不力社，光緒十八年改），十里圓山下，五里雙溪口，北行十里武吉山，十里大雲頂嶺，十五里英華嶺，十里嘉木鹿山，十里阿郎壹溪，與台東州卑南交界。〔註4〕

光緒二十年之《台東州采訪冊》則稍有出入：

> 州東濱大海，西際番山，南界阿郎壹溪，北界加里宛，皆為番山所隔絕。〔註5〕

綜上所述，其位置大抵西際「番山」、東濱大海，南界雖有阿郎壹溪（今臺東縣阿郎壹溪）、八瑤灣及加爾崙溪（臺東縣蚵仔崙溪）三種說法。北界亦有加里宛（今花蓮市區）及東澳灣兩種說法。但本文研究範圍擬採《台灣輿圖》及《台灣地輿全圖》之範圍，即南起八瑤溪灣，北界東澳灣。其理由為此兩書成書較《恒春縣志》及《台東州采訪冊》為早，〔註6〕又詳繪其圖，較足採信。以今日之行政區域來說，其位置大約與今日台東、花蓮兩縣之疆域總和相當。地形上背倚中央山脈，面向太平洋，北有南湖大山與宜蘭交界，南則以三義山與屏東相隔，自成一封閉區域。因此古來此區除有限土著居其地外，少有漢人至其地，清初時期季麒光之《平台灣序》記其地云：

> ……過江二十里雞籠城。以外無路可行，亦無按澳可泊；船隻惟候夏月風靜，用小船沿海墘而行，一日至山朝社，三日至蛤仔難，三日至哆囉嘓，三日至直脚宣。以外則人跡不到矣。〔註7〕

文中哆囉嘓、直脚宣即今花蓮縣境內，由此可見，後山在清初時期乃人跡不到之區。但到了康熙中期漸有人至其地，文獻之記載亦愈來愈詳細。康熙三十四年（1695）高拱乾之《台灣府志》云：

〔註3〕屠繼善，《恒春縣志》，台文叢第七五種，1960，卷一，〈疆域〉、頁10。

〔註4〕屠繼善，前引書，卷一，〈疆域〉，頁37至38。

〔註5〕胡傳，《台東州采訪冊》，台文叢第八一種，1960，卷一，〈疆域〉，頁1。

〔註6〕夏獻綸，《台灣輿圖》成於光緒五年（1879），《台灣地輿全圖》成於光緒十四至十九年之間（1888～1893），《恒春縣志》成於光緒十九年（1893），《台東州采訪冊》成於光緒二十年（1894）。

〔註7〕余文儀，《續修台灣府志》，台文叢第一二一種，1962，卷二三，〈藝文〉（四）頁849。

治之東，其山最聳者，曰傀儡山（在縣東。其土番性極頑悍），曰卑
南覓山（在傀儡山東。卑南覓社即在此山後。社東南又有二山，名
曰小向山。山外大海之中有嶼，名尚仔嶼；周圍百餘里。此處萬水
朝東。嶼外又有一絕大高山，名尚岡山）。轉而南，復折而西南，疊
巒複岫，莫非山也（有麻律律山，呂佳岡山，霄馬干山，知本山，……
老佛山，蜈蚣嶺）。〔註8〕

這是對本區南部之描寫，北部則爲：

……有買豬末山（在山朝山南。其峯尖秀如文筆山形。南即哆囉滿
社、北即山朝社三日路程）、有里沙晃山（在買豬末山南。秀拔峭麗，
與買豬末山並峙。其東南即直腳宣五社），是又東北之秀出而遠擁者
也。〔註9〕

其描寫雖語近測度，但後山之複雜地形亦由此可見。其後之藍鼎元對後山之
描寫漸爲詳盡：

山後地方，有崇爻、卑南覓等社。東跨汪洋大海，高峯插天，巖險
林茂，溪谷重疊，道路弗通。〔註10〕

藍氏曾派外委千總鄭維嵩等至後山捕朱一貴之黨徒，故記敍較詳實而可信。

　　道光十二年成書之《彰化縣志》記本區之情形云：

卑南覓自山到海，闊五、六十里，南北長約百里。他年此地開闢，
可墾良田數萬甲，歲得租賦數萬石，亦足置一縣治。與繡孤鸞爲鄰
境。如今嘉彰兩相接壤。〔註11〕

以上是同治以前對後山之記載，然大多託諸傳聞，到了光緒年間才有較詳實
之記載。光緒五年夏獻綸之《台灣輿圖・後山輿圖說略》云：

後山自蘇澳以南至得其里百四十里，峭壁峻嶒，難通輿馬，且無可
耕之地。中亘東澳，大南澳，大濁水，大小清水五溪，水險莫施舟
楫。得其黎至新城，岐萊六十里，稍得平土；然荒榛灌莽，磽确爲
多。岐萊歷花蓮港、吳全城、大巴籠、周塑社而至水尾得所謂秀孤

〔註 8〕高拱乾，《臺灣府志》，台文叢第六五種，1960，卷一，〈山川〉（附海道），頁
　　　　14。
〔註 9〕高拱乾，前引書，頁 15。
〔註 10〕藍鼎元，《東征集》，台文叢第十二種，1958，卷一，頁 21 至 22，〈檄查大湖
　　　　崇爻山後餘孽〉。
〔註 11〕周璽，《彰化縣志》，台文叢第一五六種，1962，卷十一，〈雜誌志〉，頁 390。

　　灤者（又名泗波瀾），計程百五十里；地盡膏腴。由水尾東至沿海大

港，西至璞石閣而歷平埔大莊，石牌以達卑南百五十里，亦多腴壤。

卑南至恒春二百餘里，則皆瘠區。其間如巴塱衞、八瑤灣、牡丹灣

等處，尚可開墾。此則山後大略情形也。〔註12〕

又《台東州采訪冊》云：

　　台東州境，西逼崇山：自南而北曰大石巖、曰春望巖、曰大南山、

曰埤南山、曰完萬山、曰新武洛山、曰秀姑巒、曰紅巖山、曰木瓜

山、曰岐萊山、曰大鹵山、其次第也，皆大山也。〔註13〕

至於紅頭嶼及火燒嶼，《恒春縣志》記其情形云：

　　紅頭嶼在恒春縣東八十里。……地勢，周圍六十餘里，山有高至五、

六十丈者。……又有火燒嶼者，橫直二十餘里。與紅頭嶼並峙。水程

距卑南六十里，有居民五百餘丁。商船避風，間有至其地者。〔註14〕

由上可見，後山之地形是一山脈縱橫，「峭壁崚嶒，難通輿馬」之境。唯山與
山之間稍得平土。

　　按照現代地理學之觀點，本區位於台灣島之東部，輪廓似一臥蠶，西部
奄有中央山脈中段東側之地。位於中央山脈與太平洋之間則爲著名之台東大
斷層，此斷層由宜蘭之蘇澳海岸延伸至花蓮後即進入陸地向南延伸達於屛
東。而在斷層之東南又有海岸山脈南北縱貫其間，而造成斷層之地塹帶，即
台東縱谷平原。在海岸山脈之東側則爲海岸梯台地形。由於西側之中央山脈
各支脈向東延伸，結果形成很多河川向東注入太平洋，由北而南有大濁水溪，
得其黎溪、花蓮溪、秀姑巒溪、卑南溪各大流域。各大河流及其支流在中、
上游地區將山地切割成無數之河谷及丘陵，在下游地區則形成許多平原及冲
積扇。因此本區之地形極爲複雜而零散。

　　本區域北、西、南三面皆高山綿亙，東側雖臨太平洋，但因地屬台東大
斷層及海岸山脈縱貫其間，以致「濱海六百餘里，惟花蓮港、成廣澳可泊輪
船，而皆風汛靡常，沙礁紛錯，往還匪易，民船更不能以時至也。」〔註15〕
後山地理位置如此封閉，地形這般複雜，以致遲遲未有漢人入墾，而久爲「土
著」所居。直到清初，雖有少數漢人私入闖墾，然清廷仍視爲「自來人跡所

〔註12〕夏獻綸，前引書，頁75。
〔註13〕胡傳，前引書，〈山川〉（附島嶼），頁8。
〔註14〕屠繼善，前引書，卷末，〈舊說〉，頁309。
〔註15〕夏獻綸，前引書，頁75至76。

罕到，亦版圖所未收」，〔註16〕直到同治十三年（1874）牡丹社之役以後，實行開山撫「番」才有大規模之移民，故後山之遲遲未能開發，實因位置及地形之特殊使然也。

第二節　氣候與土壤

後山因中央山脈縱貫於西，東面為廣大之太平洋，平地狹長，故海陸風之流動特別顯著。日間之天氣多半陰半晴之現象，係海風帶著水蒸氣進入陸地後，即為山脈所阻擋而成雲海之故，因此日照率較本島西部同緯度為低，所謂：「山多北向，日光不到，古木慘碧，陰風怒號」〔註17〕即其寫照。夜晚陸風出林丘入海，煙雲皆散，則常明月星輝，晴空萬里。但由於夜間有山風吹向海洋，氣溫下降極快，日夜溫差達九度左右，故「風氣晝熱夜寒與台西稍異」。〔註18〕本區因位處北緯二十二度至二十五度間之低緯度區，而又為太平洋暖流所沖激，故氣溫頗高（年均溫廿三度左右），大抵自北而南，愈南愈高，且逐月遞升，七月以後漸往下降，很有規律。年溫差很小。雨量在二千公厘左右，唯多集中於夏、秋兩季，所謂：「後山每歲立夏以後，大雨時行，山水陡注，溪漲溜急，行旅阻絕，文報恒十數日不通。」〔註19〕即其寫照。夏季除了雨量多外，颱風亦為東部氣候之一大特色，因颱風大多由東面吹向台灣，後山位處台灣東部，面臨大海，無高山阻擋，故每受直接之侵害。而颱風每挾帶豪雨，日夜不停，往往成災，民物大耗。又本區位在地震帶上，地震頻仍，誠為可怖。所謂：「台東東逼大海，素多大風，地亦時震。」〔註20〕即其最佳寫照。

總之，後山之氣候是潮濕多雨，極利於植物之生長，但木高林密，再加上本區地形上高山縱橫，影響日照，山林間陽光不到，濕熱之空氣往往積鬱其間而形成瘴氣，以致商旅遠避，兵士心寒，「新軍之入山者，見番眾所在狙殺，又山深瘴重，咸有戒心；脫逃者不少。」〔註21〕軍士尚且如此，移民裏

〔註16〕李讓禮，《台灣「番」事與物產》，台文叢第四六種，1960，〈附錄同治六年六月（1867、7）福建台灣鎮總兵劉明燈與福建臺灣道兼學政吳大廷奏文〉，頁79。
〔註17〕羅大春，《台灣海防並開山日記》，台文叢第三〇八種，1972，頁34。
〔註18〕陳培桂，《淡水廳志》，省文獻會，1977，卷十六，附錄三，〈志餘〉，頁451。
〔註19〕胡傳，《台灣日記與稟啟》，台文叢第七一種，1960，頁20。
〔註20〕同註5，頁64，〈災祥〉。
〔註21〕羅大春，前引書，頁44。

足更所難免。再加上颱風、地震之為害，移民更不前矣！所以後山遲未開發，氣候之不佳，亦有極大之影響。

後山之氣候適於植物之生長，而其土性如何呢？清代文獻對後山之土性已有不少之描述，如康熙年間藍鼎元之〈台灣近詠〉云：

> 鳳山東南境，有地曰瑯璚。港澳通舟楫，山後接崇爻。寬曠兼沃衍，氣勢亦雄驍。茲土百年後，作邑不須勞。近以險阻棄，絕人長蓬蒿。利在曷可絕，番黎苦相招。不為民所宅，將為賊所巢。遐荒莫過問，嘯聚藏鴟梟。何如分汛弁，戒備一方遙。行古屯田策，令彼伏莽消。
>
> 〔註22〕

又道光年間劉家謀於其所著《海音詩》中說：

> 卑南覓與水沙連，更有波瀾萬頃田。好續梁家詹事疏，一戈一甲樂堯年。〔註23〕

其於詩末自註云：「卑南覓在南路傀儡山後，凡七十二社。水沙連在北路，距彰化縣治九十里，凡二十四社。泗波瀾一名秀孤鸞，又名秀姑鸞，在後山，北界噶瑪蘭，南界鳳山，橫四百餘里，亘二百餘里。二處皆地寬土沃，閩粵人多私墾其中。收之則有益國家；棄之，則貽奸宄。……」〔註24〕

以上兩首詩之作者，一在戎伍，一為台灣府學左齋，都未到過後山，其目的在提醒當世重視後山，開發後山，其內容雖得諸傳聞，然當時漢人零星至後山者時而有之（詳第三章第二節）。其得諸傳聞恐非空穴來風也。

又道光時噶瑪蘭通判李若琳詩云：

> 枕山三面峻，襟海一更橫。草昧荒前代，梯航本大清。龜趺蹲砥柱，鳥道闢荊榛。笑指奇萊外，聞風意已傾。〔註25〕

其詩末自註云：「如卑南覓、泗波瀾等處，皆膏腴沃壤，豈干自外生成。顧予老矣！願以俟後之君子。」李氏身處噶瑪蘭，與後山近在咫尺，其所言卑南覓，泗波瀾二處「沃壤」，即今之花蓮平原與台東縱谷平原之可耕地。稱之為「膏腴沃壤」似不誣也。

光緒以後，由於「開山撫番」之進行，對後山之土性才有較詳細而可靠

〔註22〕余文儀，《續修台灣府志》，卷二六，〈藝文〉（七），頁945。

〔註23〕劉家謀，《海音詩》全卷，省文獻會，1953，頁3。

〔註24〕同前。

〔註25〕陳淑均，《噶瑪蘭廳志》，台文叢第一六〇種，1963，卷八，〈紀文〉（下），頁407。

之瞭解。如光緒五年（1879）成書之《台灣輿圖‧後山輿圖說略》中說：

　　後山自蘇澳以南至得其黎百四十里，峭壁峻增，難通輿馬；且無可
　　耕之地。中亘東澳、大南澳、大濁水、大小清水五溪，水險莫施舟
　　楫。得其黎至新城、岐萊六十里，稍得平土；然荒榛灌莽，磽确爲
　　多。岐萊歷花蓮港、吳全城、大巴籠、周塑社而至水尾得所謂秀孤
　　鸞者（又名泗波瀾），計程百五十里，地盡膏腴。由水尾東至沿海大
　　港，西至璞石閣而歷平埔大莊、石牌以達卑南百五十里，亦多腴壤。
　　卑南至桓春二百餘里，則皆瘠區。其間如巴朗衛，八瑤灣、牡丹灣
　　等處，尚可開墾。此則山後大略情形也。〔註26〕

夏獻綸所著《台灣輿圖》乃是派人至各地繪製而成，〔註27〕故對各地之瘠腴
知之甚詳。大致而言，由花蓮港以迄於卑南之間盡爲腴壤，花蓮以北，卑南
以南則爲磽确之瘠區。

　　根據近人之研究，〔註28〕後山之地層構造，大致上中央山脈東側屬第
三系與第三系始新統之變質岩。海岸山脈則由第三系中新統、鮮新統之水
成岩及火成岩所構成。而第四系的洪積層及冲積層則構成台東縱谷平原及
其他。其土層通常不逾一公尺，袛部份低窪及赭土化之地，恒達數公尺。
表土厚度二十至四十公分不等，間亦有薄於二十公分者，大抵平地及緩坡
地較深，急傾斜地較淺，且有岩石纍纍不被表土之處。土壤內所含之有機
質以縱谷平原爲多，但急坡及表土流失地則乏有機質。海岸山脈一帶，所
含有機質極少，均屬瘠區。概括而言，由花蓮至台東之縱谷平原，地形平
坦，土地肥沃，最宜耕種。此與夏氏之說法符合。中央山脈東側之緩坡地，
沃度亦高，惟地形較差，但仍可耕種。至於海岸山脈及各砂礫地，急傾斜
地，草生地，則屬瘠區，必須施肥方可耕作。至於蘭嶼與綠島則屬火成岩
及珊瑚礁構成，山岳多岩石，平地亦多砂質地，肥沃之地極少，勉強可以
耕種。（見附圖二－三）。

　　總之，後山高溫多雨之氣候極適於作物生長，而縱谷平原及各緩坡地土
壤均極肥沃。尤以清代時期林深草密，榛狉未啓，腐植質更多，頗適合於農
墾。而胡鐵花「獨謂精華已竭，無復膏腴可闢，台東州直當以甌脫棄之。」

〔註26〕夏獻綸，前引書，頁 75 至 76。
〔註27〕夏獻綸於《台灣輿圖‧自序》中云：「命山陰余二尹寵周歷各屬，創爲之圖；
　　　　凡再易寒暑始竣。而後山圖，又數易；惟嘉應王君熊彪有稿爲優，並採用之。」
〔註28〕林朝棨，《台灣地質》，省文獻會，1974，頁 105 至 106。

〔註 29〕恐爲厭處其地，謀求脫身之言也。難怪蔣師轍「私心滋疑，然屐齒未經，不敢辨難」〔註 30〕了。

附圖二－三　後山土壤圖

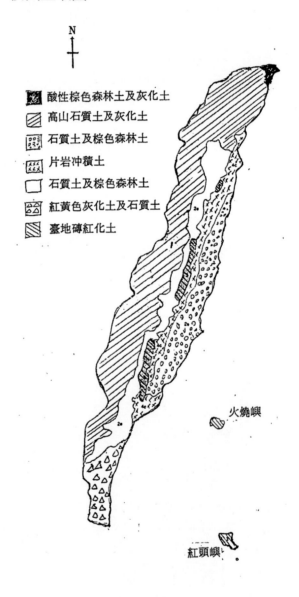

N

酸性棕色森林土及灰化土
高山石質土及灰化土
石質土及棕色森林土
片岩沖積土
石質土及棕色森林土
紅黃色灰化土及石質土
臺地磚紅化土

火燒嶼

紅頭嶼

資料來源：
根據：內政部：《中華民國臺灣區地圖集》，1981，頁 5，土壤圖改繪。

〔註 29〕蔣師轍，《台游日記》，台文叢第六種，1957，頁 58。
〔註 30〕同前。

第三節 水陸交通

　　台灣位處中國大陸東南沿海，移民都由海上而來，故交通方便與否非常重要。大抵移民來台多先至較近之西部；東部後山則因北、中、南三面皆有大山阻擋，東面海岸又乏良港，交通極爲不便，故開發較西部爲遲。因交通發達與否？實爲經濟開發之先決條件。而社會經濟之發展又爲促進交通發達之因素。兩者互爲因果，息息相關。後山由於地形封閉，三面依山，東面臨海，故其對外交通可分爲海路與陸路。

第一項 海路交通

　　文獻上最早記載由海路到後山者爲弘治年間（1500左右），葡萄牙人人航海經過台灣海峽，繞至東部海岸，發現花蓮附近產砂金，乃以其本國產金之河流爲名，呼花蓮爲利澳特愛魯（Rio Dne ro），並詳記於航海文件中。〔註31〕另外根據《巴達維亞城日記》之記載〔註32〕：荷人統治台灣時期，曾數度討伐後山「番社」及探採金礦。在前後三十八年之間達十次左右，其中八次由海上前往，茲引錄幾段爲證：

> 明崇禎十三年（1640）在卑南覓（Pinamba）及附近富有黃金之格村落，萬事順利，……衞西林又順延海岸向北出征，至敵地境界附近再行返回。沿海前進之間，衞西林發現數處港灣，伊以爲其中當有便於大小型帆船出入者，而長官則持反對意見，謂該地方接近海岸之處水甚深，東風來時甚爲不利，卑南覓航海之困難即因此之故云。

〔註33〕

又崇禎十四年（1641）之記載云：

> 探勘者衞西林再度出差富有黃金之各村莊，……在該地逗留二日後，奉命向海岸及里腦（Danan、今花蓮縣吉安鄉化仁村）出發，該地有美麗港灣，適合也哈多船及帆船之泊碇，而入口有沙洲，船隻難以進港，但馬拉克薩魯（maraxal）島之後方及北方沙壁多（Sapeat）岬之後方可避南風。〔註34〕

〔註31〕伊能嘉矩，《台灣文化志》，刀江書院，1965，上卷，頁52，中卷，頁700。
〔註32〕郭輝譯，《巴達維亞城日記》，省文獻會，1970，該日記爲荷蘭東印度公司之日記。
〔註33〕同前，頁245至246。
〔註34〕同前，頁314至315。

由上面二段引文可以知道，在崇禎年間，荷蘭人即不斷地航行於東海岸，並且發現了數處港灣。但同時也瞭解東海岸港口海水過深，東風強勁，難以停泊之缺點。至於他們之航線都沿海岸而行，可能是因地理環境不熟，避免洋中大風浪及便於隨時停泊考察起見。他們到東海岸之航線有兩路：一是由台窩灣（Tayouan，今台南市安平區）繞過台灣南端之巴士海峽，抵達卑南，再沿海岸北上。荷人大多走此路，〔註 35〕因為在崇禎十年（1837）荷人得到報告：「中尉楊友良生（Tan. Jurcaensen）為探勘在台窩灣東方山中之金礦起見，以對瑯嶠領主致敬為名，於二月三日自台窩灣搭乘戎克船前往。……然而該中尉發現由陸路前往不便，又有某中國人告以他曾眼見卑南覓土番有黃金以及金在該地，並言海路較陸路方便，他曾前往數次，故願同航云。」〔註 36〕由此可見，此路不只荷蘭人走，亦有少數漢人往來其間。除了這條航路以外，荷蘭人在趕走佔據北方之西班牙人之後，北方亦落入荷蘭勢力範圍。於是荷蘭人乃開始由台窩灣出發，經淡水、雞籠、繞過東北角到後山之 Taraboan（哆囉滿，今之花蓮縣新城鄉附近）。〔註 37〕

總之，在荷據時期前往後山之海路有二：一為由台窩灣出發，繞過台灣南端再沿東海岸北上；另一則在西班牙人被逐後，由台窩灣出發，經淡水、雞籠、繞過東北角再海岸南下東海岸。

荷人被明鄭驅逐後，後山對外之海上交通陷入了一段沈寂。但在清初時期仍有些文獻記載通往後山之海上航路。如季麒光之《平台灣序》云：

> 用小船沿海墘而行，一日至山朝社，三日至蛤仔難，三日至哆嘓蝗，三日至直腳宣，以外則人跡不到矣。」〔註 38〕

另外《台灣外記》說：

> 上淡水通事獻策，取金裕國，安撫司林雲為之轉啟。克塽令錫範問滄取金情由，滄曰：『從上淡水坐番邦小船蚊甲（蚊甲，番小船名）向東而行，行至方浪、石灣，轉北而南，溯溪直進，此水路也，可取金沙。〔註 39〕

〔註 35〕郭輝，前引書中關於採金及討伐東部各記載。
〔註 36〕郭輝，前引書，頁 211 至 212。
〔註 37〕中村孝志原著，賴永祥、王瑞徵譯，〈十七世紀荷人勘查臺灣金鑛紀實〉，《台灣文獻》第七卷第 1、2 期，1956，頁 110。
〔註 38〕同註 7。
〔註 39〕江日昇，《台灣外記》，台文叢第六〇種，1960，頁 408。

由此可見；在清初時期後山對外之海路交通，至少尚有沿東北海岸一路可行。

清代以後，後山對外之海上交通又逐漸頻繁，留下不少漢人前往後山之紀錄。如：

(1) 康熙三十二年（1693）淡水陳文、林侃之漂流奇萊（詳第三章第二節）。

(2) 康熙六十一年（1722）藍鼎元令外委千總鄭惟嵩，率健丁十數人，駕舟南下，由鳳山、郎嬌至沙馬磯頭（今屏東縣貓鼻頭），轉折而東，賫往諭卑南覓大土官文結。〔註40〕

(3) 同治十三年三月（1874）清廷派候補同知袁聞柝乘輪船至後山埤南寶桑（今台東市）登岸，招撫卑南呂家望（卑南鄉利嘉村）等社，並帶「番目」陳安生等回郡，言群「番」願歸化，始議用兵後山。〔註41〕

由上列各記錄顯示，清代往後山之海路仍有南、北二道，即由雞籠繞東北角南下奇萊、花蓮；或由沙馬磯頭轉東再北上卑南。

又道光十二年（1832）成書之《彰化縣志》有如下之記載：

> 近時郡城小艍，私到山後，向番擺流者，即卑南覓也。……其地港灣數處，皆可泊船，小舟由溪而入，可二、三十里，溪水清且深。
>
> 〔註42〕

由這段文字可知，清代民間由海道私往後山者，而且後山亦有數處港灣可以泊舟。

但據光緒五年夏獻綸所著《台灣輿圖》卻說：

> 濱海六百里，惟花蓮港，成廣澳可泊輪船；而皆風汛靡常，沙礁紛錯，往還匪易，民船更不能以時至也。〔註43〕

而胡傳《台灣日記與稟啓》又說：

> 後山無可泊輪船之口。埤南之東有小島曰火燒嶼，可暫泊輪船以避北風。〔註44〕

將此三段文字加以比較，似乎有所矛盾，其實兩者並不矛盾，而是所記重點不同而已。綜合起來，我們便可對清代後山之港灣做一結論：即後山港灣不少，但大多只能停小船，惟有成廣澳（今台東縣成功鎮）可泊輪船，但由於

〔註40〕藍鼎元，《東征集》，頁21。

〔註41〕同註5，兵事，頁65。

〔註42〕周璽，前引書，頁390。

〔註43〕夏獻綸，前引書，頁73至74。

〔註44〕同註19，頁66。

季風強勁，風汛靡常，停泊困難。其能避風又可泊輪船者，唯火燒嶼一處而已。這與荷蘭人之記錄亦完全脗合。

總之，後山對外之海上交通，向來有南、北二道，且港灣數處，但大多只能泊小船，唯花蓮港與成廣澳可停輪船，卻又風汛靡常，停泊困難。而前往後山之海路遙遠，移民不敢貿然前往，這對後山之開發有其不利之影響。

第二項　陸路交通

後山由於北、西、南三面爲高山環繞，地形封閉，因此向來由前山前往者需越過高山，攀越極爲困難。而高山中又有殺人馘首之土著居住危險萬狀。但是自古以來，由陸路前往後山者卻大有人在。彼等如何前往？據荷據時代之《巴達維亞城日記》載：

> 明崇禎十四年（1641）衛惠林君令臺灣東部居民全部與我國同盟，
> 又爲發現金礦而盡全力，奉命勸告彼等多種米稻，五月底由海路抵
> 達瑯嶠，而自該地從陸路旅行至卑南覓。〔註45〕

由此可見，荷人由陸路前往後山之路線是先乘船至瑯嶠（今屏東縣恒春鎮），再由此東行越過中央山脈，然後沿東海岸北上。但此路甚難走而且須通過瑯嶠「番社」，「番社」必須歸化方能通過，〔註46〕故在荷據三十八年中，只走過二次而已。〔註47〕至明鄭時期此路便無法通過，而走北路海道前往取金了。

清領台灣以後，因鑑於台灣曾爲反清基地，恐移民來台後，成爲變亂之淵藪，因此屢頒渡台禁令，〔註48〕限制大陸移民來台。雖然屢申屢弛，然當時台灣沃壤日闢，利之所驅，偷渡者眾，非當路所能遏。事實雖如此，但與大開海禁相較，在無形中必阻礙不少人來台。當時偷渡者大多到台灣西部，後山路遠且險，少有人往。其後移民偷渡來台日多，侵墾「番地」日益嚴重，以致「番衅」時起。乾隆三年（1738）閩浙總督郝玉麟奏請：「臺灣熟番與漢人所耕地界，飭令查明。其已有契可憑，輸糧已久者，立界管業。此後不

〔註45〕郭輝，前引書，頁321。
〔註46〕瑯嶠「番社」正好於1637（崇禎十年）臣服於荷人，見郭輝譯，《巴達維亞城日記》，頁191至192。
〔註47〕1641年及1642年（崇禎十四年）二次。
〔註48〕莊金德，〈清初嚴禁沿海人民偷渡來台始末〉（上）（下），《台灣文獻》第十五卷第3期，頁1至20及第十五卷第4期，頁40至62。莊氏對清初渡台禁令之屢申屢弛，將其分成九個階段，並將其弛張始末作詳細之研究。

准人民侵入番界，購買番業。應令地方官督同士官，劃界立石，以垂永久。」
〔註49〕從此後山被劃爲「番界」，禁止漢人進入，於是後山對外交通又告中
阻。從清初至同治十三年（1874）之百餘年間，只有少數冒險家偷越「番山」
前往後山，其前往之路線如何？據《台海使槎錄》云：

> 其至崇爻社者，自倒咯嘓用土番指引，盤山逾嶺，涉澗穿林，計程
> 五日夜方至，由民仔里武，三日可至蛤仔難；但峻嶺深林，生番錯
> 處，漢人鮮至。或云水沙連過湖，半日至加老望埔，一日至描里眉，
> 一日至眉加墤，一日至望加臘，一日至福骨，一日半至買槽無老，
> 又一日半至民仔里武，二日至蛤仔難社。由描里眉，二日至斗截，
> 半日至倒咯嘓；過大山數重，四日夜可抵崇爻社。路極崎嶇，坑塹
> 險阻，難於跋涉；若陰雨水漲，更難計程。由淡水從山後行，路稍
> 平易。〔註50〕

又《諸羅縣志外紀》云：

> 由斗六門山口東入，渡阿拔泉，又東入爲林瑺埔，亦曰二重埔。土
> 廣而饒，環以溪山，爲水沙連，及內山諸番出入之口，險阻可據。
> 有路可通山後哆囉滿。〔註51〕

由上列二段引文可以看出，在封禁時期有三條陸路可通後山，即南路由倒咯
嘓（今台南縣東山鄉）越山而過；中路由水沙連（南投縣竹山鎮）越山到一
蛤仔難（今宜蘭）再入後山，此二路均崎嶇難行，而且阻於土著。唯有北路
由淡水繞後山（三貂角之東）較平坦易行。〔註52〕

當時後山境內之交通如何呢？據《臺海使槎錄》云：

> 瑯嶠山後行一日至貓丹，又二日過丹哩溪口至老佛，又一日至大鳥
> 萬社，又三日過加仔難社、朝貓離社，至卑南覓社。……由卑南覓
> 一日至八里捫，又一日至加老突，文吉所屬番界止此。至打水安一
> 日，又二日至芝母蘭，共五社；又行五日至直加宣社。俱係北路山
> 後生番，凡此山後綿亙，聲息鮮通。〔註53〕

〔註49〕連橫，《台灣通史》，省文獻會，1976，卷十五，〈撫墾志〉，頁336。
〔註50〕黃叔璥，《台海使槎錄》，台文叢第四種，1957，卷六，〈番俗六考〉，頁122。
〔註51〕周鍾瑄，《諸羅縣志》，台文叢第一四一種，1962，卷十二，〈外記〉，頁288。
〔註52〕此可由賴科、吳全、黃阿鳳等均經由此路到達後山（詳第三章第二節）可得
　　　　到證明。
〔註53〕黃叔璥，前引書，卷七，〈番俗六考〉，頁160。

由此可見在封禁期間，後山境內之「番社」錯落，山脈綿亘，聲息鮮通，交通不便。

同治十三年（1874）以後，由於進行「開山撫番」，而「開山撫番」必以開闢「番界」道路為首務，自是有北、中、南諸路之開闢以通後山：

（一）北路宜蘭花蓮道：同治十三年，以革職留任福建陸路提督羅大春督成之，北起宜蘭縣之蘇澳，南達花蓮迤南之吳全城（今在花蓮縣壽豐鄉志學村）。〔註54〕

（二）南路諸道：

　　甲、赤山卑南道：同治十三年，台灣南路海防兼理番同知袁聞析督成之。起鳳山縣之赤山（今屏東縣萬巒鄉赤山村），以達卑南（台東市）。〔註55〕

　　乙、射寮卑南道：同治十三年，台灣鎮總兵張其光督成之。起鳳山縣之射寮（今屏東縣枋寮鄉）以達卑南。〔註56〕

　　丙、恒春卑南道：光緒三年（1877）恒春知縣周有基所開。起恒春經八瑤灣達卑南。〔註57〕

　　丁、楓港卑南道：光緒三年，候補通判鮑復康督成之。起恒春縣之楓港（今屏東縣獅子鄉），以達卑南。〔註58〕

　　戊、東港卑南道：光緒八年（1882）提督周大發、張兆連所開通。起自恒春縣東港（今屏東縣東港鎮），達於卑南。〔註59〕

（三）中路橫斷道：

　　甲、林圯埔璞石閣道：光緒元年（1875）福寧總兵吳光亮督成之。西起林圯埔（南投縣竹山鎮）、達於璞石閣（花蓮縣玉里鎮）。〔註60〕

　　乙、集集水尾道：光緒十二年（1886）由台灣鎮總兵章高元及鎮海後軍副將張兆連督成之。起於集集埔之柴橋頭（南投

〔註54〕羅大春，前引書，頁15至63。

〔註55〕同前。

〔註56〕同前。

〔註57〕吳贊誠，《吳光祿使閩奏稿》，台文叢第二三一種，1966，頁7，〈查勘台灣後山情形並籌應辦事宜摺〉。

〔註58〕同註5，〈疆域〉，頁2。

〔註59〕同註5，〈疆域〉，頁3。

〔註60〕連橫，前引書，卷十九，〈郵傳志〉，頁406至407。

縣集集鎮）、達於水尾（花蓮縣瑞穗鄉）。〔註61〕

以上諸路均爲清廷「用重兵、糜鉅餉所開，穿番中以行，處處築堡設防，勦撫兼施，不遺餘力。然兵甫撤，而道即爲番所阻塞」。〔註62〕到了光緒中葉時，前後山只東港卑南道可通而已。〔註63〕

　　以上是「開山撫番」後，後山對外陸路交通情形。至於當時後山境內往來之陸路交通狀況如何？《台東州采訪冊》云：

　　自巴塱衞以至卑南，皆沿海行沙磧中；自白石口以至擺那擺，皆沂埤南溪行；自擺那擺北至新開園，皆沂新武洛溪行；自大陂北至大莊，皆順網綢溪行；自大莊以北過璞石閣至水尾，皆順大密納河行；自水尾北至拔仔莊，則又拆挖鈴挖溪行。皆無路，行石磧中，溪多石也。自拔仔莊以北達花蓮港，則皆順紅巖溪行。亦無路，行沙磧中，溪多沙也。……自埤南涉溪而北，踰猴子山沿海北達成廣澳、又北達大港口、又北達貓公社約二百里，可墾之地皆不甚廣。自貓公社沿海以北至花蓮港六十五里之間，亦有可墾之地。從前阿眉番曾開墾成熟，今爲木瓜番時出殺害，避而遷去，路遂不通。此由埤南沿海以北所有地段之大略情形也。花蓮港以北至加里宛各社二十里之間，最爲平廣，土之膏腴甲於後山；而大鹵番時出擾之。加里宛以北新城、得其黎、大小清水、濁水溪及大南澳等處延袤百六十〔七〕里，今已棄在境外。而境內沿山、沿海所有溪河，夏、秋雨多，水漲阻隔而不能通往來者，歲必有一、二月之久。〔註64〕

由上可知，後山境內之路線爲：北自蘇澳經得其黎、新城至花蓮達大港口，到大港口後分爲二路：海線延海岸山脈東側南下至卑南，山線則自大港口順台東縱谷抵卑南與海線會合，然後南下入恒春縣境。而境內之道路大多沿河床行於沙磧之中，這種河床便道，平時天旱水枯尚可行走，但「臺東每歲五月大雨，山水漲，行人阻絕，文報不通」。〔註65〕又據《臺東州采訪冊》載，

〔註61〕劉銘傳，《劉壯肅公奏議》，台文叢第二七種，1958，卷四，〈撫番略〉，頁217至220，各路生番歸化請獎官紳摺。
〔註62〕同註5，〈疆域〉，頁3。
〔註63〕同前。
〔註64〕同註5，〈疆域〉，頁3至4。
〔註65〕同註19，頁17。

台東州內並無橋樑，南北往來唯有大港口（花蓮縣豐濱鄉港口村）「番渡」
一處而已，〔註66〕但該渡「以竹編成小筏，一人坐於後，以兩手執一槳，兩
頭盪水；前座一人以渡。若官長過此，則縛二、三筏為一筏，頃刻立就。然
須無風時，有風則不能渡也」。〔註67〕後山境內道路之簡陋，津渡橋樑建設
之缺乏由此可見。難怪光緒二十三年（日明治二十九年、1897）日人所做豫
察報告中說：「台東之管內道路，往日居民僅以牛車為往來之交通工具。而
介於中央山脈與海岸山脈間之平地交通往來極為困難。因其間溪流極多，沙
礫數里。而花蓮至卑南四十餘里之間，路面不整，貨物搬運不便。材落稀疏
散佈其間。花蓮、水尾、卑南三大溪及其支流呈網狀貫流其間。雖日麗風和
之日，商客亦常冒險涉水而過。至若陰天大雨之日，各溪水漲，行路為之中
阻，有急事者常空等於村家而遷延時日。加以平常涉水溺死者不少。卑官巡
迴途中已數次接到有人溺死之凶報」。〔註68〕後山境內交通之不便，此即為
最佳之描述。

　　總之，後山對外之交通有海、陸二道。海路又有南、北二道，但航程遙
遠，而後山之港口又風汛靡常，泊碇困難，交通極為不便；陸路方面，在封
禁時期後山被視為「番界」，禁止漢人出入。雖有少數冒險家由噶瑪蘭、水沙
連、倒咯嘓等地越中央山脈而入，但山高路險，且有被土著馘首之危，故東
去者甚稀。迨開山撫「番」之議行，雖有北、中、南先後八路之開通，然以
國家兵力有限，財餉短絀，以致道路維護困難，開闢不久即為「番」阻或崩
壞。後山對外交通之困難由此可見。至於後山境內之交通往來，並無道路之
建設，其路大多沿河床沙磧而行，數百里內無一橋樑、津渡，唯大港口簡陋
之「番渡」而已。一旦天雨河漲，行旅中途受阻，乃意料中事。後山之對外
對內交通均如此不便，影響此地之開發，自然至為深遠。茲將後山之對外交
通圖繪如附圖二─四：

〔註66〕同註5，〈津渡〉，頁46。
〔註67〕同前。
〔註68〕由代安定，前引書，第三項，業務部，上篇，〈水利港灣の現況〉，頁108。

附圖二－四　後山對外交通圖

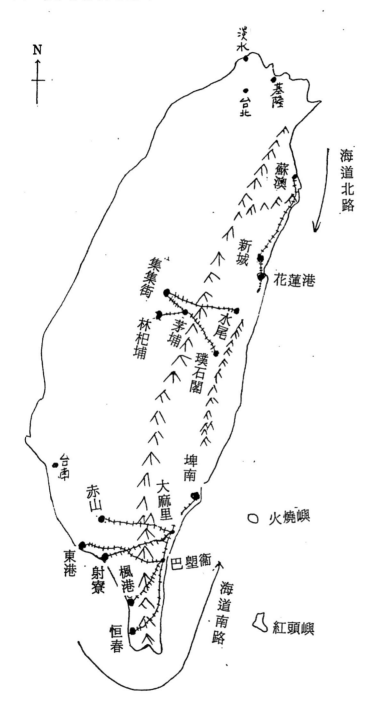

第四節　土著分佈及其社會經濟

第一項　後山之史前文化

　　後山開始有人類居住始於何時？難以確知，但根據民國五十七年
（1968）國立台灣大學考古人類學系宋文薰教授在台東縣長濱鄉八仙洞所
發現之「長濱文化」，證明了在舊石器時代之晚期（更新世），台灣東部即
有人類居住。根據宋氏所發表之〈長濱文化——台灣首次發現的先陶文化
簡報〉表示〔註 69〕：長濱文化是在米崙期的第一亞冰期（W1），最遲也在
第二亞冰期（W2），當台灣與大陸相連時由華南傳入的。（附圖二－五）長
濱文化的特質爲無農畜的跡象，完全不見磨製石器及陶器等新石器時代文
化應具備的任何要素。數以千計的長濱文化石器及製造石器所剩餘的廢
料，完全以舊石器時代的打剝法製造而成。石器的原料皆採自海邊的礫石，
屬於最典型的礫石器。根據碳十四測定，長濱文化最早的年代可能早至距
今約一萬五千年前。然後一直延續至距今五千年前突然消失，而且與以後
普遍出現於台灣全島各地的各史前文化之間，找不出可以連繫的關係。也
就是說：在大約一萬五千年前，後山已有人類居住，他們使用著「長濱文
化」的工具，在東部臺灣生活了一萬年左右，突然滅絕或他移。

　　除了長濱文化以外，東海岸亦發現不少新石器時代之文化遺址。民國五
十七年（1968）宋文薰教授在台東縣成功鎮麒麟山發掘史前遺址，此遺址之
出土物以各類巨大之單石、岩棺、石像、石壁、石柱、有孔石盤等爲主，屬
於新石器時代之文化，被命名爲「麒麟文化」。〔註 70〕據宋教授推斷，此遺址
之年代大約在距今四千年前至二千年前之間（見表二－一）。另外，民國六十
九年（1980）因台東南迴鐵路之興建，在台東縣卑南鄉南王村又有史前遺址
之出土，後經台灣大學宋文薰教授之發掘，出土許多新石器時代之玉器、石
器，並且有石板棺及人類遺骸之出土。此遺址分佈面積達一萬五千平方公尺
左右。其年代經台大考古隊之推測，距今約二千年前至三千年前之間，〔註 71〕
並命名爲「卑南文化」。〔註 72〕

〔註69〕宋文薰，〈長濱文化——台灣首次發現的先陶文化〉，《民族學通訊》第 9 期，
　　　　1969，頁 1 至 26。
〔註70〕宋文薰，〈由考古學看台灣〉，引自陳奇祿等著，《中國的台灣》，中央文物供
　　　　應社，1980，頁 93 至 220。
〔註71〕同註 70。
〔註72〕同前。

附圖二－五　米崙亞冰期古地理圖

資料來源：宋文薰：〈由考古學看臺灣〉，1980，頁 103。

註：斜線與黑色部份原均為陸地；但黑色部份後來沉為海洋。

由於麒麟、卑南兩遺址之發掘，證明了在距今四千年前至二千年前之間，後山也有人類居住。至於他們是否爲後來之後山土著的祖先則不可確知。〔註73〕

除了長濱、麒麟、卑南三遺址外，後山地區尚有許多新石器時代之史前文物分別在新城、花蓮、瑞穗、蘭嶼、綠島、太麻里等地出土。〔註74〕這些遺物之出土，證明了在史前時期後山土著分佈範圍之廣泛；由遺物之特性顯示，他們有的可能是清代以後後山先住民之祖先，〔註75〕只是缺乏文字等直接證據而已。

第二項　土著分佈及其社會經濟

後山土著之活動有稍爲詳細之記載，應自荷據時代始，根據《巴達維亞城日記》之記載：崇禎九年（1636）、荷人降服瑯璚諸社，〔註76〕聞卑南覓（指今台東縣境）山中，出產黃金，因而啓其征服東部而探採黃金之謀，結果自崇禎十年（1637）以後，曾先後降服卑南覓社（台東縣卑南縣）、史培拉社（Supera，疑今花蓮縣豐濱鄉港口村）、大巴六九社（Tammaloccau，今台東縣卑南鄉太平鄉）及馬太鞍（Ra- ddan，疑今花蓮縣光復鄉）、哆囉滿（Taraban，花蓮縣新城鄉地區）等數十「番社」。〔註77〕並且曾至紅頭嶼俘土民三人至台窩灣。〔註78〕

〔註73〕宋文薰，〈由考古學看台灣〉，頁 137。
〔註74〕鹿野忠雄著，宋文薰譯：《臺灣考古學民族學概觀》，省文獻會，1955，第一篇台灣考古學概觀，第十二章台灣先史遺物的地方相，頁 102 至 103。
〔註75〕同註 73。
〔註76〕見郭輝，前引書，頁 191 至 192。
〔註77〕郭輝譯，前引書，頁 372 至 374。
〔註78〕郭輝譯，前引書，頁 390。

附表二－一　台灣史前文化的層次
Seauence of Prehistoric Cultures and Phases of Taiwan

資料來源：宋文薰：〈由考古學看臺灣〉，插圖十六。

　　荷蘭爲統治後山地區，設集會所於卑南，做爲招撫之機構，〔註79〕根據荷蘭海牙國立圖書館所藏殖民地文書（Koloniaal Archief）中之阿姆斯特丹東印度公司總公司收發文書（Over-gekomen biieven en papierenter Kamer Amsterdam V.O.I.C.）中所載：荷蘭於1650年（清順治七年）三月在台灣所做之戶口調查，〔註80〕列出後山之「番社」六十一村落，〔註81〕其分佈情形及戶口數量大致如附表二－二。

附表二－二　荷據時期後山「番社」表

卑南覓（Pimaba）村落	戶數	卑南北部與公司同盟村落	戶數	卑南南方未歸順村落	戶數	卑南北方Bacanan峽谷內	戶數	卑南北方未歸順村落	戶數
Pima	163	Koeskoes	11	Laboan	—	Pimoch	—	Terwelouw	—
Marenos	14	Longelongh	10	Kabrucan	—	Kinnedouwan	—	Batsirael	—
Pinewattangh	25	Vypuys	15	Deedel	—	Tolledecan	—	Kowerwan	—
Pinneser	9	Lajpelap	12	Koetapongan	—	Sapisan	—	Vatan	—
Nickebon	18	Bonock	15	Bartlu	—	Sawnco	—	Tawaron	—
Bogert	—	Palangh	42	Paredejan	—	Kalenoy	—	Pysanongh	—
Sabecan	15	Arangh	40	Terwelal	—			Sulyen	—
Typol	25	Sapat	106					Sicosuan	—
Lywelywe	15	Serycol	76					Boryen	—
Tawaly	74	Dorcop	100					Tarywan	—
Sejpyek	30	Berbyl	35					Tallaroma	—
Tureteryck	—							Basey	—
Billeloor	—							Takalis	—
Terrewatty	37								
Toewana	—								
Terwy	15								
Loub	17								
Kinnebelouw	23								

〔註79〕中村孝志，〈蘭人時代の蕃社戶口表〉，《南方土俗》，南方土俗學會，1984，卷四，1期，頁42至59，卷四，3期，頁180至196。
〔註80〕同前。
〔註81〕同前。

Koeteryn	19							
Barsibal 和 Dnro	18							
Takoan	—							
Toewawana	18							
敵「番」Terroema	—							

資料來源：中村孝志：〈蘭人時代の蕃社戶口表〉，《南方土俗》，四卷，1 期，1984，頁 44 至 46。

　　由該表可知，荷蘭對後山未歸化之部落較不詳細，可能有些村落未列入，但由此亦可瞭解當時後山土著分佈之梗概。

　　明鄭治台期間，由於其經營未及後山，故對後山土著之活動情形缺乏紀錄。滿清領台之初，王權未張，迨康熙三十四年，後山崇爻九社始來歸化，〔註 82〕康熙五十年（1711），卑南覓六十五社亦來歸化。〔註 83〕至是始知其社屬及分佈之大略。〔註 84〕然對其他未歸化之「生番」仍毫無所悉。康熙六十一年（1722），清廷對「番界」行劃界立石之策，從此後山被劃入封禁地區達百餘年。百餘年間，清代文獻對後山有記載者不少，〔註 85〕然多得諸傳聞，故所記載之後山土著情形，大都泛稱卑南覓七十二社，崇爻八社等而已。〔註 86〕光緒元年（1875）封禁之令除，漢人大量進山後山，因此對後山之土著始有較深入之瞭解。光緒五年（1879）夏獻綸撰《臺灣輿圖》一書時，已有斗史五社、太魯閣八社、加禮宛六社、南勢七社、秀孤巒二十四社、璞石閣平埔八社、成廣澳沿海八社、成廣澳南阿眉八社、卑南覓十五社、卑南覓西二十二社、卑南覓北九社之簡略族群分類及分佈研究。〔註 87〕光緒二十年（1894）、胡傳與陳英同主政於台東及花蓮港，〔註 88〕各分撰《臺東州采訪

〔註 82〕周鍾瑄，前引書，卷二，〈規制志〉，坊里，頁 31。
〔註 83〕王瑛曾，《重修鳳山縣志》，台文叢第一四六種，1961，卷三，〈風土志〉番社，頁 60 至 61。
〔註 84〕見註 82 及註 83。
〔註 85〕如黃叔璥之《台海使槎錄》，王瑛曾之《重修鳳山縣志》，陳培桂之《淡水廳志》等。
〔註 86〕黃叔璥，《台海使槎錄》，卷七，〈番俗六考〉，頁 158 至 160。
〔註 87〕見夏獻綸，前引書，頁 74 至 79。
〔註 88〕見陳英，《台東誌》，頁 85 至 86，引自胡傳《台東州采訪冊》，台文叢第八一種，1960，附錄，台東誌。

冊》與《臺東誌》，〔註89〕《臺東州采訪冊》對「番社」分佈及戶口頗有記載；〔註90〕《臺東誌》對土著來源亦稍涉及，〔註91〕然不備之處頗多。日本據台不久，即著手「蕃地調查」，〔註92〕對台灣土著做各種民族學之研究，日本學者伊能嘉矩、鳥居龍藏、森田之助、鹿野忠雄等分別將台灣土著做各種不同之族群分類。〔註93〕二次大戰後，台灣省政府曾參照國內外各論著，綜合修正後，將台灣之土著分為：排灣、魯凱、阿美、達悟、布農、泰雅、曹、賽夏及卑南九族。〔註94〕清代後山之先住民即有其中之泰雅、布農、魯凱、排灣、阿美、卑南、達悟七族分佈（圖二－六），同時還有平埔族之移入，茲將各族分佈及活動情形詳述於後：

（一）阿美族

阿美族清代稱阿眉，〔註95〕分佈於台東縱谷平原與海岸山脈兩側山麓，以及南部之恒春等地。居處延亙，由於往昔交通梗阻，與外界隔絕，即同族因失於連絡，或因移住時代之遲早，或由於與外族接觸之淺深等因素，遂形成複雜之部族。依其居住地區與語言習俗之異同，大致分為恒春阿美、卑南阿美、奇密阿美、海岸阿美及南勢阿美等五部族。除恒春阿美外，均在本區域內，卑南阿美分佈於縱谷平原南段，南起卑南、北止成廣澳。奇密阿美則分佈於縱谷中段，海岸阿美分佈於海岸山脈兩側，南勢阿美則分佈於縱谷北端之花蓮附近。〔註96〕

阿美族社會是一母系家族社會，所謂：「番俗重女而輕男。生男未成童，尚為父母任樵牧；稍長，則出居『擺郎館』，不事耕作以養父母。惟持刀槍日出游獵，得鹿或殺人則自以為豪，眾亦稱之。出贅婦家，轉為婦之父母耕作，歲收所入，盡歸婦之父母。或其父母窮乏，不過小小恤之；往來其家，亦視

〔註89〕同前。

〔註90〕同註5，〈莊社〉，頁21至41。

〔註91〕見陳英，前引書，頁81至86。

〔註92〕日人據台不久，即著手「番地調查」，撰成不少報告，如高砂族調查書，蕃族慣習調查報告書，蕃族調查報告書，台灣番人事情等。

〔註93〕見鹿野忠雄著，宋文薰譯，前引書，第二篇，〈台灣土著族分類的一擬案〉，頁121至135。

〔註94〕見省文獻會編《台灣省通志》，1972，卷八，〈同胄志〉，族群分類分佈篇，第一冊，頁6。

〔註95〕見陳英，前引書，頁81，胡傳，《台東州采訪冊》，頁50，夏獻綸，前引書，頁76。

〔註96〕夏獻綸，前引書，頁74至76。

之如客。其待兄弟，亦不如待其姊妹及妻姊妹之親切也。」〔註97〕由此可見，
阿美族社會是以女性為中心的社會。尤其在婚配制度上乃是女方採取主動，
所謂：「阿眉各社，皆女自擇男，時至鄰里親戚家，助其婦女執炊、汲水、與
其少年子弟相悅，乃歸告父母招贅之。」〔註98〕更表現出強烈以女性為主之
社會型態。

附圖二－六　後山土著分佈圖

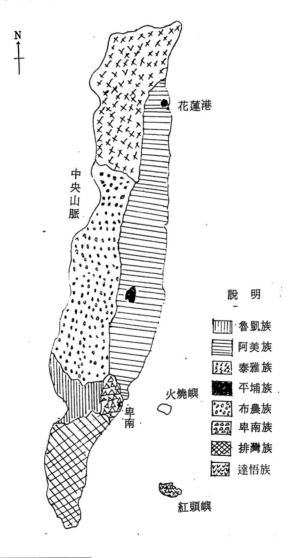

〔註97〕同註5，〈番俗〉，頁49。
〔註98〕同註5，〈番俗〉，頁50。

－31－

　　阿美族由於是以女性爲中心之社會，故其經濟活動乃是與漢人不同之女耕男織之分工方式。所謂：「番俗女不任縫紉，而任耕作。一切衣服，皆男子所製。其番布，亦男織者多，女織者少；惟麻縷，則皆女所紡也。」〔註99〕即其寫照。由此亦可知阿美族亦從事農業耕作。阿美族從事農耕可能早在荷據時代已有之，因荷據時期荷人討伐東部時曾勸導當地土著從事米作，〔註100〕而各皆答應。同時在清順治元年（1644）後山已有稻米輸往台窩灣。〔註101〕

　　除了農耕以外，打獵和捕魚亦爲該族之經濟活動，且由男子所從事。所謂：「生男未成童，尚爲父母任樵牧；稍長，則出居『擺郎館』，不事耕作以養父母。惟持刀槍日出游獵，得鹿或殺人則自以爲豪。」〔註102〕由此可見游獵乃是男子成長過程中之一宗教儀式，並非主要經濟活動。捕魚則爲阿美族之重要經濟活動，阿美族捕魚都在溪河中，亦有乘竹筏在沿岸捕魚者。〔註103〕

　　總之，阿美族是以女性爲中心之社會，其產業以農耕爲主，狩獵與捕魚則爲次要之經濟活動。

（二）卑南族

　　卑南族主要分佈於台東縱谷之南端，即今台東縣卑南鄉一帶，傳說中之卑南族即起源於附近。〔註104〕其見於文獻亦甚早，《巴達維亞城日記》中所載荷蘭人採金卑南覓，並派員駐卑南覓村落，〔註105〕其所指卑南覓村落，即爲卑南族頭目所在之卑南大社（今卑南鄉南王村）。清代文獻對卑南族之記載亦不少，如康熙六十一年（1722）藍廷珍曾「令外委千總鄭惟嵩……賚檄往諭卑南覓社大土官文結，並賞以帽靴、補服、衣袍等件……。」〔註106〕蓋卑南族於康熙五十年（1711）已歸化，〔註107〕故與清廷合作緝捕朱一貴之餘黨。清代卑南族極爲強盛，其鄰近之阿美族及移入之平埔族均曾受其壓迫，阿美族甚至被夷爲奴隸。〔註108〕

〔註99〕同註5，〈番俗〉，頁51。
〔註100〕郭輝譯，前引書，頁373至374。
〔註101〕見郭輝譯，前引書，頁413。
〔註102〕同註97。
〔註103〕見省文獻會編，《台灣省通志》，卷八，〈同胄志〉，阿美族篇，頁7至9。
〔註104〕引自省文獻會編，《台灣省通志》，卷八，〈同胄志〉，卑南族篇，頁1。
〔註105〕見郭輝譯，前引書，頁373。
〔註106〕藍鼎元，前引書，頁21至22。
〔註107〕同註83。
〔註108〕見陳英，《台東誌》，頁81。

卑南族之社會為母系之家族社會，〈臺灣番社紀略〉云：

> 鹿洲曾為之戎檄卑南覓大土官文結……今其女土官寶珠盛飾，如中華貴家，……。〔註109〕

卑南族以女性為土官，此即母系為中心之社會特徵之一。又《台東州采訪冊》云：

> 南路埤南等社，皆男自擇女，悅之，則時至女家，饋女以菸，以檳榔，女亦悅之……而贅於女家。〔註110〕

由此男入贅於女家之情形，可見其屬母系家族社會無疑。但由其男自擇女，亦可見其父系主義已在提高，惟母系制度仍佔優勢。而在台灣各以母系為中心之「番社」中，此種入贅女家，遺產歸女之風俗，卻成為日後漢人取得「番地」之途徑，在漢、土之競爭中，使土著立於不利之地位。

卑南族之經濟活動以農耕為主，而兼事狩獵。當荷人討伐後山時，即曾「向卑南覓人徵得米、小麥糕五六日份」，〔註111〕由此可見卑南族之農耕起源甚早。因此卑南族「在漢人移住以來，在從事農耕的生番中，為其他各族之模範」。〔註112〕「漢人所有之農具他們大抵都有。如台灣犁、台灣風鼓都有」。〔註113〕

狩獵則為卑南族男性之主要工作，狩獵以捕鹿為主。《臺海使槎錄》云：

> 卑南覓係番社總名，在傀儡山後沿海一帶，……貨則鹿脯、鹿筋、鹿皮、麈皮、麂皮、苧藤。〔註114〕

由此可見鹿為當地出產之大宗。因台灣自然環境「既無猛獸，如獅虎之吞噬，而草木暢茂，且稀霜雪，適宜鹿之生存，故鹿產特多」。〔註115〕十七世紀時荷人據台，其主要目的在以台灣為其貿易據點。當時後山榛狉未啓，土著之生產力低微，除利用其獵場及採集天然資源外，實無可利用之處。然而當時日本需求鹿皮甚殷，台灣又產鹿，荷人乃一面要求「番社」交納鹿皮以為社餉，

〔註109〕鄧傳安，《台灣番社紀略》，頁1至2。引自鄧著《蠡測彙鈔》，台文叢第九種，1958。
〔註110〕同註5，〈番俗〉，頁50。
〔註111〕郭輝譯，《巴達維亞城日記》，頁372。
〔註112〕田代安定，前引書，第三項，業務部，中篇，〈土民の現業〉，頁107至108。
〔註113〕同註112。
〔註114〕黃叔璥，前引書，卷七，〈番俗六考〉，頁158至159。
〔註115〕杜臻，《澎湖台灣紀略》，台文叢第一〇四種，1961，周于仁、胡格，澎湖志略，物產，頁63。

一面透過「贌社制」，由漢人與「番社」進行鹿皮交易。當時凡土著之所有，與土著之所需，皆經「社商」之手，所謂「社商」即指准與土著從事貿易之漢人而言。〔註116〕由於社餉之繳納與社商之貿易，故荷據時期卑南覓即有將鹿皮輸往台窩灣之記錄。〔註117〕

狩獵不只是卑南族之經濟活動，也是其宗教禮儀。因爲卑南族「生男未成童，尚爲父母任樵牧；稍長，則出居『擺郎館』，不事耕作以養父母，惟持刀槍目出游獵，得鹿或殺人則自以爲豪」，〔註118〕所以狩獵是男子成長過程中之主要工作。

（三）平埔族

後山之平埔族，依其居住地可分爲二大族群：即北部花蓮平原之加禮宛平埔與卑南北方之大莊平埔（今花蓮縣富里鄉）。

甲、加禮宛平埔族

加禮宛平埔族原稱噶瑪蘭平埔，咸豐初（1851頃），族人相繼南遷，入居花蓮境。〔註119〕光緒初，北路通，乃統稱爲加禮宛平埔。其族爲宜蘭平原之土著，相傳其祖先有阿邦（Avan）者，自馬里良（Mariryan）地方，於台灣的北部（淡水）登陸，沿海東進，迂迴三貂角，抵達這個地方，名之曰「蛤仔難」（Kavanan），當時此地尚無漢人之蹤跡，原先就有「山番」住在這一帶，所以 Avan 一族只好住在海岸的荒地，自然而然地要和這些土著發生爭執糾紛，以致鬥爭，幸得他們終獲勝利，把先住「番族」追入山中，佔領了宜蘭平原。〔註120〕嘉慶元年（1796），漳人吳沙率流民入墾噶瑪蘭，建頭城居之。嘉慶九年（1804），又有台灣西部平原之平埔族彰化社「番首」潘賢文糾合岸裏、阿里史、阿束、東螺、北投、大甲、吞霄諸社土著千餘人，踰中央山脈至頭城爭地，吳沙懼與之爭，給粟約和，乃南下渡濁水溪逐加禮宛平埔，開羅東之地。〔註121〕加禮宛族迭經吳沙及西部平埔所逼，退居山麓，前有漢人，後有泰雅族，耕地日蹙，鬥爭無寧日，乃於咸豐三年（1853），以加禮宛社爲

〔註116〕黃叔璥，前引書，卷八，〈番俗雜記〉，頁164至165。

〔註117〕郭輝譯，《巴達維亞城日記》，頁412至413。

〔註118〕同註5，〈番俗〉，頁49。

〔註119〕田代安定，前引書，第二項，土民部，頁53至57。

〔註120〕同註119。

〔註121〕柯培元，《噶瑪蘭志略》，台文叢第九二種，1961，卷十三，〈藝文志〉，頁131，雙銜會奏稿。

主，率部份族人，由打那美（今蘇澳）分乘竹筏沿海南下，至鯉浪港（今花蓮美崙溪口）登陸，止於美崙山北麓平原，致力墾荒。其他族人亦接踵至，勢力日盛，迄同治間，凌駕先住之阿美、泰雅兩族，而稱雄奇萊矣。〔註122〕

乙、大莊平埔族

此族共有大滿、馬卡達、西拉雅三族，原居於台南附近，明鄭時因漢人入墾而退居於山麓丘陵地及鳳山縣之下淡水溪（今高屏溪）一帶，雍乾年間，粵籍漢人大批入墾下淡水溪流域，土地被奪，平埔族乃再退居南梓仙溪及老濃溪流域或南下至瑯嶠者。道光初年，大陸移民結隊來墾者踵接，三族耕地日蹙，幾無以爲生，其族長杜四孟、陳溪仍、潘阿枝等，遂率武洛、阿緱、搭樓三社三十餘戶三百餘人，南下枋寮（今屏東縣枋寮鄉），踰中央山脈經巴塱衞（台東縣大武鄉），而至寶桑（台東市），時寶桑有卑南族居此，勢力甚盛。平埔族至此，乃出所携牛酒食向卑南族求耕地，其酋雖許之，終弗許其居，而族人時挑釁凌辱之，平埔族人不敢抗。平埔族人居此地年餘，不堪其辱，乃於道光九年（1829），相率離去，溯卑南大溪北上，至秀姑巒溪上游，見曠野可居乃止焉。沿秀姑巒溪原有先住之阿美族人，勢力較遜於卑南族，平埔族乃和戰兼施，悍然建社西岸，稱大莊（今花蓮縣富里鄉長良村）與阿美族隔岸而居，然墾荒而墾，初無所獲，又時與阿美族激鬥，乃驅所畜牛羊入山，修睦布農族，乞餘糧，越二年，地熟穀登，始得安其居。時卑南、阿美、平埔、布農諸族間，迭相爭鬥，而平埔族人以地廣人稀爲最弱，遂請布農族爲嚮導，從里壠（今台東縣關山鎮）越中央山脈至前山茬濃溪故居，招武洛、搭樓、大傑顛、大武壠諸社族人十二家同來。合四十餘家之眾，協力經營，生活漸裕，故居族人，聞風而至，人口激增，勢力壯大。道光二十二年（1842）聯卑南合攻阿美，阿美不支北走水尾、大巴塱（花蓮縣光復鄉），遂併其地，在秀姑巒溪東岸建大莊（今花蓮縣富里鄉大里村）、蠻人埔（今花蓮縣富里鄉萬寧村）二社，西岸原住部落，則改稱舊莊。時故居族人來墾者日眾，勢力日大。〔註123〕

平埔族社會屬母系家族社會，《鳳山縣志》稱：「俗重生女，不重生男，以男則出養於人，女則納婿於家」。〔註124〕因此「無伯叔、甥舅、以姨爲同胞

〔註122〕同註119。
〔註123〕田代安定，前引書，第二項，土民部，頁65至74。
〔註124〕同註5，〈番俗〉，頁49。

之親，叔侄、兄弟各出贅離居，姊娣多同居共爨故也」。〔註125〕由此可見平埔族是以女性爲中心之社會，男子入贅於女方，在財產及世系繼承上，亦以女子繼承，漢人因而常藉婚姻而取得土地，此亦爲平埔族不利之一傳統。

女性不只是平埔族社會中之家長，在農業生產上亦居於主角之地位。六十七《番社采風圖考》云：

> 番俗以女承家，凡家務悉以女爲主，故女作而男隨焉。番婦耕稼，
> 備嘗辛苦，或襁褓負子扶犁，男則僅供饁餉。〔註126〕

平埔族婦女從事農作之辛勞由此可見。平埔族由於與漢人接觸較早，因此其農耕技術較其他土著族進步。到了十八世紀末葉時，南部平埔族都已學得漢人之農耕技術，乾隆中葉（十八世紀）所編之《番社采風圖考》記其情形云：

> 歸化已久熟番，亦知以稼穡爲重。凡社中舊管埔地，皆芟刈草萊，
> 墾闢田園。有慮其旱澇者，亦學漢人築圳，從內山開掘，疏引溪流，
> 以資灌漑。片隅寸土，盡成膏腴。〔註127〕

乾隆中葉時南部平埔族已如此，而後山之大莊平埔族係於道光年間自前山南部移入之「熟番」，故其農耕必相當進步。至於後山北路之加禮宛平埔族到了同治年間亦已「頗耕種」〔註128〕了。雖然如此，但台灣土著向來缺乏儲蓄之觀念，故其生產大都僅求自給自足，《噶瑪蘭廳志》云：

> 平地近番，不識不知，無求無欲，……有公錢不知蓄積。秋成納稼，
> 計終歲所食，有餘則盡付麴蘗，無男女皆嗜酒。〔註129〕

由於土著平時缺乏儲蓄之觀念，一遇凶年或歉收，則唯有借貸與典出耕地，此乃造成日後土著之耕地漸落入漢人手中之一因。

除了農耕之外，漁獵亦爲平埔族之經濟活動，《噶瑪蘭廳志》云：

> 在近港者，原居平地，以耕種漁獵。故蘭之化番，或謂之平埔番，
> 以其處於平地也。〔註130〕

此雖指蘭地平埔，而後山之平埔族亦有由蘭地移入者，故其情形近似。而平埔族係母系家族社會，故其漁獵生產與阿美族相同，乃是男人之工作。

〔註125〕周鍾瑄，前引書，卷八，〈風俗志〉，番俗，頁169。
〔註126〕六十七，《番社采風圖考》，台文叢第九○種，1961，頁2。
〔註127〕同註126。
〔註128〕羅大春，前引書，頁47。
〔註129〕陳淑均，《噶瑪蘭廳志》，卷五（下），〈風俗〉（下），頁226。
〔註130〕同註129。

（四）達悟族（往昔稱雅美族）

雅美族全部分佈於紅頭嶼，其最早見諸於中國文獻者乃康熙六十一年（1722）黃叔敬所撰之《台海使槎錄》稱之爲「紅頭嶼番」。〔註131〕光緒五年（1879）夏獻綸之《台灣輿圖》記其情形云：

> 紅頭嶼，在恒春縣東八十里。孤懸荒島，番族穴居；不諳耕稼，以
> 蒔雜糧、捕魚、牧養爲生。樹多椰實；有雞、羊、豕，無他畜。形
> 狀無異台番，性最馴良。牧羊於山，翦耳爲誌，無事奪詐虞之習。
> 〔註132〕

夏書乃根據光緒三年（1877）恒春知縣周有基等親歷其境之記錄，〔註133〕由文中可見達悟族之經濟活動乃「不知耕稼，惟蒔雜糧、捕魚、牧養」之漁牧游耕經濟。根據光緒二十三年（1897）日本駐台東廳吏之調查，〔註134〕其捕魚爲男子之工作，蒔雜糧則由女性爲之。達悟族之社會乃以父系爲中心之社會，家長權由父傳給長子。〔註135〕

（五）高山土著──泰雅族、布農族、魯凱族、排灣族

此處所指「高山土著」在《台東州采訪冊》稱之爲「高山番」，該書將山居於平地之土著稱爲「平埔番」；將居於山地之土著稱爲「高山番」。〔註136〕與日治時期所稱之「高砂族」及二次大戰後稱「高山族」者不同也。此處之「高山土著」乃指後山中央山脈東側之泰雅、布農、魯凱、排灣諸土著而言。茲分述其情形如左：

甲、泰雅族

泰雅族之居於後山者，其先爲南投之搭烏查與托魯閣（今南投縣仁愛鄉）二社移住繁衍而來，時在明萬曆、崇禎年間，其族人獵於中央山脈脊嶺，發現嶺東原野廣袤，水草肥美，乃率族移住，後因移住日多，所居地區遼闊，分成五族群，即居住得其黎溪下游及大濁水溪以砂婆礑溪以北山麓者爲外太魯閣群，居住得其黎溪上游者爲內太魯閣群；塔馬賽溪及大濁水南溪流域爲

〔註131〕黃叔璥，前引書，卷七，〈番俗六考〉，頁160。
〔註132〕夏獻綸，前引書，頁52。
〔註133〕夏獻綸，前引書，頁52。
〔註134〕洪敏麟，〈光緒二十三年台東廳吏之蘭嶼探查史料〉，《台灣文獻》第二十九卷第1期，1978，頁1至15。
〔註135〕省文獻會編，《台灣省通志》，卷八，〈同冑志〉，第八冊，雅美族篇，頁9。
〔註136〕同註5，〈莊社〉，頁20至40。

塔烏賽群；木瓜溪流域者爲巴都蘭群；木瓜溪以南木瓜山一帶者爲木瓜群。
概多分佈於本區北部及西北部地方。〔註137〕

乙、布農族

布農族本爲台灣中部山區之土著族，布農者其意爲「人」，以自別於禽獸，
所居遼闊，悉屬山岳地帶。依其居處，自然形成部落，區分爲「丹群」、「巒
群」、「郡群」、「卓群」、「卡群」等五部，「丹群」分佈於南投丹大溪流域，「巒
群」散居於巒大溪流域，「郡群」則沿郡大溪流域而居，「卡群」分布於卡社
溪流域（以上三流域均在今南投縣信義鄉境），「卓群」則分佈於仁愛鄉干卓
萬山附近。

乾隆間「丹群」出獵至中央山脈東側，發現熟粟穗，知地質肥沃可耕，
乃歸率部份族人移住，建社於塔比拉溪中游山腰，名巴里香社，其餘族人聞
風踵至，乃向下游山麓拓張，然平地先有阿美族聚取，偶遇則避之不敢爭，
既而與阿美通聲氣，且訂約於紅葉溪，劃分獵場，不相侵擾。時有勢力強大
之卑南族，恃勢欺凌，「丹群」憚之，乃退居巴里香社。其後出獵新開園（今
台東縣池上鄉）爲卑南族所窘，「丹群」請和，許之，乃相互議定鼈溪以南屬
卑南族，以北屬「丹群」，各不越境行獵。自是兩族相安，「丹群」始得沿塔
比拉溪下游拓殖，遠及於紅葉溪、馬蘭鈎溪一帶。〔註138〕

「巒群」踵「丹群」之後，於嘉慶間自南投踰中央山脈遷拉古拉古溪中
游，建阿山來卡社。族人繼至者衆，漸離山區，接近平地。遂與阿美族接觸，
鬥爭時起，一度不敵遷回故土。未幾又糾衆重來，乃與阿美修好，建卡西巴
那社，向山麓拓展。因常爲卑南族襲擊，於是外圍之阿波蘭等社人，被迫退
居卡西巴那。蟄居久之，耕地不足自給，乃與卑南族言和，恢復原社址，更
沿拉古拉古溪南下，分佈兩岸山腰，並漸向清水溪流域拓展。其時平埔族適
移住於拉古拉古溪與秀姑巒溪滙合處，衝突自所難免，幸平埔首領杜四孟知
所居與阿美爲鄰，不欲多樹敵，携牛酒來與「巒群」修睦，於是相得甚歡，「巒
群」亦因得向清水溪、綢綢溪流域拓展。〔註139〕

「郡群」之移住東部，稍後於「巒群」，然亦在嘉慶年間自南投郡大社踰
嶺至拉古拉古溪上游，先建那那德克社居之，其後族人來者益衆，再建太魯

〔註137〕駱香林，《花蓮縣志稿》花蓮縣文獻委員會，1959，卷三上，民族，頁17至19。
〔註138〕同註137，頁20至22。
〔註139〕同註138。

那斯社。此族向居深山，無虞侵擾，人口繼增，乃向新武洛溪發展。〔註140〕

總之，布農族於清代中葉相繼移入後山，分佈於本區西部之中央山脈東側中段地帶。

丙、魯凱族

魯凱族居於後山者僅西南一隅，人數甚少，傳說中其發源於中央山脈之Kaliala山，〔註141〕其最早見諸於文獻者乃荷據時期巴達維亞城日記所載：崇禎十四年（1641）大巴六九社與呂家社殺助理商務員衛西林叛變，而引起荷蘭台灣總督杜拉第紐斯之親征，結果遷其社而墟其地。〔註142〕此次叛變者之一大巴六九社即爲魯凱族，〔註143〕入清以後，魯凱族中之大巴六九社、大南社仍見於《台灣輿圖》、《台東州采訪冊》等文獻中，〔註144〕至於其活動情形則缺乏記錄，難以詳知。

丁、排灣族

排灣族主要分佈於後山之南部地區，即今之台東縣達仁、金峰、太麻里、大武四鄉之山地。清代被稱爲「傀儡番」。〈番俗六考〉云：「山後則卑南覓七十二社，北道崇爻，南極琅嶠，悉爲傀儡番巢穴。……種薯芋黍米以充食。種時男婦老幼偕往，無牛隻犁耙，惟用鐵錐鋤鑿栽種。……農事之暇，男則採藤編籃、砍木鑿盆，女則績苧織布。土官畜雞犬，却不食。餘番則以竹木豢豕、捕獸爲活」。〔註145〕由此可知，排灣族之經濟型態乃是行極粗放之農耕，並事狩獵、畜牧以爲生。

以上泰雅、布農、魯凱、排灣四族，因大多居住於山地，平地有限，故其經濟大多以狩獵及刀耕火種之粗放農耕爲生產方式。其社會型態則各族互異，布農族與泰雅族均屬父系家族社會，所謂：「中路高山各社，則彼此以妹易妹者居多。其議相議，不使妹知，約期各誘妹出，各強牽以歸」。〔註146〕又「至木瓜社番，則男擇女」。〔註147〕由婚配中即可表現出其以男子爲中心之社會型態。至於魯凱族與排灣族之社會則有嚴格之世襲階級制度，有貴族與

〔註140〕同註138。
〔註141〕台東縣大武山附近。
〔註142〕郭輝譯，前引書，頁370至374。
〔註143〕省文獻會，《台灣省通志》，卷八，〈同胄志〉，第七冊，魯凱族，頁1。
〔註144〕夏獻綸，《台灣輿圖》，頁78，胡傳，《台東州采訪冊》，頁22至23。
〔註145〕黃叔璥，前引書，卷七，〈番俗六考〉，頁153。
〔註146〕胡傳，《台東州采訪冊》，番俗，頁50。
〔註147〕同註146。

佃民之分，其繼嗣法則乃以家庭家宅爲中心，長系繼承，以男性長嗣繼承爲原則，無男嗣時由長女承繼其家氏。〔註148〕

　　總之，後山之土著族類繁多，不相統屬，遍佈於各地，而各族之社會經濟情形互異，此對後山之開發，無形中帶來統治之困難與移墾之阻礙。

〔註148〕省文獻會，《台灣省通志》，卷八，〈同冑志〉，第七冊魯凱族篇，頁 7 排灣族篇，頁 15。

第三章　開發過程

第一節　清代之土著社

　　荷蘭據台時期，爲了探採後山之金礦，而派人前往調查，結果毫無所獲，而且使者衞惠林（Marten Wessling）被土著所殺而有用兵東部之舉。[註1] 荷人用兵後山之結果，降服「番社」三十餘社，設集會所於卑南，做爲招撫之機構。據荷人推測，當時後山約有六十一村落，四千餘人。[註2] 荷人要求土著納貢，並向土著收購鹿皮、稻米等輸出本島以賺取利益，惟後山土著社叛服無常，據《巴達維亞城日記》載：

　　……又台灣東部主要村落，除卑南覓及附近數村落外，大部份不出席上列會議，或藉言路遠及農事正待準備播種，或謂缺乏食糧等情，其實則大存惡意。或竟被巴丹（Vadan）及特舍爾馬（Tesseroema）土番阻礙其前來納貢。此二村落甚爲傲慢，而表示敵意，長官以爲該地方和平與秩序計，需要加以懲罰以示儆戒。[註3]

據此可見荷蘭對後山土著社之控制能力極爲有限，眞正控制之地僅卑南附近各社而已。明鄭時期政令不達於後山。清領台灣之初，政令亦僅及於前山南部，後山地區則仍委諸化外，《裨海紀遊》述當時後山土著社之情形云：

〔註 1〕郭輝譯，前引書，頁 370 至 374。
〔註 2〕中村孝志，前引書，頁 42 至 46。
〔註 3〕同註 1，頁 413。

客冬有趨利賴科者，欲通山東土番，與七人爲侶，晝伏夜行，從野
番中，越度萬山，竟達東面；東番知其唐人，爭款之，又導之遊各
番社，禾黍芃芃，比户殷富，謂苦野番間阻，不得與山西通，欲約
西番夾擊之。又曰：『寄語長官，若能以兵相助，則山東萬人，鑿山
通道，東西一家，共輸貢賦，爲天朝民矣』。又以小舟從極南沙馬磯
海道送之歸。七人所得餽遺甚厚，謂番俗與山西大略相似，獨平地
至海，較西爲廣。〔註4〕

由此可見清初東、西部間之隔閡難通，而賴科所到之處爲後山何地？據藍鼎
元《東征集》云：

山後有崇爻（康熙三十四年，賴科等招撫歸附，原是九社，因水輦
一社，數年前遭疫沒盡，今虛無人，是以止有八社），東跨汪洋大海，
在崇山峻嶺之中。其間密菁深林，岩溪窮谷，高峯萬疊，道路不通。

土番分爲八社：曰筠椰椰、曰斗難、曰竹脚宣、曰薄薄、爲上四社；
曰芝武蘭、曰機密、曰猫丹、曰丹郎、爲下四社。八社之番，黑齒
紋身，野居草食，皮衣革帶，不種桑田。其地所產，有產麞、野黍、
薯芋之屬、番人終歲依賴，他無有焉。〔註5〕

由此可知賴科所招撫者乃「崇爻八社」（均在今花蓮縣境內），故崇爻八社乃
於康熙三十四年（1695）歸化，並附阿里山土著社，輸餉於諸羅縣，〔註6〕
而當時之崇爻八社仍處於「黑齒紋身，野居草食，皮衣革帶，不種桑田」之
自然經濟狀態。當時清政府對後山土著社之歸化，僅求其輸餉而不薙髮、不
供役、不衣冠；〔註7〕然「生番何能輸餉，惟是社丁以贌社所得，納稅於官
耳」。〔註8〕因此「每歲贌社之人，用小舟裝載布、煙、鹽、糖、鍋釜、農具、
往與貿易；『番』以鹿脯筋皮市之；皆以物易物，不用銀錢，一年一往返云」。
〔註9〕由上可知，清初對後山歸化之土著社，除了每年繳納一定之「社餉」
外，聽任社商貿易於其間，餘則不聞不問矣！故後山土著社「依然狉狉榛榛，
而有司不能治」。〔註10〕

〔註4〕 郁永河，《裨海紀遊》，台文叢第四四種，1959，卷下，頁33。
〔註5〕 藍鼎元，前引書，頁90。
〔註6〕 周鍾瑄，前引書，卷二，〈規制志〉，頁31。
〔註7〕 鄧傳安，前引書，頁1。
〔註8〕 黃叔璥，前引書，卷八，〈番俗雜記〉，社商，頁163至165。
〔註9〕 藍鼎元，《東征集》，頁91。
〔註10〕 鄧傳安，〈台灣番社紀略〉，頁1。

康熙五十年（1711）後山南路之卑南覓七十二社（在今台東縣境）亦乞
歸化而輸餉於鳳山縣。〔註11〕康熙六十年（1721）朱一貴事變起，但不久即
被滿清政府平定，「而朱一貴案內附和倡亂諸賊，悉數俘囚，惟王忠、邱寶宣
未獲，遁逃傀儡內山，台灣山後。藍廷珍分遣外委弁目，諸路訪緝。復令外
委鄭國佐、林天成召致山番通事章旺，同入傀儡內山，遍查各社，諭番眾嗣
後不許窩留。復令鄭國佐往郎嬌繞行山後，至卑南覓，傳檄大土官文結，以
官帶補服賞勞之，令起崇爻七十餘社番，從山後大加搜捕，將所有漢人逸賊
盡俘以來」。〔註12〕然據當時之文獻並無捕獲朱一貴餘黨之記載，因此清廷恐
「番界」成為所謂亂黨竄伏之淵藪，及事變平之後，閩浙總督乃提議劃界遷
民。〔註13〕總兵藍廷珍以為不可。復之曰：「臺寇雖起山間，在郡十居其九，
若欲因賊棄地，則府治先不可言。況郎嬌並無起賊，雖處極邊，現在耕鑿數
百人，番黎相安，已成樂土。今無故欲蕩其居，盡絕人跡往來，則官兵亂不
肯履險涉遠，而迤入百餘里無人之地，脫有匪類聚眾出沒，更無他可以報信，
可慮也。」〔註14〕

康熙六十一年（1722），福建巡撫楊景素乃折衷前議，僅劃界立石，嚴禁
偷越。南起放綵社（今屏東縣林邊鄉永利村），北迄蜂仔嶼口（今台北縣汐止
鎮），「凡逼近生番處所，相去數十里、或十里、豎石以限之，越入者有禁」。
〔註15〕後山因此被劃入界外禁區，禁止漢人私越。其後雖以漢人偷越者眾而
屢弛屢禁。〔註16〕然此一消極政策，亦無形中妨礙漢土之往來，而後山土著
社亦因此缺乏與外界接觸之機會。

乾隆三十二年（1767），設南、北二路理「番」同知，將土著分為南、北
二路。以台灣北部地未大闢，所謂北路，僅指諸羅縣內山之水沙連及阿里山
諸社；南路則指鳳山縣內之傀儡、郎嬌與後山諸社。對南路諸土著之治理，
迤由官府司之，於北路則率委之通事。〔註17〕後山因屬南路管轄，故直接由
南路理番同知治理。清廷除了嚴行封禁「番界」之外，或施以色布、烟、酒、

〔註11〕王瑛曾，前引書，卷四，〈田賦志〉，番餉（附鹿皮價銀），頁111。
〔註12〕藍鼎元，《平台紀略》，台文叢第十四種，1958，頁25。
〔註13〕藍鼎元，《東征集》，頁32至33。
〔註14〕同註13。
〔註15〕黃叔璥，前引書，卷八，〈番俗雜記〉，頁167。
〔註16〕《清會典台灣事例》，台文叢第二二六種，1966，頁24，〈台灣民人偷越番地〉，
　　　　頁27，邊禁。
〔註17〕陳淑均，前引書，卷五（下），〈風俗〉（下），頁235。

糖、食鹽等類，俾資安撫，以誘導其歸化。如出擾殺人等情，則以兵威臨之。後山土著雖屬僅輸餉，不薙髮、不衣冠、置諸化外之「歸化番」，但在清初對滿清頗為恭順。據鄧傳安〈臺灣番社紀略〉云：

> 若卑南覓七十二社，則西南值鳳山，北接崇爻，又在嘉義山後，府志記其大概，故繫於鳳山下耳。……鹿州曾為元戎檄卑南覓大土官文結，令搜山擒賊，賞以帽靴、補服、衣袍等件；是生番中未嘗無衣冠文物。今其女土官寶珠盛飾，如中華貴家，治事有法，或奉官長文書，遵行惟謹。聞其先本逃難漢人，踞地為長，能以漢法變番俗，子孫並凜祖訓，不殺人，不抗官。然則雖在界外，又何殊內地乎？〔註18〕

由文中所謂：「其先本逃難漢人」，可能漢人之流民或亂匪竄逃後山，入贅女土著酋之故，因此而「能以漢法變番俗，子孫並凜祖訓，不殺人，不抗官。」

康熙六十一年（1722）至光緒元年（1875）之封禁期間，後山均處於「置諸化外」之情況下，漢人對土著社缺乏深入之瞭解，對土著社之數目各期文獻記載不同。雍正年間黃叔璥之《台海使槎錄》云：

> 山後則卑南覓七十二社，北通崇爻，南極瑯嶠，悉為傀儡番巢穴。……
> 卑南覓轄六十八社，崇爻轄四社。〔註19〕

又鄧傳安之〈台灣番社紀略〉亦作「卑南覓七十二社」。〔註20〕然乾隆二十九年（1764）成書之重修《鳳山縣志》則謂：「卑南覓歸化生番（共六十五社）」；〔註21〕乾隆三十八年（1773）朱景英之《海東札記》卻說：「卑南覓六十五社；諸羅縣則有崇爻八社。」〔註22〕

由上面諸書之記載可以看出：卑南覓有六十五社與六十八社之別，崇爻亦有四社及八社之分。其所以有如此分歧之說法，可能有下列諸因：

（一）土著社之間爭戰頻繁，滅絕離合亦極平常。《臺灣生熟番紀事》所謂：「查根耶耶即筠椰椰，直脚宣即竹仔宣，豆難即多難。此四社，舊屬諸羅縣崇爻山後，傀儡大山之東，後與崇爻；芝舞蘭、芝密、猫丹、水輦合為九社，歸入諸羅，歲輸社餉；近又改照民丁例，凡四社與芝舞蘭、芝密、水輦、

〔註18〕鄧傳安，前引書，頁2。
〔註19〕黃叔璥，前引書，卷七，〈番俗六考〉，頁153。
〔註20〕鄧傳安，前引書，頁2。
〔註21〕王瑛曾，前引書，卷三，〈風土志〉，番社，頁60。
〔註22〕朱景英，《海東札記》，台文叢第十九種，1958，卷四，記社屬，頁58。

納納，名爲崇爻八社，另輸鹿皮打徵丁銀；亦可見番性之遷改無常，故社之分合不一也。」〔註23〕即其明證。故土著社對清廷之輸餉時有不同。

（二）後山屬封禁地區，漢人少有前往，所知概多得諸傳聞，故所載有所出入。

（三）天災疾疫造成社屬滅絕，如崇爻九社因天災而成八社。〔註24〕

（四）因土地之爭奪，或迫於生計，造成土著族之遷移。如嘉慶年間噶瑪蘭加禮宛族之遷奇萊；道光時鳳山平埔之遷大莊等均是。

總之，在封禁時期後山之土著社族類繁多，彼此處於互相交勝或和平相處之局面。其經濟尚處於自給自足之自然經濟狀態中。迨光緒元年（1875）封禁之令除，漢人始大批進入後山，清政府亦積極「開山撫番」，結果造成漢土勢力之推杼與土著之漢化（詳本章第五節），後山乃逐漸開發。至光緒末年，後山土著社之社數及其分佈之情形大略如附表三－一。

附表三－一　　清代後山土著社表

| 卑南撫墾局所轄平埔各社 | 卑南附近平埔高山各社 | 卑南社。撫漏社_{在卑南北五里}。馬蘭社_{在卑南西一里}。沙鹿社_{在卑南西二里}。都巒社_{在卑南北二十里}。君滾社_{在卑南北二十里}。猴仔山社_{在卑南北六里}。基南社_{在卑南東北二十里}。阿里排社_{在卑南西北十五里}。檳榔社_{在卑南西北十五里}。遵化社_{在卑南西十里}。廸化社_{在卑南西十八里}。大巴六九社。大巴六九新社_{在卑南西二十里}。知本社_{在卑南南二十里}。班萊社_{在卑南南十八里}。射馬干社_{在卑南南二十里}。擺那擺社_{在卑南北二十里}。吧那只社_{在卑南北十六里}。務祿干社_{在卑南北三十里}。雷公火社_{在卑南北四十五里}。利基利吉社_{在卑南北十二里}。大南巴段前社_{在卑南西三十七里}。大南大社_{在卑南西三十九里}。大南郎阿什後社_{在卑南西四十里}。微沙鹿社_{在卑南東北九十里}。麻老漏社_{在卑南東北八十里}。都律社_{在卑南東北六十五里}。峨律社_{在卑南東北七十里}。小馬武窟社_{在卑南東北五十五里}。大武馬勿社_{在卑南東北五十二里}。加里猛押社_{在卑南東北四十里}。八里芒社_{在卑南東三十五里}。班鳩社_{在卑南東北八十里}。北絲溝社_{在卑南北二十五里}。里學社_{在卑南西北十里}。 |
| | 大麻里一帶高山各社 | 羅打結社_{在大麻里西西南五里}。文里格社_{在大麻里西南十二里}。鴨阿崙社_{在大麻里西南九里}。立里社_{在大麻里西南五里}。客條邦社_{在大麻里西南五里}。大鳥窟社_{在大麻里西南五里}。猴仔蘭社_{在大麻里西南二里}。蚶仔崙社_{在大麻里西北十二里}。打腊打蘭社_{在大麻里西北十二里}。察腊密社_{在大麻里西南十五里}。大得吉社_{在大麻里西北二十二里}。那里叭社_{在大麻里西南二十八里}。大竹高社_{在大麻里西南二十五里}。大板鹿社_{在大麻里西南二十七里} |

〔註23〕黃逢昶，《台灣生熟番紀事》，台文叢第五一種，1960，〈台灣生熟番輿地考略〉，頁6。

〔註24〕藍鼎元，《東征集》，頁90。

	大麻里一帶高山各社	古木社（在大麻里西南二十五里）。遮角社（在大麻里西北二十里）。甘那壁社（在大麻里西南三十二里）。鴿仔籠社（在大麻里西南四十二里）。獅仔獅社（在大麻里西南五十二里）。板仔洞社（在大麻里西南五十五里）。大烏萬社（在大麻里西南十里）。阿郎壹社（在大麻里西南一百三十里）。大狗上社（在大麻里西南四十里）。大狗下社（在大麻里西南四十里）。噶嗎社（在大麻里西南三十一里）。八里芒社（在大麻里西南四十八里）。大里立社（在大麻里西南八十里）。大蟒鴨社（在大麻里西南七十二里）。紫郎驛社（在大麻里西南六十八里）。雨沐社（在大麻里西南八十里）。諸也葛社（在大麻里西南七十里）。雨沐銀那社（在大麻里西南六十六里）。見那腊懶社（在大麻里西南一百四十里）。讀古梧社（在大麻里西南八十里）。八老南社（在大麻里西南六十五里）。麻魯綠社（在大麻里西南四十里）。呀腊那社（在大麻里西南八十里）。阿腊打蘭社（在大麻里西南一百二十里）。都立斗立社（在大麻里西南七十里）。情巴蘭社（在大麻里西南一百一十里）。盧蟒鴨社（在大麻里西南五十里）。松武落社（在大麻里西南六十里）。荳囉拐社（在大麻里西南四十里）。麻里烏社（在大麻里南三十五里）。蘇有路社（在大麻里西南三十五里）。
	新撫	瓜洞安社（在大麻里西南六十九里）。簡樓撫臉社（在大麻里西南六十六里）。嗎有藥社（在大麻里西南六十七里）。崑崙樓大社（在大麻里南一百六十里）。崑崙樓小社（在大麻里南一百四十里）。
秀姑巒撫墾分局所轄各番社	水尾附近平埔高山各社	化良社（在水尾東北五里）。週武洞社（拔仔庄四子社總名）。巫老僧社（即拔仔庄）。人仔山社（即拔仔庄）。烏漏四物社（即拔仔庄）。高溪坪社（在水尾東北六里）。烏鴉立社（在水尾東北邊）。加納納社（在水尾南）。下勝灣社（在璞石閣東三里）。苓子濟社（在水尾東十里）。奇密社（在水尾東二十里）。大肚壓社（在水尾東北十二里）。
	水尾東北平埔大港口一帶及各社	丁仔漏社（在拔仔庄東二十八里）。烏鴉石社（在大港口南十里）。八里環社（在拔仔庄東三十八里）。姑律社（在拔仔庄東四十二里）。北頭溪社（即大港口）。納納社（在大港口南）。石碰社（在大港口南）。蟳仔社（在大港口南五十里）。馬大鞍社。良化社。善化社。則朱芒社（四社相連在拔仔庄北十五里）。大巴塱社。馬於文社。沙荖社（三社相連在拔仔庄北十五里）。
	水尾及璞石閣迤西高山各社	外領裡座主板社（在水尾西南五十里）。內領裡社（在水尾西南十五里）。興武郡社（在水尾西二十里）。納食達社（與興武郡同社）。與弗東社。馬媽賀社（在水尾西北二十餘里）。與實骨丹社（在水尾西北二十五里）。座主板社（在水尾西二十里）。崙仔頂社（在水尾西南二十里）。半嶺店社（在水尾西南二十二里）。拔使利社（在水尾西南三十二里）。卓溪社（在璞石閣西十里）。大里仙社（在璞石閣西南二十二里）。高山中社（在璞石閣西南二十五里）。利行社（在璞石閣西南二十五里）。清水社。小轆轆社（在璞石閣西南二十五里）。網網社（在新開園西三十里）。異卓辦社（在新開園西四十里）。坑頭社。小里厨社（俱在新開園西六十里）。大轆轆社。小舟舟社（俱在新開園西七十五里）。坑尾社。麻加里萬社（俱在新開園西南四十里）。大崙社。異勿勿社。異馬母社（俱在璞石閣西百里）。哈米社。異厨加禮不宗社（俱在開新園西五十里）。新溪頭社。大里厨社（俱在璞石閣西八十里）。
	璞石閣西北高山各社	異祿閣社（在璞石閣西北三十里）。加志屘社。河粽英社（俱在璞石閣西北五十五里）。打訓社（在璞石閣西百十里）。異角社（在璞石閣西六十里）。蚊仔厝社（在璞石閣西九十里）。大崙坑社。雅託社（俱在璞石閣西百二十里）。吻吻社（在新開園西六十里）。

	璞石閣西 南高山各 社	下仙路社 在新開園西四十里。里答社 在新開園西四十里。大里渡社 在新開園西九十里。哈水社 在新開園西三十里。小納納社 在璞石閣西南五十五里。丹那社 在璞石閣西南五十五里。
	新撫	霜山脚社 在新開園西百三十里。霜脚木社 在新開園西百三十里。大老吻社 在新開園西百三十里。
花蓮港撫墾分局所轄各社	南勢平埔七社	飽干社 在花蓮港西北四里半。薄薄社 在花蓮港西北四里。里留社 在花蓮港北三里半。荳蘭社 在薄薄東北距花蓮港五里。七脚川社 在薄薄北距花蓮港十三里。歸化社 在飽干東北距花蓮港十里。屘屘社 在里留西距花蓮港三里半。（以上七社名南勢番）
	太魯閣高山五社	石碇社 在花蓮港北三十八里。魯登社 在花蓮港北二十四里。九宛社 在花蓮港北二十四里。得其黎社 在花蓮港北三十五里。七脚籠社 在花蓮港北五十二里。（以上五社統名大魯番）
	木瓜高山各社	馬力加山社 在花蓮港西四十五里。加虱社 在花蓮港西五十五里。苟蘭社 在花蓮港西六十里。浸利灣社 在花蓮港西六十二里。紅梨老社 在花蓮港北七十五里。王阿往社 即苟蘭社。同文社 在花蓮港西四十八里。馬瑙老社 在花蓮港西六十六里。（以上八社統名木瓜番）
	各社	加禮宛社 在花蓮港北十七里。瑤高社 在花蓮港北十八里。竹仔坑社 與瑤高社相連。七結社 在花蓮港北二十一里。武暖社 在花蓮港北二十里。（以上五社統名加禮宛番）

資料來源：胡傳：《臺東州采訪冊》，頁21至40。

第二節　封禁時期之零星拓墾

康熙二十二年（1683），清領台灣，分台灣爲一府三縣，即台灣府及台灣、鳳山、諸羅三縣。然清初政力眞正所及，僅前山南部一帶，後山則仍委諸化外，故土著有「苦野番間阻，不得與山西通，欲約西番夾擊之。又曰寄語長官，若能以兵相助，則山東萬人鑿山通道，東西一家，共輸貢賦，爲天朝民矣」〔註25〕之心聲。然清廷領台伊始，百事待興，何暇經營？雖然如此，而民間漢人卻有私自進入者。清代漢代首入後山者自陳文、林侃始，《東征集》云：

> 康熙三十二年，有陳文、林侃等商船，遭風飄至其處，住居經年，
>
> 略知番語，始能悉其港道。〔註26〕

陳文、林侃兩人雖因遭風飄至其處，並未從事拓墾，然其在後山居住經年，對當地之瞭解，迨其返回故鄉後，必訴之於鄉黨親朋，故彼等之經歷當有益於漢人對後山之瞭解。

〔註25〕郁永河，前引書，頁33。
〔註26〕藍鼎元，《東征集》，頁90至91。

　　康熙三十四年（1695），又有上淡水通事賴科由陸路往後山招撫土著，《裨海紀遊》曾載此事。〔註27〕賴科之事亦見於藍鼎元之《東征集》，〔註28〕其爲大雞籠（今基隆）通事，所到之地乃後山崇爻地方，由於賴科之招撫，崇爻八社乃於康熙三十四年歸化，並附阿里山輸餉。〔註29〕清廷乃冊封其頭目爲土官，餉之所出則贌與「社商」，「每歲贌社之人，用小舟裝載布、烟、鹽、糖、鍋釜、農具，往與貿易。番以鹿脯筋皮易之」。〔註30〕由於賴科之招撫使得後山土著歸化，稍稍奠定了漢人前往後山之基礎。此對於漢人前往後山之慾望亦有無形之鼓舞作用。

　　康熙六十年（1721），朱一貴事變起於南路，雖旋即敗亡，然朱之餘黨「王忠、邱寶宣未被獲，遁逃傀儡內山，台灣山後」，〔註31〕又藍鼎元之《東征集》云：

> 北路擒賊黃來，混稱臺灣山後，尚有餘孽三千人，皆長髮執械，屯聚山窩，耕田食力。〔註32〕

據此，朱一貴之餘黨遁逃後山從事拓墾之可能性極高。另鄧傳安云：

> 鹿州曾爲元戎檄卑南覓大土官文結，令搜山擒賊，賞以帽靴、補服、衣袍等件……聞其先本逃難漢人，踞地爲長，能以漢法變番俗，子孫並凜祖訓，不殺人，不抗官。〔註33〕

王忠等黨徒傳言「逃匿後山，屯聚山窩，耕田食力」。而該地土著又有「聞其先本逃難漢人」之說法，因此，王忠等黨徒逃往後山與土著雜處，從事開墾之可能性更高。但朱一貴餘黨逃入後山之傳聞，亦促成清廷在理「番」政策上產生極大之變革，康熙六十一年（1722）清廷恐後山成爲亂藪，因此有「劃界」、「立石」之事，後山從此封禁百餘年（1722～1875），百餘年間，只有少數漢人偷偷地入墾。

　　嘉慶十七年（1812），噶瑪蘭人李享、莊找以布值五千餘大元，與荳蘭、薄薄、美樓、拔便、七脚川諸頭目，易地墾拓。〔註34〕道光五年（1825），李

〔註27〕郁永河，前引書，頁33。
〔註28〕藍鼎元，《東征集》，頁90。
〔註29〕周鍾瑄，前引書，頁31。
〔註30〕同註26。
〔註31〕藍鼎元，《平台紀略》，頁25。
〔註32〕藍鼎元，《東征集》，頁90。
〔註33〕鄧傳安，前引書，頁2。
〔註34〕駱香林，前引書，卷一，總記，頁4。

享、莊找分其地予蔡八、吳全。「吳全，淡水人，力田起家。聞台東之富，與其友蔡伯玉合謀開墾。道光八年，全募噶瑪蘭人二千八百餘，至其地，築土城以居。劃田畝，興水利，數年漸成。而瘴氣所侵，居者多病死，土番復出沒。全自計防備，莫能濟，憂勞以死。伯玉率眾去。其地則今吳全城，為台東之一大市鎮」。〔註35〕吳全所開之地，即今花蓮縣壽豐鄉志學村，其遺跡至日治時期仍存。但吳全之開墾終以水土不服及不勝「番人」之侵擾而失敗。至於李享、莊找之開墾，則因文獻無傳而不知所終。

　　嘉慶四年（1799），火燒嶼亦有漢人前往開墾。據《臺灣采訪冊》載：

　　火燒嶼（嘉屬），其嶼在大傀儡山後，東北水程不知若干里。嘉慶四年間，有小琉球，冬港二處漁人，駕船二隻，欲往捕魚，船中有鹽，以致冬港鹽館販戶曾開盛，疑其漏私，詰焉。漁人告以前年駕舟捕魚，偶涉其嶼。該嶼地勢寬闊，並無居人，惟多檳榔、雜木，濱海魚蝦叢集，多產海參。因邀其合夥出本，催工往捕，盛許之。遂以兩船運載漁器、食物，並催二、三十人同往。則砍伐竹木，搭寮居住。觀其地上，似有行踪。越三、四天，忽見一番童遠來睄探，衆以手招之，方敢近前。後漸狎熟，詢其來歷，云係紅頭嶼番。因老番殺死首長，懼罪，綑竹為筏，載其番婦並二男、一女漂海而逝。適泊於此，後遂居焉。盛於次年復載牝牡牛、羊、雞、火豕諸畜及穀種、田器，併貧困者，挐春到其地開墾耕作，探取什物而歸。歷年如是，後有往者，遂與番婦為贅婿焉。其船欲往，須從瑯嶠南，過沙馬磯頭，轉東而北。一年往返，止得兩次。水程險遠，無甚大利。現時人數已倍於前。迄今二十餘年矣。（道光九年十一月十日林棲鳳，石川流同採）。〔註36〕

據此，則火燒嶼在嘉慶年間可說已開墾成功。但據伊能嘉矩載：在曾開盛等人入墾以前，火燒嶼乃阿美族土著所居，後有福州人陳品先者，率眾航行來此，攻擊土著，土著不支而乘船逃走，該嶼遂為陳品先及其部眾奪據開墾，但後以土地貧瘠難以耕種而棄地他去，火燒嶼遂成荒島。〔註37〕伊能氏之說乃得自台東阿美族口碑，該阿美族謂其祖先有一支即因火燒嶼被漢人攻擊而

〔註35〕連橫，前引書，卷三十一，列傳三，〈台東拓殖列傳〉，頁629。
〔註36〕陳國瑛，《台灣采訪冊》，台文叢第五五種，1959，頁26。
〔註37〕伊能嘉矩，《台灣文化志》，刀江書院，1975，下卷，第十四篇〈拓殖沿革〉，頁377。

乘獨木舟來台東。另據鹿野忠雄之考古發現，火燒嶼有不少史前遺物出土，
〔註38〕表示火燒嶼在史前時期便有人居住。因此阿美族之口碑可信度極高，
而此口碑又與《台灣采訪冊》所載曾開盛來時，火燒嶼僅有剛從紅頭嶼逃來
之土著五人而已。因此在紅頭嶼土著未來之前，此地為荒島之情形正與陳品
先等棄地而成荒島之說不謀而合。又陳英云：

> 實按火燒寺之來歷，本係東港對面小琉球人於道光年間徙居火燒
> 寺，合共三十七家，鑿井而飲，種土而食，數十年絕無逆犯者，誠
> 可為良民也。〔註39〕

據此，則火燒嶼移民之年代有嘉慶，道光二說，但《台東誌》成書較晚，記
載疏簡，其說較不足信，故火燒嶼之拓墾成於嘉慶年間，啟之者為陳品先，
而成之於曾開盛。

另外，道光年間，鳳山縣下之平埔亦入墾大莊一帶，咸豐三年（1853）
噶瑪蘭之加禮宛族亦移墾米崙山一帶（今花蓮市附近，平埔族之移墾均詳於
第二章第四節，茲不贅述）。

咸豐元年（1851），又有黃阿鳳者入後山開墾，《淡水廳志》敘其事云：

> 咸豐元年，有黃阿鳳者，集資，率萬餘人，抵該處墾闢。黃阿鳳為
> 總頭目，如官府儀。其餘頭人尚數十人，分地而治，隨時墾闢。不
> 數月，黃阿鳳以不服水土死，各頭人不相能。迨咸豐五、六年，資
> 本既乏，復與熟番讎殺，各墾地遂成荒埔。〔註40〕

《淡水廳志》所記頗疏略，連雅堂《台灣通史》述其事甚詳，連氏云：

> 黃阿鳳，亦淡水人，咸豐元年，集資數萬圓，募窮民二千二百餘，
> 往墾歧萊之野。其地距大南澳之南七十里，港口稍狹，內則可容
> 巨舶。水極陡。每年三、四月，漢人往與互市，番以繩牽舟進，
> 各與鹽一、二合，歡躍而去。已而各挾鹿茸、獸皮來易物，不事
> 金錢，無所用也。阿鳳既至，自為總頭人，狀若官府。其餘數十
> 人，各受約束，分地而治。然瘴氣尚盛，阿鳳以不服水土，數月
> 病死。各頭人復不相能。越五年，資漸罄，又與番相仇殺，墾田
> 遂廢，佃人咸去。餘亦移於璞石閣。在秀姑巒之麓，或作樸實閣，

〔註38〕鹿野忠雄，前引書，頁29，頁35。
〔註39〕陳英，前引書，頁82。
〔註40〕陳培桂，前引書，卷十六，附錄三，〈志餘〉，頁450至451。

番語也，地平而腴，有水漑。前時漢人已至其地，居者千家，遂
成一大都聚。〔註 41〕

依連氏之言，黃阿鳳開墾未成，其屬下則以積不相兼與土著仇殺而去，部
份移墾璞石閣，並言前時漢人已至其地，此或有可能，但言「居者二千餘
家」則屬虛溢之辭矣！蓋陳英之《台東誌》言同治年間璞石閣共十餘家而
已，〔註 42〕至光緒二十年（1894），璞石閣庄及客人城漢土亦僅八十八戶，
〔註 43〕咸豐年間何來千餘家？況千餘家則將有四、五千口矣！咸豐年間，
後山封禁，豈有五千人之都聚乎？黃阿鳳所墾之地——奇萊，乃今花蓮市
國富、國強兩里左右之地，當時分為五區開墾，命名為：三仙河庄，十六
股庄，武暖庄，沙崙庄，十八鬮庄。〔註 44〕

　　吳全與黃阿鳳等之開墾雖先後均歸失敗，但在咸豐七年（1857），有數十
漢人自噶瑪蘭移居於花蓮，建茅屋，事開墾，漸成聚落，〔註 45〕到了同治末
年，花蓮港亦居者四十餘家。〔註 46〕

　　咸豐年間除黃阿鳳外，又有鄭尚者入墾卑南之寶桑庄（今台東市），據陳
英記其事云：

咸豐年間，有鄭尚隨番頭進山，觀看風土情形。鄭尚見徧地無禾、
麻、菽、麥，即回家帶禾、麥、芝麻各種，複進埤南，教番子播種，
回家傳諸衆人。斯時，即有人隨番頭出入兌換者，亦有隨番頭進山
於寶藏與成廣澳住家者。中路璞石閣之番子有鹿茸等物，往嘉義齊
集街兌換；稅歸鹿港廳。久之，亦有人隨番頭進山，於璞石閣住家
者。北路花蓮港之生蕃有鹿茸等物，往宜蘭兌換，稅歸基隆廳。久
之，亦有人隨番頭進山，於花蓮住家者。斯時都是吹木火以為光，
並無油燈相照。更有枋寮、水東寮之平埔，隨番頭進山於寶藏開墾
者，不數年間，埤南之禾、麥、芝麻甚多，無路可售，因於枋寮雇
船來載〔註 47〕

〔註 41〕同註 35。
〔註 42〕同註 39。
〔註 43〕胡傳，《台東州采訪冊·莊社》，頁 20。
〔註 44〕《台灣慣習記事》第四卷第一號，《台東移住民史》，頁 8。
〔註 45〕駱香林，前引書，卷一，總記，頁 20。
〔註 46〕陳英，前引書，頁 82。
〔註 47〕同前註，頁 81 至 82。

另連雅堂之《台灣通史》則言鄭尚爲鳳山水底寮人，不僅於咸豐五年（1855）至卑南貿易，「且授耕耘之法。番喜，以師事之。土地日闢，尚亦富，乃募佃入墾」。〔註48〕由於鄭尚之入墾，至同治末年，寶藏（台東市）已有二十八家，馬蘭坳街（今台東市）亦有十六、七戶人家。〔註49〕

至於後山中部地區，咸豐三年（1853），有粵人沈私有、陳唐、羅江利等十七人墾於璞石閣，後漸成聚落而稱客人城；〔註50〕另有台中地方之漢人陶某，常由集集街到後山與土著貿易，但因見璞石閣附近土地肥沃而介紹不少漢人前來開墾，他們大都在同治初年由前山之集集街（南投縣集集鎮）移來。至同治末年，璞石閣（今花蓮縣玉里鎮）已有漢民二十餘戶。〔註51〕

除了上述諸地外，卑南北方之成廣澳（今台東縣成功鎮），有港口可容小船碇泊，同治年間，噶瑪蘭商人常至其地與土地貿易，後漸有移住者，至同治末年亦有五、六戶漢民居住。〔註52〕而位在花蓮北方之新城（今花蓮縣新城鄉）；亦有漢人前來拓墾，至同治十三年（1874）羅大春開路至其地時，亦有漢民三十餘戶。〔註53〕

以上乃封禁時期漢人前往後山開墾之情形，大致而言，在光緒以前，後山之卑南、火燒嶼、成廣澳、璞石閣、花蓮、新城等均有漢人移墾而漸成聚落，而其移住之年代主要以咸、同年間爲主。至於移民之來源，大抵花蓮附近多由宜蘭、淡水方面移來，中路之璞石閣一帶則大多來自台中地方，南路之卑南一帶則大多來自鳳山一帶。彼等拓地之路線並無計劃，乃零星地由海道或越山進入後山，找一交通方便，土地平坦肥沃之區進行開墾。故聚落呈零散地分佈於各水、陸交通便利之處。而在其拓墾過程中，常遭遇兩大困難需解決，其一爲瘴癘之氣必須克服，其二則爲必須與附近土著獲得妥協，否則與土著發生衝突，終必勞民傷財而歸於失敗，吳全、黃阿鳳之失敗即爲其例。

〔註48〕連橫，前引書，卷三十一，列傳三，〈台東拓殖列傳〉，頁 629。
〔註49〕同註 44，頁 11。
〔註50〕駱香林，前引書，卷一，總記，頁 34。
〔註51〕同註 44，頁 9。
〔註52〕同註 46。
〔註53〕羅大春，前引書，頁 47。

第三節　外人之覬覦

　　清康熙年間，台灣歸清版圖，清廷以台灣爲海上亂藪，故治台政策多趨消極，「渡海之禁」〔註54〕、「封禁之令」相繼而行。識者多憂之，藍鼎元嘗論曰：「臺灣海外天險，不歸之民，則歸之番，歸之賊。即使內賊不生，野番不出，又恐禍自外來，將有日本荷蘭之患；不可不早爲綢繆者也」。〔註55〕

　　後山地區向來土著出沒，瘴癘橫行，加以封禁之令施行，清廷棄之如甌脫，果如藍鼎元所言，外人對後山之覬覦乃相傚尤於接踵，佔墾事件，日人之役，前後相繼而來，或爲貨殖之企圖，或因領土之野心，後山從此多事矣！迨牡丹社之役興，清廷之酣夢方醒，治台政策始轉積極，光緒元年（1875），開山撫「番」之議行，後山因而漸次開發，故外人之覬覦，雖給後山帶來危機，然對後山之開發卻有刺激之功也。

第一項　貝尼奧斯基之佔墾

　　莫利斯、貝尼奧斯基（Maurice August Beneowsky）者係波蘭之貴族，於乾隆年間企圖佔墾後山，返歐後作旅行記（Voyageset Memoires de Maurice-August Com-te de Benyowsky , 1791）以記其事。〔註56〕西元 1885 年（光緒十一年）C，Imhault-Huart 在其所著《台灣島之歷史與地誌》（L'ile Formose , Histoire et Description）一書，〔註57〕及 Lammes W. Davidson 之《台灣之過去與現在》（The Island of Formosa Past and Present），〔註58〕伊能嘉矩之《台灣文化志》，〔註59〕連橫之《台灣通史》諸書均曾引述其事，茲綜合諸書，述其始末如下：

　　莫利斯、貝尼奧斯基者，波蘭之貴族也，爲匈牙利高官。於乾隆三十三年（1768）之戰爭中戰敗，爲俄軍所俘而流於於堪察加半島，繫獄三年。迄乾隆三十三年（1771），與同獄之囚徒二十八人，〔註60〕殺監守，越獄逃，奪

〔註54〕《清會典台灣事例》，吏部，海防，頁 30 至 32。
〔註55〕藍鼎元，《平台紀略》，台文叢第一四種，1958，頁 32。
〔註56〕此旅行記國內未見原文傳本。
〔註57〕國內有中譯本，爲台灣銀行經濟研究室所譯，列爲該室台灣研究叢刊（以下簡稱台研叢）第五六種，1958。頁 49 至 51。
〔註58〕同前註，列爲台研叢一○七種，1972。頁 57 至 61。
〔註59〕伊能嘉矩，前引書，下卷，第十三篇，〈外力の進漸〉，頁 95 至 105。
〔註60〕《台灣文化志》言九十六人；《台灣之過去與現在》言六十九人。另據陳乃蘗，〈伯尼約斯基之台灣探險〉，《台灣文獻》第六卷第 4 期，1955，頁 85，則言

泊於堪察加港之俄艦「克魯伯」（Corvett）號，航行鄂霍次克海而南，出北太平洋，經日本海，西折而抵台灣東岸北緯二十三度三十二分處碇泊。〔註61〕

　　貝尼奧斯基乃命同伴帶兵上岸探險，見岸上為一肥沃之荒原，彼等走入一村落，不料卻遭到土著之攻擊，艦上乃發礮應戰，將土著擊退，雖然受傷二人，卻俘虜五人。貝尼奧斯基接到此一消息本想離開此地，然夥伴卻主張報仇，故於翌日開船駛入港內，部份同伴武裝上岸，受到當地無武裝土著之歡迎與招待，孰料其同伴卻胡亂姦淫土女而再遭到土著之攻擊，幸賴貝尼奧斯基及時前來救援，終打敗土著，焚其村落。彼等因懼遭到土著之報復乃離開此，解纜北行，八月二十八日駛至東北海岸之一河口停泊，命名此港為莫利斯港（Port Maurice）。〔註62〕是日天氣晴朗，甚多島上居民，携家畜、米、甘蔗、猪、柑橘及其他果物前來，貝尼奧斯基則以針及其他零碎物品與之交易。因鑑於前次事件之發生，故以武裝十二名防備之。

　　岸上居民熙來攘往，中有一人，裝束甚奇，頭戴布巾，半為歐式，半為土著裝，腰佩長刀，穿手製鞋。貝尼奧斯基奇之，即遣沮耐佐夫（Kuzneczow）與晤，不解其言，邀之登舟，知其為馬尼拉出生之西班牙人，居此七、八年，獲附近數村之信用。彼旋邀貝尼奧斯基至其家，貝尼奧斯基躊躇未行。此人乃自稱因殺妻與姦夫，故逃亡台灣，並言其名叫唐·黑洛尼摩·伯支可（Don Hieronimo，Pacheco），前為馬尼拉卡維特港之首長。繼則概言此村之民可信，貝尼奧斯基信之。未幾，因部眾上岸汲水，竟為別族土著殺死三人，貝尼奧斯基與唐等，乃憤而率眾登岸圍殲，兩日間殺土著數百名而歸。此被殺之部落，恰為附近部落酋長胡亞波（Huapo）之勁敵，胡亞波為表感謝，經唐之介紹而與貝尼奧斯基認識，兩人相見甚歡，胡亞波乃慨贈哈板新（Havangsin）之地給貝尼奧斯基，但需協助胡亞波征服鄰邦卡比亞爾（Capial）之酋長哈布阿新哥（Hapuasingo）。〔註63〕

　　九月一日，貝尼奧斯基與酋長胡亞波合組聯軍，翌日出發，至五日即擒哈布阿新哥及其女兒四人。於是強「番」乞降，戰火告戢。將土著頭目引渡予胡亞波。胡亞波亦贈以戰利品八百斤銀塊及十二斤金塊。九月七日，貝尼奧斯基凱旋，沿途見村屋散佈，資源甚豐，有金、水晶、硃砂、米、糖、肉

　　二十八人。陳氏之文乃譯其原文，故從之。
〔註61〕伊能嘉矩於《台灣志》推定此地為今花蓮縣豐濱鄉港口村附近。
〔註62〕伊能嘉矩之《台灣志》推定其地在澳底，今福隆海水浴場附近。
〔註63〕陳乃蘗，〈伯尼斯基之台灣探險〉，《台灣文獻》，六卷4期，1955，頁88。

桂、絹及木材等物產。〔註64〕

　　因此，貝尼奧斯基一行，即擬於胡亞波所贈之哈板新地方從事殖民，然人力財力均感不足，必須先返歐洲向各國朝廷遊說，由歐洲國家前來殖民，若歐州各國無意來此，彼將自籌資金及人力前來殖民。

　　於短暫之留台期間，貝尼奧斯基乃擬定將來殖民台灣之方案，〔註65〕做為其遊說歐洲各國之藍圖，九月十二日，貝尼奧斯基抵法國，此後之音訊，據云：「彼雖感台灣殖民建設之難以實施，然受法國政府之託，至馬達加斯加（Madagascar）島與當地有力之法國人辯論殖民台灣之可能性。旋於乾隆四十七年（1782）再度航歸歐洲，益決意實行其殖民計劃，乃赴奧地利以說其帝，帝不納之後赴英京倫敦，鼓其如簧之舌以說其政府及國民，雖其間頗有私人欲出資者，終不果行，乃於乾隆四十九年（1784）左右，轉往美國尋求資助，但美商提供者乃另一方面之資助，彼乃改變原定計劃，將家眷安定於美國。然後率領部屬再赴馬達加斯加島，從事與法國人爭奪殖民地之戰爭。結果竟於乾隆五十一年（1786）之一次小戰役中中彈身亡。〔註66〕

　　貝尼奧斯基殖民台灣之計劃雖因其身亡而告終，然卻因而增進了歐美對台灣之認識，同時亦暴露出清廷封禁後山之潛在危機。

第二項　美國之企圖染指

　　中美之建交始於道光二十三年（1843）雙方於澳門簽訂中美望廈條約。〔註67〕然遠在中美建交之前，美國人對台灣已有相當程度之認識，促成美國人認識台灣約有下列三因：（一）莫利斯、貝尼奧斯基伯爵（Mauritius Count de Benyowsky）為實現其拓殖台灣東部之計劃而至美國尋求資助；而引起美國人注意台灣。（二）美國有不少書刊傳佈有關台灣之介紹，經此類書籍之宣揚，台灣漸成美國人獵取之目標。〔註68〕（三）東來之美國人對台灣之宣傳與重視，〔註69〕亦有意無意地促使美國人對台灣之矚目。

　　中美建交之前，美國人雖對台灣有相當之瞭解，然美國之企圖染指台灣

〔註64〕Huart 著，《台灣之歷史與地誌》。第一部，〈歷史〉，頁 49。

〔註65〕陳乃蘗，前引文，頁 89 至 91。

〔註66〕Huart，前引書，第一部，〈歷史〉，頁 51。

〔註67〕由美國第一任駐華公使顧盛與者英澳門簽訂。

〔註68〕見黃嘉謨，《美國與台灣》，中央研究院近代史研究所（以下簡稱近史所）專刊（十四），1966，頁 2 至 17。

〔註69〕同註68，頁 18 至 31。

則爲道咸年間之事。其企圖染指之因有四：「一、台灣之煤炭及水、對遠航之船隻極爲重要。二、台灣之地理位置，可作爲對中國大陸之商務口岸。三、由於中美貿易之日漸發展，船隻往來頻繁，然常於海岸觸礁或擱淺，船員遭遇悲慘之命運。四、鴉片戰爭後，英國取得香港，不少美國人企圖佔領台灣設立貨棧，建築軍港以與香港對抗。」。〔註70〕

　　台灣與美國當局發生實際之接觸，導因於美國人流落台灣之傳疑。十九世紀初，美國對中國貿易迅速發展，來華船隻大增，然常發生船舶毀於暴風或觸礁失事。先是，中英鴉片戰爭時，英船先後於台灣附近觸礁沈沒，被俘之人員，英國認爲可能有數名美洲人在內。道光二十四年（1844），美國商船「金剛石」（Paragon）號由馬尼拉駛赴廈門，途次台灣西南方約北緯二十二度處，不幸沈沒，船上人員幸爲附近漁船救起，並予送至香港，得免於難。道光二十八年（1848），英國商船「蓋爾比」（Kelpie）號由香港開駛，不久即告失踪，依各方推測，恐係於風暴特多之台灣海峽中失事。咸豐元年（1851）英船「羚羊」（Antelope）號於駛經台灣附近海面時，意外地救起了上年在台灣東南部海岸擱淺之英船「拉賓德」（Larpent）號船員三人，送至香港。據此生還者之報告，彼等曾被台灣島上之居民拘禁奴役，或輾轉販售圖利，「蓋爾比」號之殘骸亦曾於島上被發現，傳言流落於台澎各地之歐美人員似不在少數。美國駐華代表伯駕〔註71〕獲此消息，隨即函請香港美領事浦士（E. T. Bash）據此傳說，就近蒐集更爲詳確之資料，以便送請駐泊中國海面之美國船隊官員考慮採取行動。當伯駕正進行調查之際，又聞美國兵艦「馬里翁」（Marrion）號從台灣附近脫險歸來之消息。「馬里翁」號原由廣東海面經廈門至上海，由上海返航途中，一度於台灣西北擱淺，船身距海岸甚近，船上人員曾見附近居民湧至海邊，並携牛車、小艇等物，似乎待「馬里翁」號破碎時，乘機撈取船上物資。幸船上人員將過重之礮彈拋棄後，該兵船遂突然脫險，旋於五月十八日駛抵黃埔停泊。經此事件，伯駕認爲台灣位處中國沿海航線之中心，而其居民——尤其是東海岸之居民生性野蠻，近年來歐美船隻於台灣附近失事頻繁，受難者或其關係人，均認爲西方各國政府應負起保護之責；因而特別籲請美國國務院予以注意。〔註72〕

〔註70〕黃嘉謨，前引書，頁38至39。
〔註71〕時爲代理公使。
〔註72〕黃嘉謨，前引書，頁44。

　　然促使伯駕採取實際行動，建議佔領台灣之美國人乃於廣州經商之基頓、奈伊（Gideon Nye）。奈伊提出之動機，導因於其兄之失踪。其兄杜馬斯、奈伊（Thomas Nye）乘「蓋爾比」號由香港赴上海途中，其坐船可能在台灣附近沉沒，遭難者可能爲土著所拘留，故其乃調查台灣之情形，寄交伯駕，請由政府派員偵查，並將台灣南部或東部佔有。咸豐三年（1853）於其致伯駕（時爲代理公使）函中，特別提出佔領台灣後山紅頭嶼之要求，「認爲此島爲中國與加州，中國與日本間商業航道之要衝，亦爲廣東、上海間之直接航線，美國應予保護。若美國佔領該島，彼願協助殖民事業，並保證有若干美國人願意前來經營。」〔註 73〕彼同時將貝尼奧斯基之台灣殖民記事，刊載於台灣關係編纂書等，〔註 74〕極力慫恿美國政府對台灣之注意。伯駕力贊其議，乃建議美國政府採取行動。此刻，伯駕與美國東印度艦隊指揮官哇克（W. S. Walker）取得聯繫，請其派兵赴台灣環島勘查，查明是否有美國人於台灣沿岸遇難。哇克雖贊同伯駕之意見，然當其獲悉英國駐華海軍指揮官梅西（Capt. T. L. Massie）上校已派兵輪「火蛇」（Salamander）號赴台灣調查之訊息時，遂決定暫擱伯駕之議，迨「火蛇」號報告結果後，再議對策，並將此事留予繼其任之新指揮官奧立克（John. H. Aul-ick）處理。奧立克抵任後，雖曾派「普里穆斯」（Plymouth）號赴台灣之巴士海峽及菲律賓附近搜尋遇難之美國人，然卻無功而返。

　　奈伊與伯駕企圖佔領台灣之議，獲一有力之支持者，其爲曾迫使日本開港之美國東方艦隊司令伯理（Perry），伯駕於咸豐四年（1854）第二度奉命赴日交涉通商事宜，命其所屬軍艦「馬其頓」（The Macedonian）號船長阿波特（Captain Abbot）上校率同沙布萊號（The Supply）號於咸豐四年六月五日（1854、6、29）由日本下田港啓碇，分別於次月抵雞籠；據「伯理提督致阿波特上校之命令」，〔註 75〕艦隊訪問之目的有二：「一、據本國官方所獲訊息，有若干美國人於航行台灣附近海面時遇難。二、今後航行台灣附近之美國及他國船隻勢必增加，其所需燃料必須仰賴此地供應，據推測台灣有豐富之煤產可供應，故有調查台灣煤藏量及其地質之必要。」〔註 76〕然美艦此行另有

〔註73〕黃嘉謨，前引書，頁 145 至 146。
〔註74〕林子候，《台灣涉外關係史》，1978，第四篇，〈清代涉外關係〉，頁 255。
〔註75〕賴永祥譯，〈咸豐四年美國艦隊訪台記・伯理提督致阿波特上校之命令〉。原文爲〈伯理艦隊中國日本遠征記〉之一段。《台北文物》，四卷 1 期，頁 2 至 10，1955。
〔註76〕同註 75。

其他任務，即：「沙布萊號赴香港，馬其頓號至馬尼拉，分別會晤該地美領事及美商，提供援助及保護。」，〔註77〕故在台時間有一定之期限。阿波特上校抵達後，即帶領中國籍之厨師為翻譯，遍訪雞籠附近各階層人士，並親自查訪美國難民之下落，結果一無所獲。住民皆謂：「島之附近從未聞有美國人或輪船遭難情事，亦無遇難船員留於島內」。〔註78〕故阿波特上校斷言彼等所言屬實，即向伯理提督報告稱：「彼不相信有我們失踪國人存在台灣島」。〔註79〕阿波特上校乃命其屬下在雞籠測量港灣並且調查煤礦，製成精確水陸地圖及擬定將來採礦築路計劃，完任務後，遂由雞籠啓碇前往馬尼拉，「沙布萊號」則奉命留下裝煤完畢後駛往香港。

同年十二月七日（1855、1、24）又有一支美國艦隊由洛澤斯（John Rodg-ers）率領來台從事探勘工作。其任務為：「應先抵雞籠港，設法協助已至該處之美國商民或其代表人，以求取得開採雞籠煤礦之特權，然後到台灣東岸探勘。」因在過去通用之航海地圖上關於台灣東岸各地之位置最不完備，而美國兵艦和商船在台灣東岸往來航行頻繁，亟須明瞭該地之情況，以利航務。其在基隆之任務圓滿達成，但東岸探勘卻遭到惡劣之天氣，經南端匆匆返航，當時探勘艦隊之礮艦「海豚」（Porpoise）號去向不明，「罕科克」（John Hancock）號奉指示再駛至台澎一帶，一面查訪其下落，一面經小琉球嶼至東岸，進行對東岸之探勘工作，後因天氣惡劣，北緯二十二度二十二分至花蓮溪口地段未克進行。艦長史蒂文斯（H. K. Stevens）事後向洛澤斯建議三點：「一、台灣東岸地方，一向少為人知，如能全部勘查明白，無論在科學上或實用上，均有其價值。二、往昔貝尼奧斯基伯爵所描述之台灣東岸良港，其位置恰在此次未經勘查之地段以內，必須再行勘查，以明真象。三、對於蘇澳海灣，史蒂文斯也主張應速加探測，因為在蘇澳南北一帶海岸，並無可作為避風之港灣，而蘇澳灣卻具備有此良好之條件，其重要性實不可忽視。」但是由於其所奉之命令有所變更，此一艦隊再也無法到台灣東部探勘。〔註80〕

此後，美國對後山之企圖雖暫時告終，然佔領台灣之主張卻不斷提出，如伯理提督返國後，即根據阿波特上校之報告，撰一文題為「有力之美國人」，

〔註77〕同註75。
〔註78〕同註75。
〔註79〕同註75。
〔註80〕黃嘉謨，前引書，頁74至75。

竭力主張佔領台灣。〔註81〕咸豐七年（1857）美國駐華公使伯駕亦於英、法欲聯軍攻華時，建議美政府佔領台灣。〔註82〕另外，美國駐寧波領事赫利思（Townsend Harris）亦於咸豐四年（1854）以一篇長文之建議書慫恿國務卿將台灣收買。〔註83〕但這些主張均未爲美國執政當局所採納。當時美國政府對於台灣問題表現地相當消極，其所以如此，乃因自道光三年（1823）美國發表「門羅主義」〔註84〕以來，美國於外交上走孤立主義之路線。最重要者乃當時美國內部之黑奴問題已日益嚴重，無暇向外擴展領土。此外遠東局勢之日益複雜，亦使美國在外交上不敢貿然行事。也正因爲如此，台灣方能免除被美國佔領之命運，後山亦因而能保持其原來之完整與清靜。

第三項　大南澳之占墾

大南澳（今宜蘭縣南澳鄉）位於本區最北之東澳灣南方十清里處，距蘇澳三十里，北瀕南澳灣，東臨太平洋，爲一肥沃之平地。清嘉慶初年，吳沙入墾頭圍（今宜蘭縣頭城鎮），漢人相繼而來，噶瑪蘭乃日漸開發，嘉慶十七年（1812）設立噶瑪蘭廳治之。但當時地廣人稀，羅東以南，漢人難見，迨咸豐末年，漢人始入墾蘇澳，其後漢人屢次向南推進，但均遭土著逐退，同治初年，終有一漢人於東澳建立一鋸木廠，並設有樟腦提煉所，從此漢人乃不屈不撓向南澳方面推進，同治六年（1867）清廷見東澳鋸木廠之成功，乃於蘇澳建立一蒸汽動力鋸木廠，彼此蘇澳一舉聞名，有若干外國船隻進入該港灣，亦有少數外人定居該地。〔註85〕由於外人之往來於蘇澳附近，因此，在同治七年（1868）乃有外人占墾大南澳事件之發生。

同治七年四月（1868、5）有來自德國漢堡（Hamburg）名美利士（James Milish）者，於淡水開設（James Milish C. O.）經營海運及鴉片貿易，自稱爲漢堡駐淡水領事，雄心勃勃，與英人荷恩（James Horn），一作「康」，或作「未士康」勾結，因見大南澳「番地」爲官府勢力所不及，圖開墾佔據，以建立殖民地，從事謀利。因此美利士遂以僞領事名義給予荷恩執照，供給資金，

〔註81〕林子候，前引書，頁 257。
〔註82〕見省文獻會編，《台灣省通志·外事篇》，第一冊，頁 47。
〔註83〕黃嘉謨，前引書，頁 127 至 133。
〔註84〕美國第五任總統傑姆士·門羅（James Monroe 1817～1825）爲對付俄國對阿拉斯加以南迄北緯五十一度領土之要求及歐洲四國對拉丁美洲革命之威脅而發表此主義，聲言反對非美洲國家干涉美洲事務。
〔註85〕Davidson 著，《台灣之過去與現在》，頁 132。

命其往大南澳開墾。荷恩乃率同蘇格蘭人二，美國人一，德國人、墨西哥人
及臥亞葡萄牙人亦各一，至噶瑪蘭巡視，通判丁承禧予以再三勸阻，但未被
採納，並用鹽、布、羽毛結交土著，〔註86〕並與該地平埔族頭目之女結婚，
然後率領一些平埔族自蘇澳灣由海路至大南澳，在該處建碉堡，築柵圈地，
著手開墾，〔註87〕但因該處缺乏漢人，招募工匠無人，只得折返雞籠，自購
小船三隻，雇覓工匠四十餘人，再度前往伐木，並陸續運往雞籠販賣。後來
雇工達百餘人；並募壯勇二十餘名，携帶礮械在大南澳建土堡一所，中蓋草
瓦屋二十餘間。又在附近五里之小南澳築一土圍，中蓋瓦屋三間，草棚十餘
間，〔註88〕同治八年（1869）荷恩又自淡水帶來黑洋人四名，添來壯勇四十
名，並繼續在淡水招募工人，每名每月給工資七圓。並向附近山民所砍風籐、
薯榔，按百擔勒抽二十擔，以貼補勇糧。〔註89〕由此可見其規模之大，野心
之驚人。

　　噶瑪蘭通判丁承禧見外人此種侵佔領土之行動，既經勸告無效，乃轉
而與美利士及英領事交涉。丁承禧親晤美利士詰以違約給照，美利士初則
推諉為英人所為，繼則藉口大南澳屬土著地界，不歸噶瑪蘭廳管轄，旋則
諉言一、二月後再議。英領事亦謂該地非地方官所轄，未便禁其勿往。〔註
90〕丁承禧因交涉不得要領，乃呈報閩浙總督、福建巡撫轉呈總督向德、英
二使交涉。總署分別照會二國公使，〔註91〕分別得到了照覆為，英方：「本
大臣現已抄錄來文，剳飭淡水副領事官詳細查明情形，如該英人有違約情
勢，立即嚴行禁止。俟該領事申覆到日，再將一切情形照覆」。〔註92〕德方：
「本大臣查該商美利士所遣前往行此違約之人，據來文所云係屬英人，並
非本大臣所能約束承辦，自應由貴衙門照請英國辦理。蓋英商違約，自不
容藉詞於美利士所使，即可脫然事外。本大臣現已備函前往戒飭美利士；
若仍不遵條約，任性妄為，遇有因此受累之處，咎由自招。……至美利士
兼充領事官一節，本大臣但可仍執前說，並未接本國以其為領事官之行

〔註86〕《籌辦夷務始末選輯》，台文叢第二〇三種，1964，頁346，給英國照會。
〔註87〕Davidson，前引書，頁132。
〔註88〕同註86，頁347，給英國照會。
〔註89〕Davidson，前引書，頁133言抽十五石，《籌辦夷務始末選》，頁347言抽二
　　　十石。此從始末。
〔註90〕《籌辦夷務始末選輯》，頁347，給英國照會。
〔註91〕同前註，頁346至351。
〔註92〕同前註，頁348，英國照覆。

知。……」〔註93〕英使答應查禁，德使亦允去函戒飭，然從覆文看來英使較誠懇，事實上兩國後來均未有效阻止。同治八年（1869）美利士更親至大南澳地方，復到蘇澳口之南風澳山脚，起蓋草屋三間，爲往來寓所。荷恩則仍於大南澳開墾，準備栽種茶樹。美利士則時常以船，由滬尾、雞籠運載食物往來。後來甚至偷運火藥前來賣與土著。嗣爲地方官查悉，報請交涉，總署因此再向英、德兩國抗議。〔註94〕聲言必要時將自行查拏。英使照覆謂：「……本大臣原以未據該處領事官稟報，是以未經照覆貴親王。茲已據領事詳報情由，本大臣現已飭令該處領事官務將名康本國人撤回，並以後不准該名康本國人再往該處，復有伐木墾荒等事。……」。〔註95〕英國接受中國要求允將荷恩撤回。然德使方面則回覆曰：「……本大臣查美利士一節，前曾於五月初五日照覆貴王大臣；現已文咨本國管理北德意志公會議事廳事務大臣，請其將商美利士充當領事之官職即行撤退等情在案。本大臣於此事衹於能咨請本國，將其撤退；如再別有作爲，非本大臣所應有之權。如該美利士果然顯違貴國律例，本大臣衹得任憑該處地方官如何攔阻，以禁其行；惟有將請貴王大臣分心轉飭管官，衹可將其違例之事禁止勿爲，不可傷斃之事。誠恐一有傷斃，即不免有許多交涉難辦事件。本大臣亦甚倚賴該處地方官必然另有他法禁止其行，不得有傷斃美利士之事；如果實係不能免其拏辦，本大臣查按約應送交上海本國領事官辦理。至拏獲之際，解送之時，萬不可待該商以刻薄殘忍；蓋以該商如有受苦情節，即啓其欲與貴國討賞恤之因由。……」。〔註96〕由此可見德國之缺乏誠意，心存袒護，因而再引起一連串的外交照會。〔註97〕美利士因其本國心存袒護，乃更加囂張，除伐木侵墾、販賣軍火之外，又包攬民人事端，仗勢擅捕國人，私刑拷打，誣告善良，更從而私典煤山，偷賣樟腦。不法之舉，無所不用其極。而荷恩雖經英國公使命令該處領事將其撤回，惟得美利士之慫恿，墾殖如故，後竟欲自行勒抽勇費，儼然以殖民地統治者自認，此後滬尾（今淡水鎮）英領事見有德領事爲之支持，亦言大南澳不入中國版圖，且荷恩已動用鉅款，即令撤回，須令地方官折價賠償，意圖勒索。

〔註93〕同前註，頁351，布國照覆。
〔註94〕同前註，頁352至353。
〔註95〕同前註，頁352至353，英國照覆。
〔註96〕同前註，頁355，布國照覆。
〔註97〕同前註，頁356至360。

同治八年三月二十三日（1869、5、4）英國火輪兵船竟到蘇澳停留三日，荷恩則繼續運來灰瓦，大事興建。此後於六月再經總理衙門交涉，請其速將荷恩等撤回。八月，經新署台灣道黎兆棠轉飭丁承禧辦理。先經淡水通京委員佐領劉青藜照會英國副領事，於是英使阿禮國（Rutherford Alock），德使李福斯（Von Rohfues）始飭飾荷恩與美利士離去所佔之地，並將荷恩扣留於滬尾。〔註 98〕荷恩遭其本國所派赴之砲艦，強令其離去。彼不得已乃於八月二十二日及九月二十一日兩次將大南澳、南方澳等堡屋內各物運回雞籠，而留守堡屋之洋人及勇丁，至十月初一日始一律撤走。繼由丁承禧派撥役勇毀平。而荷恩本人則於最後一次率平埔族人三十名，乘帆船赴蘇澳途中遇大風浪，船被漂至台灣南部失事而遭滅頂，僅數名土著獲救。而美利士亦因而破產。結果此一侵墾事件終告落幕，後山又再次幸運地逃過被外人佔領之危機。同時亦證明清廷之封禁政策已面臨極大之挑戰，迨牡丹社事件爆發，此一政策乃終告崩潰而宣布撤禁。

第四項　牡丹社事件

　　清同治十年（1871）牡丹社事件之發生，促使清廷對台政策之改變，尤其是「開山撫番」政策之決行，使得後山能積極地開發，故牡丹社事件乃清廷決心開發後山之關鍵，頗值深入研究。

　　向來研究牡丹社事件之中國學者，大多將此一事件之責任推給日本，認為禍首乃日本企圖侵台所起，其實此一事件之發生，實有三方面之背景，一則為日本企圖據台之野心。再則為近中國之積弱不振，對台政之漠不關心。其三則為台灣「番政」之不理，土著之仇外。由於此三方面因素之長久蓄積，終於爆發於一旦，故牡丹社事件絕不可視為一單純事件，實乃多方面因素之湊合。

一、日本據台野心與黷武

　　清朝自乾隆中葉以降，國勢漸衰，道、咸以下，內有教匪之亂，外有列強之壓迫，國勢凌夷到了極點，然大約同時之日本，於同治七年（1868，日明治元年）開始明治維新，逐漸步向富強之道。日本眼見中國屢受外國之侵略，日本引為殷鑑，認為日本如不獨立圖強，將步中國之後塵，甚至比中國更慘，故必需富國強兵。為維持日本之獨立，一方面刻不容緩地需要劃定疆

〔註 98〕Davidson，前引書，頁 133。

界，一方面必須擁有強大之軍力。關於前者，北方邊界因日本放棄庫頁島而交換千島群島遂告解決；南方因小笠原群島是無人島自動劃入日本領土，然琉球仍爲中國之屬國，日本不能隨意劃入，必須伺機方能下手併吞。明治維新後，日本有所謂「南進政策」，欲向南方發展；亦有所謂「大陸政策」，要向中國沿海侵略。然南進政策必先侵佔台灣；大陸政必先佔領朝鮮。由於上述原因，大陸政策先被提起，征韓論便是此一政策之代表。正當西鄉隆盛爲首之若干參議官計謀征韓之時，岩倉具視，大久保利通，木戶孝允，伊藤博文等人甫由歐洲考察歸來，深感明治維新基礎尙薄，須有長期之內政建設，乃斷然反對征韓。事實上，此兩派人士之意見，原則上並無不同，所不同者只是時間之遲早而已。征韓論遭到反對之結果爲：西鄉隆盛及副島種臣，板垣退助等參議集體辭職。西鄉退隱於故里鹿兒島後，爲少數軍人所包圍，最後起兵稱亂，此即日本史上所謂「西南之役」。〔註99〕西鄉隆盛下野於同治十二年（日明治六年，1873），琉球難民遇風漂流至台灣南部爲同治十年（日明治四年，1871），日本征台是同治十三年（日明治七年，1874），統帥爲西鄉隆盛之胞弟西鄉從道。從時間與人事之安排來看，日本之攻台，其動機很顯然的在於企圖安撫急進派之不滿，同時並併吞琉球。

二、中國之積弱與對台政策之消極

　　清廷領台之初，朝廷即有「棄地遷民」之議，〔註100〕幸賴施琅力主留台，上「台灣棄留疏」，〔註101〕才挽回對台灣之主權。然琅又恐其成爲藏奸納盜之所，乃奏請朝廷對台灣採「海禁政策」，禁止大陸人民渡台，雖然偷渡者衆，然此一政策，或多或少遲緩了台灣之開發。更可惜者，清廷以台灣漢土衝突時起，乃於康熙六十一年（1722）對台灣山地採「封禁政策」，此一政策之目的在使漢人不得進入「番界」而啓「番釁」；並使土著不得逸出界外之肇「番害」。但卻無形中加深了漢土之隔閡，並阻礙了山地之開發。此種消極之對台政策，於平時國家強盛，天下太平時，尙可勉強維持領土之完整，一旦國家喪亂，民生凋蔽，外患環逼時便難以存續。滿清末造，內則有太平天國、捻亂、回變之動亂，財政困紐，民生衰竭；外則有鴉片戰爭，英法聯軍，列強

〔註99〕 余又蓀，《日本史》，中華文化出版事業委員會，1956，第三冊，頁 546 至 549。
〔註100〕《清聖祖實錄選輯》，台文叢第一六五種，1963，頁 131。又連橫：《台灣通史》，卷三，〈經營紀〉，頁 43。
〔註101〕余文儀，《續修台灣府志》，卷二十，〈藝文〉（一），頁 711 至 714，陳台灣棄留利害書。

蠶食，帝俄鯨吞，相儆尤於接踵。日本對華早存覬覦之心，豈肯棄梁肉於跟前，讓美食於歐美，乃以牡丹社事件爲藉口，期能遂分杯羹之美夢。故牡丹社之役，亦以中國之積弱與向來對台灣政策之消極有以致之。

三、台灣土著之排外

牡丹社事件因台灣土著殺害琉球漂民而起。台灣土著之所以殺人，亦有其故，蓋台灣土著族類繁多，其射飛逐走，穴居野處，每一村社自成一部落，亦爲一社會經濟之共同體。由於生活環境與文化程度之限制，因而其團結力強，排外力亦強。但並非台灣土著皆嗜殺伐，其中亦有溫馴和平者，如前人所曰之「熟番」、「平埔番」是也。

其次，台灣有些土著有以人頭祓祭之俗及鹹首之風，〔註 102〕亦爲台灣部分土著好殺人之原因。

其實台灣土著所以排外殺人之最大原因之一乃是土著曾受外人侵凌所致。外人之侵凌以漢人之侵墾爲最。清廷對「番地」雖屢申封禁政策，但越墾者衆，「番地」頻受侵佔，土著生計日漸窘迫，於是漢土衝突時起，如嘉慶年間　郭百年事件即其一例；〔註 103〕另外，洋人亦有侵掠「番地」之舉，如乾隆年間貝尼奧斯基之侵掠後山，同治年間之美船之役，〔註 104〕其中尤以美船之役時美國曾出兵攻琅𤩝（屏東縣恒春鎮），更加深了琅𤩝地區土著之仇外，牡丹社事件發生於琅𤩝附近，或與此有關。

總之，牡丹社事件之發生與土著之仇外有關，而土著之仇外乃「番政」之不理，漢人之侵墾，土著之習俗及洋人侵掠「番地」所致。

牡丹社事件係發生於同治十年（1871），即是年琉球宮古島民六十九名，因風漂至台灣南端之八瑤灣（今屏東縣滿洲鄉），溺死三人，餘六十六人登岸，誤入牡丹社（今屏東縣牡丹鄉），其中五十四人爲該社土著所殺，餘十二人得居民楊友旺之助，幸得逃生；後經鳳山縣護送府城，轉往福州，由閩省當局優予撫卹，遣回琉球。〔註 105〕

〔註 102〕黃叔璥，前引書，卷八，〈番俗雜記〉，頁 162。
〔註 103〕姚瑩：《東槎紀略》，台文叢第七種，1957，〈埔里社紀略〉，頁 32 至 40。
〔註 104〕同治六年（1867）美船羅發號（Rover），在紅頭嶼附近洋面失事，船長夫婦暨船員逃至台灣南岸登陸，突遭當地土著殺害，而引起美駐廈門領事李讓禮帶兵入侵土著社事件。詳參李讓禮著《台灣番事物產與商務》，台文叢第四六種，1960。
〔註 105〕詳見王世慶，〈台灣牡丹社邊防始末〉，《台灣文獻專刊》，一卷，4 期，1950、

　　事件發生後，閩浙總督文煜、福建巡撫王凱泰曾連銜條奏救護難民及土著殺害受難琉球人之情形。〔註106〕結果奉旨：「覽奏已悉。著照例辦理；並著督飭該鎮、道等認眞查辦，以示懷柔。欽此。」〔註107〕

　　當時外務大臣柳原前光，正奉命使華，駐天津，聞此，急報日本外務省。同治十一年八月（1872、9），日本鹿兒島縣參事大山綱良，乃首請興師，問罪台灣；外務卿副島種臣及參議西鄉隆盛，板垣退助等力爲贊同。八月十二日（九月十四日），乃冊封琉球王尙泰爲藩主，以確定日本與琉球之主屬關係。同時照各國公使，申明琉球已歸日本，〔註108〕以爲進犯台灣之藉口。時有前廈門美領事李仙德者，曾因羅發號事件來台灣南部「番地」，復從中鼓動，力謂台灣「番地」非中國政令所及；日本如欲征討，此後各國航行得有保障，列強必爲支持云。〔註109〕十月，乃派副島來華，試探我國態度；而外間已盛傳日本將侵台灣矣。〔註110〕

　　同治十二年二月（1873、3）又日本小田縣民四人，因風漂至卑南之馬武窟（今台東縣東河鄉），船碎，衣物盡失，後登岸爲土著所包圍，幸爲土目陳安生所救，後由當道送至福州，由官府招待後送歸日本。〔註111〕然日本恐侵台無名，乃亦誣稱其難民爲台灣土著刼掠，以爲其侵略之藉口。是年五月（六月），柳原前光奉副島大使之命前來中國，向總理衙門大臣毛昶熙等詢及台灣土著殺害琉球人民事。昶熙答曰：「『番』民之殺琉民，既聞其事，害貴國人，則我未之聞。夫二島俱屬我土，屬土之人相殺，裁決固在於我。我恤琉人，自有措置，何預貴國事，而煩爲過問？」〔註112〕前光大事爭辯，謂琉球爲日本版圖，又提出日本小田縣民漂流台灣遭搶掠之事。然問以日人受害，事在何年何月何時，前光又無法說出。但曰：「貴國已知恤琉人，何以不懲治台灣番民？」昶熙曰：「殺人者皆屬『生番』；故且置之化外，未便窮治。日本之蝦夷，美國之紅番，皆不服王化，此亦萬國之所時有。」前光曰：「生番害人，

　　　12，頁 30。王氏係譯自伊能嘉矩，《台灣文化志》，下卷，頁 160 至 162。
〔註106〕同治甲戌公牘抄存，頁 1 至 2。
〔註107〕清季申報台灣紀事輯錄，台文叢第二四七種，1968，頁 8。
〔註108〕林子候，〈牡丹社之役及其影響〉，《台灣文獻》，第二十七卷第 3 期，1976，頁 38。
〔註109〕伊能嘉矩，《台灣文化志》，下卷，第十三篇，〈外力の進漸〉，頁 168 至 169。
〔註110〕清季申報台灣紀事輯錄，頁 57 至 61。同治甲戌日軍侵台始末，頁 5。
〔註111〕伊能嘉矩，《台灣文化志》，下卷，頁 174 至 178。
〔註112〕連橫，《台灣通史》，卷十四，〈外文志〉，頁 319。

貴國舍而不治；然一民莫非赤子，赤子遇害而不問，安在爲之父母？是以我邦將查辦島人，爲盟好故，使某先告知」。〔註113〕

由上之問答可知，中日爭執之焦點乃在琉球屬國問題及日本責中國之不懲台灣土著。其實琉球之屬國問題，誠難以定論，蓋琉球蕞爾小邦，時而朝華，時而貢日，故中、日皆視爲藩屬，至於台灣土著之不懲，實乃日本不瞭解清廷向來對台之消極政策，更何況當時內憂外患相逼而來，〔註114〕何暇及此？日本經過此次晤談之後，知中國無心懲治台灣土著，亦知清廷之儒弱可欺。時日本又正巧發生政變，同治十三年（日明治七年，1874）一月，日本代理太政大臣岩倉具視被刺，二月，主戰派之江藤新平在其故鄉佐賀稱兵作亂。〔註115〕文治派爲緩和主戰派之不滿情緒，乃由大久保利通提議，發兵征台灣，朝廷立即通過。

三月，日本設立「台灣番地事務局」，以參議大隈重信爲局長，又命陸軍中將西鄉從道爲征台事務都督，〔註116〕並僱用美船及美人爲參議，〔註117〕率兵三千六百五十八人，進犯台灣，軍隊先在長崎集中。

日本爲準備用兵台灣，遍告外國公使，略謂：「台灣生番不屬中國管轄，故日本出兵往辦，並已通知清國總理衙門」。〔註118〕各國多不以日本行動爲然，美國尤其堅決，禁阻或撤回協助日本前往「番地」之人船，並嚴守中立。〔註119〕另外，英、俄駐日公使，亦向日本外務省表示反對，略謂中國必生異議，按之公法，實無此例。〔註120〕

日本內閣見列強多表反對，急命長崎之大隈重信止軍。重信走告從道，從道不奉命。謂：「近日朝政，朝令夕改，令人危疑。況招集精銳，駕馭一誤，潰散四出，禍且不測，豈止佐賀之比？必欲強留我，則當奉還敕書，躬自搗醜夷巢窟，斃而後已，萬一清國生異議，朝廷可目臣爲亡命流賊，何患無詞以對？」〔註121〕結果，從道終不聽而發師，由此可見，日本征台之成爲事實，

〔註113〕同前註。
〔註114〕時俄佔伊犁，英國有馬嘉理雲南被殺案，內則正忙於自強運動。
〔註115〕佐賀暴動至翌年一月十三日始被敉平。
〔註116〕伊能嘉矩，《台灣文化志》，下卷，頁184。
〔註117〕《台灣對外關係史料》，台文叢第二九○種，1971，頁73，總署照會美副使
　　　　請禁阻李讓禮等借租人船與日本前往台灣番地。
〔註118〕黃嘉謨，前引書，第七章日軍侵台與美國態度，頁263、364。
〔註119〕同註117，頁80。
〔註120〕連橫，前引書，卷十四，〈外交志〉，頁320。
〔註121〕連橫，《台灣通史》，卷十四，〈外交志〉，頁320。

西鄉從道之好戰亦爲一關鍵。

　　日軍於三月二十二日於琅嶠登陸，十五日後進攻牡丹社，屠殺三十餘人，悉焚該社房舍。然土著仍不屈服，繼續襲擊日軍，西鄉從道退守龜山（今屏東縣車城鄉），修路築橋，建造都督府及兵營爲久駐之計。

　　日軍既犯台，清廷以事態嚴重，乃授沈葆楨爲欽差，辦理台灣等處海防兼理各國事務大臣之職，以重權而專責辦理，所有福建鎭、道等官，歸其節制；江蘇、廣東、直隸航輪，准其調遣。〔註122〕沈奉命之後，乃與閩浙總督李鶴年上疏言四事；一曰聯外交：擬以國際輿論制裁日本；二曰儲利器：購買鐵甲船及各種槍礮彈藥等軍備；三曰儲人才：調用提督羅大春及前台灣道黎兆棠共同籌劃；四曰通消息：架設福州至廈門之陸路電線及廈門至台灣之海底電線以速通消息。清廷從之。〔註123〕沈乃於是年五月一日渡台，置軍備，辦團練，開闢後山通道，並派人往後山招撫土著，〔註124〕以壯聲勢，並調操洋槍之淮軍一萬餘人來台，積極備戰。一時雙方對峙，劍拔弩張，戰爭有一觸即發之勢。英、美各國見情勢危急，恐一旦戰事爆發將影響商業；更恐中國一旦戰敗，則利益將爲日本所獨得；乃對日本頗多責難。〔註125〕日本見列強反對，中國又積極備戰，亦頗有顧忌，而日軍在台染瘴嚴重，病死不少，終於在英、美兩國之斡旋下言和。於是年九月二十二日達成協議，雙方簽訂條約，內容如下：

　　一、日本此次所辦，原爲保民義舉起見，中國不指爲不是。

　　二、前次所有遇害難民之家，中國定給撫恤銀兩，日本所有在該處修道建房等件，中國願留自用。先行議定籌補銀兩，別有議辦之據。

　　三、所有此事，兩國一切來往公文彼此撤回註銷，永爲罷論。至於該處「生番」，中國自宜設法妥爲約束，以期永保航客不再受兇害。

　　此外，中國賠償其撫恤難民費十萬兩，又賠償其在台灣修道費、建房費四十萬兩。日本乃於同治十三年（1874）十一月二十三日撤兵。〔註126〕

　　牡丹社事件雖告和平解決，但條約之簽訂，等於無形中承認琉球爲日本

〔註122〕《同治甲戌公牘抄存》，頁37至38。
〔註123〕《同治甲戌日軍侵台始末》，頁18。
〔註124〕羅大春，前引書，頁18。
〔註125〕林子候，前引書，頁299。
〔註126〕據日本統計，日本出兵台灣共三千六百五十八人，至撤兵時，共死五百七十三人，損失甚鉅。

之屬國，顯示出中國缺乏有才能之外交家。同時賠款撤兵，降低了中國之國際地位。然其對中國亦有其正面之影響，即清廷因此而開始重視台政，台灣之「番政」亦轉趨積極，尤其是為了防範日本而進行之「開山撫番」事業，使後山從此走上積極開發之途，可謂乃拜此戰役之賜。

第四節　官方之開山路與拓墾

一、開山路

同治十三年（1874）日本出兵攻琅嶠，又派輪船開往後山一帶，「聞倭將暗遣人勾卑南番目陳安生」。〔註127〕督辦台灣海防大臣沈葆楨乃命袁聞柝乘輪船赴後山，聞柝由埤南（亦作卑南）登岸，招撫埤南呂家望等社，並帶土酋陳安生等數人，立即薙髮來郡，賚以銀牌、衣物，以原船遣歸，此次招撫，回報「群番願歸化」，〔註128〕沈葆楨大喜，乃於是年七月奏分由下淡水及蘇澳、南北二路開路以通後山，〔註129〕同年八月，沈葆楨又奏：

> 南北撫番開路之事，勇夫齊集，畚鍤日興。惟中水沙連，秀姑巒一帶，全台適中之區，腹背膏腴之壤，故洋人之在台者，每雇奸民帶往，煽惑番衆。聞該處社寮，竟有教堂數處，深林疊嶂，罪人、積匪，往往捕匿其間。如逆匪廖有富等即恃以藏身，而彰化之集集街，近復有縶唇斃命之事，安保日後不爲倭族勾通，斷我南北之路？臣等與營務處黎兆棠商令募兵前往，一面撫番搜匪，一面開路設防。
> 〔註130〕

疏上，報可，於是分北、中、南三路開道以達後山，其各路闢之情形爲：

一、北路：北起蘇澳，南達花蓮港。同治十三年（1874）本由台灣兵備道夏獻綸等闢建，由蘇澳開至東澳因事去職，〔註131〕改以革職留任之提督羅大春督成之。〔註132〕

羅大春於同治十三年六月二十日（1874、8、2）由泉州乘坐「靖遠」輪

〔註127〕同註124。
〔註128〕胡傳，《台東州采訪冊》，宦績，頁77。
〔註129〕《同治甲戌日軍侵台始末》，頁85。
〔註130〕同前註，頁118。
〔註131〕羅大春，前引書，頁14至15。
〔註132〕《清穆宗實錄選輯》，台文叢第一九〇種，1964，頁159。

船，隨帶親勇一哨——計一百零八名，放洋東渡。〔註133〕七月十七日（8、2）
接任台灣道夏獻綸在台北所負之責。

　　北路於同治十三年八月二十五日興工，由陳輝者充當哨長率兵工修築。
據羅氏《台灣海防並開山日記》云：

　　　　二十三日，陳光華荐擬育哨長陳輝者來謁。余思開路工程、雜用客
　　　　兵，不如專用土著，計日給費，不如按丈定值。為價廉而收之易。
　　　　乃決計陳輝司其役，山路每丈予洋鏹一元，平地別議。陳輝者，故
　　　　積案如鱗，有司捕之不獲；用人之際，量從末減，亦古人『使詐、
　　　　使貪』者也。〔註134〕

由此可見羅氏之用人唯才，不避前惡，做事講求效率，雖北路之開闢十分艱
險，「天荒未破，各社言語互異」，〔註135〕土著兇悍、兵工時遭襲繫殺害。但
由於陳輝精明能幹，又通「番語番情」，因此，到八月朔，已開路到大南澳嶺
下，羅氏一面開路，一面派兵駐守南風澳（今宜蘭縣蘇澳鎮南二公里）、東澳，
並決定在南澳山脊，建築砲台，安置大砲以鎮土著。並在沿途建築碉樓，以
便聯絡守望。〔註136〕

　　九月三日，開路至南澳時，土著數百人，乘官兵伐木聚石，建築營壘
之際，大舉突擊，官兵五人受創，擊斃土著一人，傷其數人，才逃入山林。
〔註137〕

　　開到大南澳溪時，溪廣難渡而中阻，羅氏乃「命以木櫃實砂石為砲，聯
巨木櫃上以通行人」。〔註138〕可見其頗有科學方法。橋成之後，羅氏並親至南
澳，為文致祭蘇澳海神。其日記云：「自開山至大南澳，全皆未親歷；至是，
乃蒞其處。祭其山川，原隰，遍覽形勢而還」。〔註139〕

　　十月初，已開路至大濁水，同時請求增援之三營兵力亦已到達。〔註140〕
羅氏乃命福靖前營以三哨駐大南澳，分兩哨駐大濁水，並計劃於前路修通後，
擬以王德凱一營，李英一旅駐新城；候李得升繼進，則以陳光華、陳輝煌紮

〔註133〕羅大春，前引書，頁13。
〔註134〕同註133，頁15。
〔註135〕同前註，頁22。
〔註136〕同前註，頁19。
〔註137〕同前註。
〔註138〕同前註，頁20。
〔註139〕同前註。
〔註140〕同前註，頁27。

於大濁水。首尾相聯，以護衞開路。由於新軍增援，碉堡堅固，「兇番」不敢逞兇，但仍時出騷擾，官兵經常有傷亡。

大南澳以下爲石屋。羅氏記其情形云：「石屋者，以石崖如屋而名也。自大南澳至石屋，中皆平坡，縱橫數十里，雖管茅荒穢高至丈餘，而山水清腴，勃勃有生氣。溪溜成坳，可備旱潦，後日耕種，悉屬膏腴。過石屋十餘里，即濁水溪也」。〔註141〕

但是土著之攻擊仍不斷發生，陳輝煌部自九月底進駐大濁水時，曾日夜均受土著之襲擊。待官兵出擊，彼又退入山林中。〔註142〕

過了大濁水以後，工程進入了最艱鉅之路段。羅氏日記云：

> 大濁水橋成，前去十餘里，傍海皆石壁巉巖，因諭陳輝煌循土山曲
> 折而上。至山巔，更因勢迤邐下三十餘里，即大清水溪矣。……陳
> 輝煌之開路也，因阻於石壁，別無他徑可緣，不得已，遣人至新城
> 約李阿隆等招徠太魯閣番社十餘人，俾爲嚮導，工程方有措手處。
> 惟巉岏萬丈，下臨無際；開鑿之功，終恐難施。余得信，檄噶瑪蘭
> 廳多召石工，擬由大石公嶺開達後山，僅三十餘里。自此一往，一
> 片平埔，易於爲力，若晴多雨少，暮月之功，計總可達奇萊。〔註143〕

文中所指石壁，即爲今日蘇花公路上之清水斷崖，此地之驚險，今人尚嘆爲一絕，百餘年前，以石工開鑿，其艱辛之程度可想而知。

北路之開闢，雖然地勢艱險，土著時擾，但進展頗速。至十月十三日已移營於新城河東。當時蘇澳至新城之路有云百五、六十里，或云百三、四十里，紛紛莫定。羅氏乃命陳輝煌分山路、平路，各予丈量，以便給予路工，和定其里數。據測量結果：自蘇澳至新城，計山路二萬七千丈，又新城至花蓮港北，平路九千丈。仿周制以六尺爲一步、三百步——計一百八十丈爲一里，蘇澳至東澳二十里，東澳至大南澳三十里；大南澳至大濁水溪三十里；大濁水溪至大清水溪二十五里；大清水溪至新城四十五里，新城至花蓮港北岸五十里：通二百里。既已具由通報，並勒石蘇澳道左，紀其實，亦誌其始也。〔註144〕

光緒元年（1875）正月初九，羅大春由蘇澳抵新城。日記中記其沿途形

〔註141〕同前註，頁28。
〔註142〕同前註，頁30。
〔註143〕同前註，頁31。
〔註144〕羅大春，前引書，頁34。

勢云：

> 自蘇澳至花蓮港之北止，計途二百里，中界得其黎。得其黎以北百
> 四十里，山道崎嶇，沙洲間之。大濁水，大小清水一帶，峭壁插雲，
> 陡趾浸海，怒濤上激，炫目驚心。軍行束馬捫壁，踽踽而過；尤深
> 險絕。得其黎以南六十里，則皆平地，背山面海；如悉墾種，無非
> 良田。〔註145〕

由此可見此路工程之浩大與艱辛。羅氏並於大南澳及新城立碑以誌其成。
〔註146〕北路之開闢至此乃大功告成矣。

二、中路：中路西起林杞埔（今南投縣竹山鎮）迄於璞石閣（今花蓮縣
玉里鎮），乃光緒元年（1875）福建南澳鎮總兵吳光亮率飛虎軍三營開闢。據
沈葆楨之奏摺稱：

> 中路開山，經黎兆棠召募營勇，業已成軍。惟該處徑途百出，巖壑
> 阻深。水沙連一帶，久爲逋逃之藪，非先搜捕積匪，無以撫綏生番。
> 新軍無多，不敷分布，現飭南澳鎮吳光亮率粵勇兩營赴之，已於十
> 四、十五等日由郡城拔隊北行。〔註147〕

按吳光亮號霽軒，廣東揭陽人，原任南澳鎮、福寧鎮總兵，經台灣鎮總兵張
其光，台灣道夏獻綸之薦而來台。〔註148〕吳氏由郡城北行以後，即率隊駐今
南投集集鋪（今南投縣集集鎮，現尚留「吳大人營盤」舊址可尋）一帶。光
緒元年（1875）正月初九日，吳氏親率飛虎營，自彰化縣屬之社寮（今竹山
鎮社寮）和林杞埔分兩路同時開闢，至大坪頂（今南投縣鹿谷鄉）合爲一路，
繼續前進；二月抵鳳凰山，於其地勒「萬年亨衢」石碣以誌之，光亮弟光忠
更於鳳凰山寺題「祐我開山」匾，遺蹟至今均存。〔註149〕五月至東埔（今南
投縣信義鄉），沈葆楨於三月十三日詳奏中路開路情形云：

> 茲迭據吳光亮稟稱：自年底探路歸報後，本年正月初九日起即率勇
> 由林杞埔、社寮兩路分開，至大坪頂合爲一路；進而大水窟，進而
> 頂城，計共開路七千八百三十五丈有奇。二月初七日，復由頂城開

〔註145〕同前註，頁46至47。
〔註146〕黃耀東編，《明清台灣碑碣選集》，省文獻會，1980，頁33。開路紀念碑。
〔註147〕《同治甲戌日軍侵台始末》，頁199，頁34。
〔註148〕羅大春，前引書，頁17。
〔註149〕「萬年亨衢」碣在今南投縣鹿谷鄉鳳凰村之鳳凰鳥園內，「祐我開山」匾在同
　　　　村廟口巷十二之一號。

工，直抵鳳凰山麓；躋半山、越平溪，經大圻田、跨扒不坑等處而
入茅埔，計又開路三千七百七十五丈有奇：兩處統計一萬一千六百
一十丈。凡建塘坊八所，沿途橋道、溝壑、木圍、宿站俱漸興修；
分派兵勇，自集集街起至社寮、大水窟、大圻田、茅埔、南仔腳蔓、
東埔各要隘已逐節配紮。又送到查撫、水裏、審鹿等三十九社名冊，
計歸化番丁、番口，凡七千二百九十二人。辰下方循途漸入，斬棘
披荊以出秀姑巒之背；倘能因勢開通，將與北路諸軍聯成一氣，此
又中路一帶開山之情形也。〔註150〕

除了林圯埔至東埔之路外，為了聯絡埔裏，集集地區，又由茅埔（今南投縣
信義鄉）側開一道以通牛輻轆（今南投縣水里鄉永興村）。同年五月二十三日
沈葆楨奏其開闢情形云：

中路一軍，據吳光亮報稱：自三月初九日起至四月初八日止，由茅
埔越紅魁頭，經頭社仔坪、過南仔腳蔓至合水止，統共開路四千六
百八十丈，合計二十六里有奇，遞建塘坊四座，茶亭二所、大小木
圍二座、公所二座、山營壘一座，以便往來。自四月初九日起至五
月初八日止，大雨兼旬，工程稍滯。自合水起，歷東埔社心，走霜
山橫排至東埔坑頭止，共開三千七百九十丈，合計二十一里有奇，
建塘坊二座，石橋兩道，木柵、土圍、公所、兵房均已隨地建置。
以後當再接續前進，復雇工從牛輻轆旁開一道，側接茅埔，以便分
達埔裏、集集、社寮、南投各處，使商旅時通。〔註151〕

由文中可見中路設備之周全。東埔以後，則為全路之最高點八通關，吳氏開
路至此曾建營房及華表於此，並勒「過化存神」碣以誌之，〔註152〕惜至今只
存兵房遺址。八通關過後則漸入後山境域矣。

關於自東埔起經八通關至璞石閣之開路情形，羅大春開山日記未及備
載，惟沈葆楨曾奏其情形云：

中路疊接前南澳鎮總兵吳光亮文稱，自五月初九日起至八月初八日
止，所開之路，曰鐵門洞、曰八同洞、曰八母坑、曰架札、曰雙峰
仞、曰粗樹腳、曰大崙溪底、曰雅扥，凡七十九里有奇，建設塘坊

〔註150〕沈葆楨，《福建台灣奏摺》，台文叢第二九種，1959，頁34至35。
〔註151〕同前註，頁49。
〔註152〕連橫，《台灣通史》，卷十九，〈郵傳志〉，頁407。

卡所十處。副將吳光忠各率所部塡紮，其前開之牛輼轆，查有旁路
三條：一莊上至茅埔，一莊上至龜仔頭，並壩邊一坑口至迴龍廟，
凡三十里有奇，併予開過，以利行人。尚有後山璞石閣等處，開路
一十九里有零，係派哨弁鄧國志，先往秀姑巒酌催民番，由後山開
來，以期前後接續。〔註153〕

八月以後之情形，連雅堂《台灣通史》述其梗槪云：

於是中路自東埔坑頭越八通關而過，爲群山之最高者。與台東秀姑
巒溪對峙，氣象雄偉，喬木蔽天，亘古以來，不通人跡，光亮名之，
摩崖刻字，至今尚存。過關而來，爲雉公關，爲先鋒印，爲雷風洞、
地皆險峻。遂經黃祈山，以光緒元年冬十一月至璞石閣。〔註154〕

至此，東西交通之中路工程，方告峻工，自林屺埔起，至璞石閣止，歷時十一
月，全程共二百六十五里。關於全路里程，據夏獻綸《台灣輿圖》記其情形云：

璞石閣往彰化縣林屺埔路程：四十里打淋社、三十一里雷風洞、十
三里雅托、十二里大崙溪底、四里粗樹脚、五里雙峰仭、五里架札、
十三里八母坑、十三里八同關、十八里鐵門洞、十里陳坑、五里東
埔坑頭、七里霜山橫排、三里東埔社心、十一里合水、八里南仔脚
蔓、五里頭社仔坪、五里紅魁頭、八里茅埔、十四里平溪、四里鳳
凰山麓、三里頂城、四里大水窟、七里大坪頂、十七里林屺埔、綜
計二百六十里。〔註155〕

中路之開拓，在北、中、南三路之開闢過程中，屬最順利者，其所以如此，
除吳光亮之「勇於任事」外，〔註156〕中路土著出擾較少，地勢上險阻較少亦
爲主因。〔註157〕

三、南路之開闢

牡丹社事件發生於南部，因此，對於南路之開闢至爲重視，事件一發生
後，清廷即派同知袁聞柝，總兵張其光分別統兵，一面開山，一面安撫土著，
並注意日軍動態，隨時準備應戰，當時日軍活動，主要在楓港以南，清廷乃

〔註153〕《道咸同光四朝奏議選輯》，臺文叢第二八八種，1969，頁79。
〔註154〕連橫，前引書，卷十九，〈郵傳志〉，頁407。
〔註155〕夏獻綸，《台灣輿圖》，頁76。
〔註156〕《清德宗實錄》，頁37。
〔註157〕沈葆楨，《福建台灣奏摺》，頁34至35。

派王開俊一營，由東港進駐枋寮，以戴德祥一營在鳳山聲援，時同知袁聞柝駐卑南，聲言彼處土酋與西路各社素不相能，將爲開路必自下淡水入手，商諸張其光；又以爲由潮州莊開通，路直而坦。〔註158〕

同治十三年（1874）七月中旬，增援淮軍已抵旂後，即移駐鳳山。張其光與吳光亮所募粵勇三千餘亦到郡城（今台南市）。於是袁聞柝親率士卒自赤山（今屏東縣萬巒鄉赤山村）步步爲營，跨獅頭山，入雞籠坑，進至南路之最高點——崑崙坳。此時卑南之土酋陳安生已自率土著群眾由本社循山關路，出至崑崙坳相迎；其附近土著社各繳倭旂多面，以示輸誠。八月初八日，復有崑崙坳及內社土酋率二百餘人來袁營，請領開路工具，願爲前驅，蓋日軍在牡丹、高士佛等社，大肆屠殺，土著莫不深恨也。爲支援袁氏進入山區，沈葆楨並派副將李光率勇三哨紮雙溪口（今屏東縣泰武鄉），游擊鄭榮一率一營駐內埔（今屏東縣內埔鄉），俾相呼應。

九月，袁氏開山已越崑崙坳，更八十餘里即卑南界；憑高俯瞰台東海色，如在几前，惟山徑愈深，土著社愈雜，沿途留隊扼險，兵力漸單，沈葆楨乃又檄張其光新募粵勇兩營濟之，由李光率之至崑崙坳東會合，袁始拔隊前進，繼續開路。

十一月，張其光、張天德分率營哨進至大石巖，諸也葛，袁乃得進至卑南。諸也葛以下地勢漸趨平坦，但榛莽一行，焚草伐木，關路前進，頗費人工。袁聞柝因累露宿空山，飽受風雨瘴癘侵襲，抱恙甚重，勉強率旅抵卑南，沈葆楨電請回郡就醫，但袁氏仍力疾從公，在卑南一帶，招集屯丁，建築碉堡，爲久住之計。張其光則分別派兵駐守內埔、崑崙坳、諸也葛等地，確保東西交通之暢通。

關於南路開拓之詳細情形，袁聞柝曾撰《日本窺台始末》一卷及《開山日記》四卷。〔註159〕但此二書均失傳，故南部開關情形均散見於羅大春《臺灣海防並開山日記》及沈葆楨奏摺。其開關之艱辛過程，沈氏之奏摺述其梗概云：

> 南路一帶自九月間袁聞柝率綏靖一軍越崑崙坳坳而東，張其光隨派副將李光領前繼之，十月初一日，李營至坳東，袁聞柝乃得拔營前進，初七日至諸也葛社。自崑崙坳至諸也葛，計程不過數十里，而荒險異常；上崖懸升，下壑胥墜，山皆北向，日光不到，古木慘碧，

〔註158〕羅大春，前引書，頁 19。
〔註159〕胡傳，《台東州采訪冊》，宦績，頁 77。

陰風怒號，勇丁相顧失色，不能不中途暫駐，以待後隊之來。當袁
聞柝駐營諸也葛之日，正張其光在內埔辦理「兇番」之時，內社地
有老鴉石者，崙崑坳之西境也。初八日，張其光左營有勇丁五人，
暮經該處，草間突起數「番」截殺何禮一名，槍傷譚大一名，旋經
都司張欣、守備周恩培等派隊追趕，該「番」逃散無蹤。隨傳內社
頭人陳汝玉，查係七家蛋社「兇番」，正在勒很緝辦。二十四日，參
將周善初出哨雙溪，路見無首勇丁橫臥血地，方深疑駭，旋見「兇
番」多人執械向山坡狂竄。揮勇追之，適周恩培出哨，橫截坡前，
槍斃其一，兜擒其三，餘悉散走。……二十日，都司張其光率兩哨
營於大石巖，都司張天德亦率隊至諸也葛，袁聞柝乃得拔營前赴卑
南。諸也葛以下地略平坦，但榛蕪未薙，焚萊伐木，頗費人功；而
該丞累夜露宿空山，感受瘴癘，染病甚重。臣等聞信，即委候補通
判飽復康馳往暫領其軍，俾歸郡治；未至，而該丞已興疾率旅徑抵
卑南，張天德一軍亦已趨繫大貓狸與之犄角，辰下卑南一路業已開
通，……此南路近日開山之情形也。〔註160〕

此路開闢之艱辛由此可見其一斑。此路之里程，據夏獻綸《臺灣輿圖》之記
載如下：

鳳山縣下淡水由赤山往卑南路程：十二里赤山、十五里雙溪口、五
里內社、十五里崑崙坳、十里大石巖、四十里諸也葛、二十里干仔
崙、十三里大貓狸、四十五里卑南；綜計一百七十五里。〔註161〕

南路除了此道以外，張其光亦親率粵勇由鳳山縣之射寮別開一路以通卑南。
〔註162〕光緒元年（1875）沈葆楨之〈台灣撫番開路情形疏〉云：

……鎮臣張其光別開射寮一路。茲准函報，工分兩處，自山前盆箕
湖，開至鹿力社界，計三十餘里。自後山大鳥口開至春望巖，計三
十餘里。就春望巖搭蓋草寮，分兵扼守，仍逐段開通，以過卑南。
〔註163〕

由此可見此路是分前山、後山二地同時進行開路然後銜接。其里程據夏獻綸
《臺灣輿圖》載為：

〔註160〕沈葆楨，《福建台灣奏摺》，頁6至7。
〔註161〕夏獻綸，前引書，頁53。
〔註162〕射寮在今屏東縣枋寮鄉。
〔註163〕《道咸同光四朝奏議選輯》，頁76。

> 鳳山縣下淡水由射寮往卑南路程：三十里射寮、八里半紅泥嘴、十
> 六里立里社、八里半南崑崙、三十里古阿崙、二十三里春望巖、十
> 里大烏萬溪口、四十三里大貓裏、四十五里卑南：綜計二百十四里。
> 〔註164〕

此道所經路線，大致爲今日南橫公路所依循，但新舊地名已異，遺跡無存。
此道與袁聞柝所開之道同於同治十三年八月興工，同年十二月貫通。

當北路、南路開通之後，中路始開始興工，但南、北二路開通後仍繼續
進行各項後續工程或將路程延伸。北路由花蓮之北延伸至秀姑巒北岸之水尾
（今花蓮縣瑞穗鄉）；南路則自恒春之四林格（今屏東縣牡丹鄉四林村）經牡
丹灣、吧塱衞、卑南覓而之大莊，均與中路同時於光緒元年秋峻工。北路後
續工程之情形，沈葆楨之奏摺云：

> ……臺北自吳全城至大巴籠三十九里，大巴籠至周頭社二十二里，
> 周頭社至秀姑巒北岸二十二里，准提臣羅大春來咨，均已一律開
> 通。……〔註165〕

至於南路之後續工程連雅堂之《臺灣通史》有所記載曰：

> ……而南路自恒春之四林格，經牡丹灣、吧塱衞、卑南覓而之大莊。
> 北路自宜蘭之蘇澳、經新城、花蓮港而至大巴塱，均以是年秋竣工。
> 南北相通，東西可達，理番開墾爲之一進。〔註166〕

至此，北、中、南三路乃全告竣工，全部工程費時一年有餘，開路八百餘里，
總工程費三萬餘圓，因爲多憑兵工開鑿之故，雖然山谷深竣，瘴癘披猖，土
著剿殺，頗多損失。但都能臨危遇險，不屈不撓，困苦備嘗，奮邁前進，而
終底於成。後山之交通乃因此而大爲改進，不只東西互通，而且南北可達。
對於移民之招徠，墾務之推進，國土之鞏固，貢獻至鉅。

但開山事業並不以此三路之開通而終止，爾後開路工作仍繼續地進行，
光緒三年（1877）侯補通判鮑復康又開自恒春縣楓港以達卑南之路。〔註167〕
夏獻綸撰《臺灣輿圖》記其里程爲：

> 恒春由楓港至卑南路程：四十八里楓港、十里射不力、十里圓山下、
> 五里雙溪口、十里武吉山、十里大雲嶺、十五里英華嶺、十里魯木

〔註164〕夏獻綸，前引書，頁53。
〔註165〕《道咸同光四朝奏議選輯》，頁77。
〔註166〕連橫，《台灣通史》，卷十九，〈郵傳志〉，頁407。
〔註167〕胡傳，《台東州采訪冊·疆域》，頁2。

鹿山、十里阿郎壹溪、十里巴朗衛、十里大鳥萬、十里干仔闊、二
十里干仔崙、十三里大猫裏、二十五里知本、二十里卑南寶桑：綜
計二百三十六里。〔註168〕

同年，福建巡撫吳贊誠亦飭恒春知縣周有基關由恒春經八瑤灣達卑南之路
程。〔註169〕其里程為：

> 恒春由射麻里路程：出東門十三里射麻里、二十里萬里得、二十里
> 八瑤灣、二十五里牡丹灣、二十七里阿郎壹溪、十里巴朗衛、十里
> 大鳥萬、十里干仔闊、二十里干仔崙、十二里大猫裏、二十五里知
> 本、二十里卑南寶桑。〔註170〕

光緒七年（1881）中法戰爭起，法軍犯台，全台進入備戰狀態，時後山對外
之道路均因土著阻絕，或以年久失修而告中斷，僅由恒春經八瑤灣之路可通。
〔註171〕【註 171】因此，翌年福建巡撫岑毓英乃命基隆提督何秀林就近兼統
蘇澳一小營，並將北路屯丁挑派五百名為嚮導，責成由大、小南澳、新城一
帶被土著阻絕之路開通，以達花蓮港，但開通後又旋塞。〔註172〕另外，擬以
吳光亮兼統之飛虎三小營撥歸鄒復盛統帶，並將南路屯丁挑派五百名為嚮
導，責成由台灣、嘉義交界之三重埔、老弄社、小八洞、關嶺（以上位於今
台南縣境）開陸路，至後山之大陂（今台東縣池上鄉），以通璞石閣、卑南等
處。〔註173〕惜此計劃並未施行。同時南路由提督周大發、張兆連另開由東港
（今屏東縣東港鎮）經三條崙達卑南之新路。其里程為自鳳山東港東南行三
十里至三條崙，上嶺十五里至歸化門，又東南七里至六儀社，又南十三里至
大樹前，又南下嶺十五里大樹林，又南下嶺十八里至出水坡，又東七里下嶺
至溪底，沿溪東行七里至海，曰巴朗衛；折而北沿海十五里至大得吉，又北
十五里干仔崙，又北二十里至大麻里，又北二十里至知本社，又北二十里至
卑南。〔註174〕此路一經開通以後，前、後山往來之路又稱便捷。恒春經八瑤
灣通卑南之路遂形偏僻，防勇因而撤去，不久即塞。〔註175〕

〔註168〕夏獻綸，前引書，頁 52。
〔註169〕吳贊誠，《吳光祿使閩奏稿選錄》，台文叢第二三一種，1966，頁 7。
〔註170〕夏獻綸，前引書，頁 53。
〔註171〕《劉銘傳撫台前後檔案》，台文叢第二七六種，1969，頁 38。
〔註172〕同註 187，頁 38 至 39。
〔註173〕同註 188。
〔註174〕胡傳，《台東州采訪冊‧疆域》，頁 3。
〔註175〕屠繼善，前引書，卷十五〈山川〉，頁 265。

光緒十一年（1885）台灣正式建省，以劉銘傳爲首任巡撫，劉氏蒞任後仍繼續進行「開山撫番」，當時前、後山唯三條崙一道可通，劉氏乃命台灣鎮總兵章高元，統帶礮軍練勇民夫，自彰化集集街（今南投集集鎮）鑿山而東，張兆連自水尾鑿山而西，兩面刻期並開孔道。章高元自拔埔社開至丹社嶺，造路一百二十二里，張兆連自水尾開至丹社嶺，造路六十里；均係崇山峻嶺，峭壁深谿。該鎮等自冬至春，鑿岸伐木，一律告竣。〔註176〕但此路開通後，不久即因土著出擾，防勇力薄而中阻。劉氏去職以後，邵友濂接任，縮緊台政，「開山撫番」因告中輟，此後迄於割台，前、後山唯三條崙一縷之道可通而已。〔註177〕

清季開山二十餘年，始於防範外人之覬覦，篳路藍褸，伐榛斫狉，以啓後山，規模之宏偉，爲滿清領台百餘年所未有，然則前、後山往來諸道之開關，後雖因國力之有限，財源之困絀，兵勇之廢墮及時勢之變遷，主政者政策或弛或張，而使開山事業未如預期之理想，然後山經此二十年之經營，已奠立其開發之丕基，其後日人承之，民國啓之，而至於今是賴，其功不得不推於清季也。

二、拓墾

開山之目的，在使後山不僅爲滿清法理上之版圖，且爲實質之版圖，使清廷政令及於後山。因此諸路之開關，乃在使後山能與外界往來，以打破過去封閉隔絕之局面，清廷能隨時做迅速而有效之控制，以杜外人之覬覦，鞏固其東南海疆，所謂：「人第知今日開山之爲撫番，固不知今日撫番實以防海也；人第知預籌海防之關繫台灣安危，而不知預籌海防之關繫南、北洋全局也」。〔註178〕實一針見血之語；換言之，後山之「開山撫番」關繫台灣之安危，台灣之安危關繫中國東南海防之鞏固否。爲了達到此一目標，除了開山以外，尚須安撫土著與從事移民。蓋後山向爲土著雜處之地，土著茹毛飲血，少知耕種，社會經濟型態與漢人迥異，必須加以綏撫，使人與漢人融洽、和平共存共榮；另外，漢人之移入，將有助於土地之開發與土著之與漢人融合，所謂：「開山不先招墾，則路雖通而仍塞」〔註179〕其道理在此。因此，清廷在進

〔註176〕劉銘傳，《劉壯肅公奏議》，卷四，〈撫番略〉，頁218。
〔註177〕胡傳，《台東州采訪冊·疆域》，頁3。
〔註178〕《道咸同光四朝奏議選輯》，頁73。羅大春，《台灣海防並開山日記》，頁59。
〔註179〕此爲沈葆楨語，見羅大春，《台灣海防並開山日記》，頁38。

行開山之同時，亦進行「撫番」與移民，「否則有土地而無人民，則其地終非吾有」。〔註180〕茲先述其移民情形於左：

　　清廷在開山撫番時期所進行之移民政策，乃是一種武裝移民。即先以軍隊開闢道路後，進駐後山各地，實施直接控制並維持秩序，然後進行軍屯並招民開墾。

　　同治十三年（1874）沈葆楨即提出開山之計劃：「今欲開山，則曰屯兵衛、曰刊林木、曰焚草萊、曰通水道、曰定壤則、曰招墾戶、曰給牛種、曰立村堡、曰設隘碉、曰致工商、曰設官吏、曰建城郭、曰設郵驛、曰置廨署」。〔註181〕因此，在開路之時，即「擬就近勸富紳林維讓於已開路處分段屯墾」，〔註182〕但招墾之結果，成效不彰，應者寥寥，其所以如此，據沈葆楨分析乃因：

　　　　邇者南北各路雖漸開通，而深谷荒埔人跡罕到，有可耕之地，而無入耕之民。草木叢雜，瘴霧下垂，兇番得以潛伏狙殺。縱闢蹊徑，終為畏途；久而不用，茅將塞之。日來招集墾戶，應者寥寥。蓋台灣地廣人稀，山前一帶雖經蕃息百有餘年，戶口尚未充牣。內地人民向來不准偷渡，近雖文法稍弛，而開禁未有明文，地方官思設法招徠，每恐與例不合。今欲開山不先招墾，則路雖通而仍塞；欲招墾不先開禁，則民裹足不前。〔註183〕

由此可見，招墾之成效不彰乃因前山人口未達飽和，後山漢人罕到，土著殺人，瘴癘盛行，而使移民裹足不前，更重要者乃因地方官格於夙昔封禁舊令，不敢明令招民往墾而干法紀。因此舊禁不開，則官府不敢招民，人民亦不能自由自在私入，故招墾事業窒礙難行矣！沈葆楨有鑑於此，乃於同治十三年（1874）十二月，奏請解除舊禁。〔註184〕光緒元年（1875）春正月戊申（初十）諭：「福建台灣全島自隸版圖以來，因後山各番社習俗異宜，曾禁內地人民渡台及私人番境，以杜滋生事端。現經沈葆楨等將後山地面設法開闢，曠土亟須招墾；一切規制，自宜因時變通。所有從前不准內地民人渡臺各例禁，著悉與開除。其販賣鐵、竹兩項並著一律弛禁，以

〔註180〕羅大春，前引書，頁65。
〔註181〕沈葆楨，《福建台灣奏摺》，頁2。
〔註182〕羅大春，前引書，頁26。
〔註183〕沈葆楨，《福建台灣奏摺》，頁12。
〔註184〕同註183，頁12至13。

廣招徠」。〔註185〕台灣乃於同年十一月八日由分巡臺灣兵備道夏獻綸及台灣鎮總兵張其光聯銜出示曉諭略謂：「所有從前不准民人渡台及私入番境各例禁，著悉予開除，其販賣鐵竹兩項，並著一律弛禁，以廣招徠，不復禁止，台地所產大小竹竿，以及打造農器等項生熟鐵斤，均聽民間販運，其內山所產藤條，並由本司通行開禁，悉行裁革。」〔註186〕至是續行百餘年之「番界」禁例，已予徹底開放。並於南路「番地」瑯嶠設恒春縣，中路「番地」水沙連設埔里社廳（設於今南投縣埔里鎮），後山「番地」設卑南廳施治，將原駐府城之南路理「番」同知移紮卑南，原駐鹿港之北路理「番」同知改為中路移紮水沙連，並各加「撫民」字樣，凡有漢民土著詞訟，俱歸審訊；將來升科等事，並由其經理，〔註187〕以利墾務之進行。

　　光緒元年（1875），分巡台灣兵備道夏獻綸以「臺灣後山南部之卑南，中路之秀姑巒、北路之岐萊及前山南路恒春所轄地方並中路埔裡六社等處，前因曠地甚多，未經開墾，而土質肥美，不便久撫」。〔註188〕乃議設招墾局，廣招島內外墾民，支給口糧、耕牛、農具、種籽等，以示獎勵，俾示開墾。〔註189〕結果在中路之埔裡、南路之恒春及後山之卑南、璞石閣、花蓮港各設招墾局，〔註190〕特置撫墾委員，以掌理開山安撫土著及招墾事宜，中路歸中路撫民理「番」同知管理；恒春縣初由知縣兼管，後以周有基（前之知縣）專管（自光緒五年十二月再歸知縣兼理）。後山計分三區：由卑南之南路撫民理「番」同知總其事。初、南路以郭秀章任委員，設於卑南廳內，中路由璞石閣之帶兵官，北路由花蓮港之帶兵官，分別兼管。繼由統領吳光亮總理三路之撫墾事務。〔註191〕當時當道所立之撫墾方針，其要項如下：

　　（一）為撫化土著，在各地設立義學。

　　（二）對土著授產，使其營生，以成馴化之良民。

〔註185〕《清德宗實錄選輯》，頁2及《光緒朝東華續錄選輯》，台文叢第二七七種，1969，頁1。

〔註186〕黃耀東，《明清台灣碑碣選集》，頁124至125，渡台入番撤禁告示碑。

〔註187〕沈葆楨，《福建台灣奏摺》，頁60。

〔註188〕《台灣私法物權篇》；台文叢第一五○種，1963，頁10。

〔註189〕同前註，頁9至10。

〔註190〕《台灣私法物權篇》，頁15至16及連橫，《台灣通史》，卷十五，〈撫墾志〉，頁351。另陳英：台東志稱撫墾局，胡傳，台東州采訪冊稱招撫局，台灣私法物權篇之往來文移則招撫局、招墾局混稱。

〔註191〕《台灣私法物權篇》，頁12，陳英，《台東誌》，頁84。

　　（三）為達成開墾荒地之目的，自大陸招募移民，特加保護，以鼓勵其墾成。〔註192〕

　　招墾局設立後，漢人入墾之情形如何？據袁聞柝《開山日記》所載，有「凜准給予經費」之語。又云：「楓港莊民林讚募得農民六十名，承墾卑南之巴朗衛荒埔；熟番潘琴元募得農民六十名，承墾大陂頭東邊荒埔」。又云：「寶桑莊民陳雲清募農民化番五十名，承墾利吉利吉荒埔」。〔註193〕又據陳英《台東誌》載：袁聞柝治理卑南廳三年間（同治十三年至光緒二年）委人於鳳山一帶招集眾民，招有八十名者為工頭，每月給工頭口糧銀六元。卑南廳開墾工頭共十六名，共係卑南廳點名發器，耒耜、犂鋤一一俱全。〔註194〕由此推之，則當時由鳳山一帶入墾之移民將在千人左右。但移民概多來自本島，自大陸直接移入者不多。〔註195〕其所以如此，乃因大陸距後山路遠且險，而大陸移民對後山缺乏瞭解，不敢貿然前往。最重要者可能與當時大陸移民大多熱衷於移墾南洋及澳洲有關。

　　光緒元年七月（1875、8）沈葆楨去職，經營台灣改由閩撫王凱泰負責，王氏在任僅五月即病卒，故當時台政多循沈氏遺規，殊少變動。繼王凱泰負責台務者為丁日昌，丁氏於光緒二年（1876）來台視事，丁日昌對台灣之重要認識甚早。同治七年（1866）即曾向曾國藩建議，署南洋海防重心於台灣。同治十三年（1874）海防之議起，曾再度建議，在台駐泊鐵甲艦，作為東南海防之樞紐，加強全島開發，俾台灣地利日開，生聚日盛，將來建為行省。〔註196〕他對台灣之認識一如沈葆楨，視開山安撫土著為急務。丁氏於光緒三年（1877）三月釐訂撫番開山善後章程廿一條，其中關於墾務者有：

　　（一）除近海官山及各土著耕種力所不能及者聽民開墾外，其餘附社山田樹木，應令各歸各管，不准地方民人將該土著所有佔為己有。違者嚴辦。

　　（一）前、後山各處曠土甚多，應即舉設招墾局，即日由營務處選派委員前往汕頭、廈門、香港等處招工前來開墾。所有開墾章程，另文擬辦。

　　（一）各土著社溪澗支流所有可以灌溉新墾田園者，應嚴告該頭目不准

〔註192〕溫吉譯，《台灣番政志》，省文獻會，1957，第一冊，頁258。
〔註193〕胡傳，《台東州采訪冊》，頁41至42。
〔註194〕陳英，《台東誌》，頁83。
〔註195〕《台灣慣習記事》，卷四第一號，《台東移住民史》，頁13。
〔註196〕呂實強，《丁日昌與洋務運動》，近史所專刊第三十種，1972，頁282。

堵截水源，違者重懲。〔註197〕

由此可見，在墾荒之方法上，丁日昌比沈葆楨更有計劃，其章程中主張由內地大規模招募人民來台開墾，曾令台灣道夏獻綸調查中路埔裏、南路加鹿塘（今台東縣卑南鄉）至八瑤灣及八瑤灣至璞石閣、成廣澳間各土著社丁口、界址及土地情形，將「番地」做有限度的開放，何者應留歸土民？何者可以招墾？土地肥瘠如何？及可安置墾民若干？均須調查清楚，繪具圖說，限一月內完成。〔註198〕另一方面，丁日昌為使墾務得以更加推展，亦奏請派員赴汕頭、廈門、香港等地設立招墾局，招募客民，並命夏獻綸訂立招墾章程二十條，〔註199〕以吸引墾民，據《台灣番政志》之記載，其招墾章程大要如下：

一、招墾機關：

　　1. 於廈門、汕頭、香港等三處，設招墾局。

二、開墾地區：

　　1. 台灣後山之卑南、秀姑巒及前山之恒春、埔裏六社之地。

三、應辦手續：

　　1. 應募墾民，應記明住址姓名年齡及有無父母弟兄等，申報招墾局。由招墾局發給三聯單（許可證）一交本人，一存局，一寄台灣供查證。又每人附給腰牌一面，記載姓名，烙印號數，以資辨認。

四、農墾組織

　　1. 應募墾民，每十人置十長，每百人置百長，百長由招墾局委員選任，十長委任百長遴選之。凡十人中有事，歸十長料理，各十長俱歸百長管束。

五、開墾辦法

　　1. 應募墾民由官方派輪船載運來台，墾民船內伙食，由輪船供給，自上陸之日起至開墾地點止，每人每月發給口糧銀一百文，至開墾地，一年內均每月發給口糧及銀錢。

　　2. 應募墾民到達開墾地，由官方供給耕牛、農具、種籽等。

〔註197〕《劉銘傳撫台前後檔案》，頁7至10。
〔註198〕《台灣私法物權篇》，頁5至6。
〔註199〕同註198，頁26。

3. 每人分田一甲耕種，另給附近原野一甲，令其續耕；平埔地方，每人授田一甲，限一年內開墾。

4. 凡開墾地，三年後課徵其原先所領口糧、牛隻、農具等項，或於田地成熟後，分三年繳納。不能完繳者，除正供外，另繳官租若干。〔註200〕

　　此章程之優待辦法，不只對隔省之招墾實施，對於由台地所招墾民，俱可按照辦理。〔註201〕其招墾之成效如何？據袁聞柝之《開山日記》云：

　　三年春間，巡撫丁公日昌派員在廣東汕頭設局招募潮民二千餘名，同輪船載赴臺灣；先以八百餘名撥交吳統領安插大港口及埤南等處開墾。聞所招募，半係游手好閒之徒，不能力耕；即稟陳：「埤南闊境安插潮農，殊多不便，不若就近招募為善。請即裁撤汕頭招墾局，停止招來」。奉批：「准停辦。其已到之五百餘名撥來埤南，仍須要為安插」。〔註202〕

由此可知，當時由大陸招墾之成效不彰，其原因除了上述所招多係游手好閒之徒及清政府地方當局對潮汕客民有偏見外，仍然可能與當時閩粵地區之居民，大多熱衷於南洋及澳洲之移墾而不願來台有關。但當時仍有五百名粵籍墾民移入後山，其在何地拓墾？袁氏日記未載明，但據《台東州采訪冊》云：

　　查今大港口只有民人六戶，惟大莊、客人城等處民多粵籍，殆即當年汕頭所招者；其後十四年作亂之劉添旺等，亦粵人也。〔註203〕

由此推測，其大部份可能安插於大莊及客人城（今花蓮縣玉里鎮）等地。

　　當時之墾民除了來自內地以外，亦有招自台地者，〔註204〕其人數如何？安插何地，則以史料缺乏，難以詳知，惟據《劉銘傳撫臺前後檔案》中有：光緒三年（1877）林國等九十名墾八瑤灣；巴朗衛（今台東縣大武鄉）有廖文彬等六十一名開墾，又大港口（今花蓮縣豐濱鄉）有古阿昂等四十三名開墾，又有撥給後山墾費庫平銀一千兩之記錄。〔註205〕另光緒三年亦有羅兆及

〔註200〕溫吉，《台灣番政志》，頁259至262詳錄其綱要，本文係據此綱要整理節略。
〔註201〕同註198，頁26。
〔註202〕胡傳，《台東州采訪冊·撫墾》，頁42。
〔註203〕同註202。
〔註204〕《台灣私法物權篇》，頁11。
〔註205〕《劉銘傳撫台前後檔案》，頁17至18。

張芳茂等各領數十佃人拓墾打馬煙（今花蓮縣瑞穗鄉），光緒四年有鄭玉華者入墾璞石閣。〔註206〕

光緒三年（1877）福建巡撫吳贊誠曾親歷後山視察其拓墾之情形云：

> 查卑南自大陂以南，除阿眉番自種田地外，客民陳雲清、吳加炳、潘琴元等各有承墾已成熟田。其間荒地亦多，有主之業，可以督令陸續自墾；其可招外人承墾者，地已無多。……惟大陂以北至水尾、馬太鞍、大巴望一路，地廣人稀，曠土不少，可容招墾。〔註207〕

由此可見，當時大陂（今池上鄉）以南拓墾不少，大陂以北則曠地仍多。此次之招墾至光緒五年（1879）時，「所有各處墾民已開田畝，雖不能全為成熟，然已略有收穫，足資衣食」。〔註208〕至於招墾經費之來源除了由庫銀撥給外，並由海防經費項下支出。〔註209〕

丁日昌對墾務之推進立下了不凡之規模，但招墾需要相當的財力維持，而當時台灣本身之稅收有限，難以自給，處處常仰賴閩省之支援。沈葆楨在台時即與閩浙總督李鶴年小有不快；王凱泰繼任台事與李齟齬更深。曾因此有乞休之意。〔註210〕丁日昌負責台政時，李雖去職，但新督何璟生性偏急，對丁日昌需索閩款濟台不滿，而日昌又多病煩燥，兩人終至積不相能。當時不僅台灣之各項經營計劃難得閩款協濟，即素來應解台灣之月餉自光緒二年正月起，亦積欠至八十萬兩。〔註211〕而清中央政府又因新疆用兵，晉豫大饑，籌議海防，無款能濟台灣。丁日昌遂感巧婦難為無米之炊，於光緒三年七月請假回籍就醫，進而向朝廷乞休，次年四月獲准。〔註212〕繼丁日昌繼理台政者，先後為吳贊誠與岑毓英。

吳贊誠於光緒三年及四年兩次來台，親歷後山，曾命吳光亮、孫開華討伐後山加禮宛土著社。官買加禮宛土地，以荳蘭溪為界，溪北由漢人開墾，溪南仍為「番地」，供其自耕。〔註213〕時「番政」墾務均由吳光亮及臺灣道夏獻綸負責。兩氏以由大陸招墾之措施成效不著，遂採恒春知縣黃延昭之辦法，

〔註206〕同註204，頁33。

〔註207〕吳贊誠，《吳光祿使閩奏稿選輯》，頁10至11。

〔註208〕同註206，頁12。

〔註209〕同前註，頁10。

〔註210〕郭廷以，《台灣史事概說》，正中，1967，頁185。

〔註211〕呂實強，前引書，頁316。

〔註212〕《清德宗實錄選輯》，頁46。

〔註213〕連橫，《台灣通史》，頁353。溫吉，《台灣番政志》，頁625至626。

〔註214〕倡募島內農民移墾，貸予一切農具，且每月給銀六兩，以充口糧。又於縣內置夫役若干，從事官墾。各墾成土地清丈登記簿冊，免賦三年，三年後征賦並繳還農具價款，或不能完繳，即於正供之外，另交官租若干。〔註215〕另由招墾委員擬定保護佃戶條例，每佃一名開田一甲，不給口糧，惟給農具耕牛穀種，農具每十佃四副，折價銀二十元。耕牛每十佃四頭，折銀百元。種穀銀百元，另每佃給銀六元，使其自行搭蓋農舍。而墾民獲較大自由，允其開墾肥沃處所，故平埔沃地由是多得開墾。〔註216〕

　　光緒五年九月（1879、10），為節省經費起見，裁撤招墾局，但「仍准由該墾民自行僱人，以為民招民墾，民收民食。所墾之地，永為民業」。〔註217〕「如該墾民中偶有界址混淆、口角相爭者，亦准其隨時稟由地方官查辦判斷。其餘未墾之地，如有內地富民願來耕作者，准其自備工資，稟官領照認墾；惟不許附搭洋股，以杜流弊。倘續有外省新來墾民，而備口糧耕作者，仍准其稟由就近地方官防營核明，查照實到名數，按丁酌給種籽，農具，並為指明地段，聽其開墾，俟成熟後察酌情形，一律勘丈升科，毋貿官給口糧，以期節省」。〔註218〕且規定「嗣後，前山埔里六社墾務，歸鹿港理「番」同知管理；南路墾務，責成恒春縣管理；後山卑南墾務，歸台防同知管理；璞石閣墾務，即責成就近之水尾防營官兼理；岐萊墾務，歸花蓮港防營官兼理」。〔註219〕從此墾務因缺乏專責機構負責而告頓挫。

　　光緒七年（1881）改由岑毓英出任閩撫，次年雖有提督張兆連、周大發開闢三條崙之路以期招來墾民，但岑氏於九年去職，對於墾務之建樹極為有限。

　　綜觀沈葆楨以降至岑毓英去職之期間，後山墾務之進行以光緒五年以前較有進展，此後即告中挫。其所以如此，乃因台灣財源困乏，中央財力有限，閩省不願接濟而受阻；另外，主事者之不久其任，致使百計待行因官去職而中廢。簡單而言，即因滿清政府人事不臧及財政困絀而阻礙了墾務之推進。

　　光緒十年（1884），中法戰爭趨於激烈，法國有佔領台灣之企圖，劉銘傳

〔註214〕連橫，《台灣通史》，頁351。溫吉，《台灣番政志》，頁262。
〔註215〕《台灣私法物權篇》，頁10至11。
〔註216〕同前註，頁12。
〔註217〕同前註。
〔註218〕同前註。
〔註219〕同前註。

以巡撫之銜來台籌辦防務。〔註220〕劉氏到台後一面籌辦防務，一面繼續開山並安撫土著，以鞏固台灣基地之根本。光緒十一年（1885）被任為巡撫時即上疏曰：

> 臺灣……番居其六，民居其四，……現既詔設台灣巡撫，必先漸撫
> 生番，清除內患，擴疆招墾，廣布耕民，方足自成一省。〔註221〕

由此可見，劉銘傳對撫墾事業之積極。劉氏乃根據光緒初年沈葆楨所設之招撫局加以擴張，於光緒十二年（1886）設立全台撫墾總局及各撫墾局作為撫墾之機構。當時後山設有卑南撫墾局及秀姑巒、花蓮港兩分局來負責一切撫墾事宜。〔註222〕當時之撫墾措施是仿丁日昌之辦法，重用士紳，以林維源任撫墾局總辦，各地撫墾局亦容公正士紳參議局務。此外並為地方軍務與撫墾能互相配合，亦因沿過去舊法，以駐軍營官充任撫墾局委員。故劉銘傳所興辦之撫墾局不僅是官紳合治之機構，亦使軍務與政務合為一體，故其「番政」與墾務，仍具有沈丁兩氏時代之特色，具有軍屯或武裝殖民之性質。

　　撫墾計劃實施之初，首先遭遇經費問題。光緒十一年冬（1885）劉銘傳尚謂：「臺灣向有撫番經費，由臺灣道在屯租項下撥給。如將來番撫日多，用費日鉅，臣擬將屯兵一項酌量裁減，以濟實用，即可無須另籌經費」。〔註223〕惟當開設撫墾局，發展事務，即發現經費短絀非常嚴重。劉氏於奏摺中云：

> 開道撫番，事皆艱難。以經費言，前沈督沈葆楨創設舉行，奏請
> 每開撫經費銀二十萬兩，由閩協台。臣到任，閩省每年只協軍餉
> 四十四萬兩，並無另協開撫經費。現在統計全台各局經費，各社
> 番目口糧，及番童學塾歲銷不足十萬兩；較之從前，撫番多而用
> 費少。〔註224〕

當時唯獨剿防強悍土著之經費較充裕，營汛有兵餉之供，屯隘各有屯租、隘租，當能維持。當時屯租之經理廢弛，有不可收拾之局，然非全無補救之法至於隘租則經清釐後卻能有餘。惟劉氏以為剿而不撫，不但有傷王化，復於開疆拓墾無助。撫墾經費無著，開出拓墾之事將一切歸空，非設法解決不可。

〔註220〕《清德宗實錄選輯》，頁98。
〔註221〕劉銘傳，《劉壯肅公奏議》，頁156，台灣暫難改省摺。
〔註222〕胡傳，《台東州采訪冊》，頁43。
〔註223〕劉銘傳，《劉壯肅公奏議·撫番略》，頁210。
〔註224〕同前註，〈謨議略〉，頁151。

劉銘傳首先舉隘租之餘額全部撥充撫墾經費，但其數目甚少，且於清丈後廢止，〔註225〕故必須設法另籌財源。當沈葆楨創辦開山撫「番」之初，已有人斥其徒糜國帑，至其出任後譏其無成者更多；〔註226〕而光緒五年以後其事亦已頓挫，若非中法戰爭之刺激，撫墾事業之再辦將非易事，「辦防、清賦尚易舉行，惟剿撫諸番，官紳輒多疑憚。或謂：番情反覆，叛服無常，或謂：山道難通，告蕆無日；且歷年開山撫番虛糜鉅款，久無實效，覆轍何為？臣與前貴州藩司沈應奎，道員林朝棟力排眾議，一意經營。所恃：不增一兵，不增一餉。縱無成效，抑復何傷！」〔註227〕

撫墾經費既已決定不取援於外省後，劉銘傳乃創辦樟腦、硫磺之官辦及徵收茶釐，舉其贏餘用於撫墾。惟實際樟腦、硫磺之收入並不符理想，幸而茶釐之收入不錯。〔註228〕於是合隘租、官辦事業利益、茶釐三項之收入，撫墾之經費大致可以湊齊矣！

劉氏除了創設撫墾局外，光緒十二年十月（1886、11）檄署臺灣鎮總兵章高元自集集街鑿山而東，張兆連自水尾鑿山而西，次年三月竣工，於是久塞之中路再度開通，期便利移民之入墾。

光緒十四年（1888）四月，埤南同知歐陽駿，以後山開闢「番地」，僅及百分之一，為發展墾務，嚴禁耕牛出境販賣。〔註229〕

經劉銘傳之銳意經營，至光緒十七年（1891）清賦時，後山已開水田共有二千二百五十五甲有奇。〔註230〕至於旱田數目則難以詳知，但其面積必較水田更多，蓋後山水利未興，故所墾田園當以旱田為多，惟旱田之開闢不必請墾，故其數量難知其詳。而後山係草萊甫闢之區，土壤磽薄，水利未修；故水田不分上、中、下等則，而按照埔里廳減一等則之標準，列為下則，其內免徵耗羨，不配勻丁糧米。計每甲徵銀五錢零六釐六毫四絲，升科徵賦。至於逼近海濱，高低參錯，難定收成之地，概列為下下則，暫緩升科。〔註231〕此時已開水田之分佈情形如附表三－二。

〔註225〕同前註，〈清賦略〉，頁309。
〔註226〕同前註，〈撫番略〉，頁206至207。
〔註227〕同前註。
〔註228〕同前註，〈理財略〉，頁371，創收茶釐片。
〔註229〕《劉銘傳撫台前後檔案》，頁106。
〔註230〕胡傳，《台東州采訪冊》，頁42。
〔註231〕同前註，頁44。

附表三－二　清代後山水田數量表

附註：（表中數量係光緒十七年丈量）

鄉　別	所在地	等　則	面　　積
南鄉	埤南堡	下則田	三百二十甲六分六釐四毫一絲七忽六微
新鄉	新開園堡	下則田	一百零八甲三分八釐六毫二絲七忽二微
	璞石閣堡	下則田	二百四十一甲六分二釐七毫三絲五忽六微
奉鄉	水尾堡	下則田	二百二十一甲四分六釐一絲一忽八微
	復興堡	下則田	二百三十九甲二分二釐八毫八絲八忽
	新福堡	下則田	一百七十七甲一分二釐八毫四絲六忽
	萬安堡	下則田	一百七十二甲八分一釐三毫七絲一忽
廣鄉	成廣澳堡	下則田	一百五十六甲三分三釐八毫三絲八微
蓮鄉	花蓮港堡	下則田	六百一十七甲九分八釐四毫五絲八微
總計共墾下則田二千二百五十五甲五分八釐八毫一絲二忽七微			

資料來源：胡傳：《台東州采訪冊·田賦》，頁44至45。

　　光緒十七年（1891），劉銘傳去職，邵友濂繼任台撫，邵改採緊縮台政之策，一切撫墾措施都告停止。但仍有少數漢人零星入墾，如光緒十八年（1892），佃首林蒼安等百餘人入墾蓮鄉佳樂莊之野（今花蓮縣新城鄉）。〔註232〕同時，墾首邱霖自備牛種、耕具、招佃進墾針朗莊（今花蓮縣玉里鎮大禹里一帶）附近之荒埔。〔註233〕另外，新開園（今台東縣池上鄉）一帶於光緒十八年亦有前山之六十餘墾民入墾。〔註234〕但光緒十九年八月（1893、9），三次颱風大雨，又被水沖去田地一百二十五甲餘。〔註235〕故田地仍維持在二千二百甲之譜。

　　至於漢人移入之情形，據光緒二十年（1894）《台東州采訪冊》之記載則知後山約有漢人五千六百七十人左右。〔註236〕其分佈、移入地及籍貫如附表三－三及附表三－四、圖三一一。

〔註232〕同前註，頁21。
〔註233〕《台灣私法物權篇》，頁35至36。
〔註234〕田代安定，前引書，頁105。
〔註235〕胡傳，《台東州采訪冊》，頁45。
〔註236〕同前註，頁18至21。另據田代安定，《台東殖民地豫察報文之調查》，頁245至246，光緒二十三年（1897）時，後山共有漢人三千三百零三人，其何以反較光緒二十年（1894）減少，其原因可能有三：（1）日人之調查不實。（2）台東州采訪冊中未將漢人與土著分別清楚。（3）日人入據，漢人他去。

附表：三－三　清代後山移民來源及分佈表

莊　名	籍　貫	戶　數	人口數	移入地
新城莊	福建詔安縣、漳浦縣 龍溪縣	十四戶	六十七人	由宜蘭移入
	和廣東大埔縣	一戶	五人	不詳
加禮宛莊	湖南、台灣和內地各省	十六戶	四十八人	宜蘭和其他各地
	廣東籍	十九戶	六十三人	由台南移入
十六股莊	台灣籍和內地籍混居	七十三戶	二百七十五人	由各地移入，由宜蘭者過半
三仙河莊	全上	十二戶	四十七人	全上
新港街莊	全上	六戶	十九人	宜蘭移入
農兵莊	全上	三十八戶	一百三十人	各地移入
花蓮港街	全上	六十戶	二百零六人	台南、台北各地移入
	廣東籍	四戶	十二人	
馬太安社	內地和本島出生	十戶	四十六人	各地移入
大巴塱莊	全上	十戶	五十四人	全上
	廣東籍	十三戶	六十一人	由台南地方移入
鎮平莊	內地和本島出生	二十二戶	七十一人	各地移入
拔仔莊	全上	十五戶	六十八人	全上
	廣東籍	十二戶	六十四人	由台南各地移入
打馬烟莊	內地和本島出生	四戶	三十四人	全上
	廣東籍	九戶	四十六人	全上
水尾仙莊	內地和本島出生	六戶	十六人	台灣南部各地移入
迪街	全上	六戶	三十八人	全上
新朗莊	全上	十一戶	不詳	全上
璞石閣莊	全上	三十九戶	一百五十二人	全上
	廣東籍	四十一戶	一百六十人	全上
中城莊	台灣本島	一戶	四人	全上
	廣東籍	七戶	三十四人	全上
上城莊	全上	約十一戶		全上

客人城莊	仝上	約十六戶		仝上
識羅莊	廣東籍與平埔族混居	不詳		仝上
媽汝莊	台灣籍和平埔族混居	不詳		仝上
	廣東籍	約三戶		仝上
大狗寮莊	廣東籍	一戶	六人	台灣南部各地移入
公埔莊	仝上	約三戶		仝上
新開園莊	仝上	八戶	三十一人	仝上
	廣東人	一戶	七人	仝上
里隴莊		十一戶	三十七人	仝上
義安莊	台灣籍	二十四戶	一百二十九人	仝上
卑南新街	內地籍與粵台籍混住	一百五十七戶	六百九十人	仝上
成廣澳莊	台灣本島各地及福建	四十三戶	一百四十六人	內地和台灣各地
	廣東籍	七戶	三十人	不詳
大港口莊	台灣本島籍及福建	五戶	三十三人	不詳
	廣東籍	四戶	十六人	不詳

資料來源：田代安定：《台灣殖民地豫察報文》，頁 38 至 41。

附表三－四　清季後山移民籍貫統計表

籍　貫	戶　數	人　數
一般漢人（台灣福建爲主）	六百三十一戶	二千四百二十六人
原籍未詳	一百九十二戶	三百七十九人
廣東籍	一百二十一戶	四百九十八人
合計	九百四十五戶	三千三百零三人

資料來源：《台東殖民地豫察報文》，頁 41。

附圖三－一　清代後山漢人分布略圖

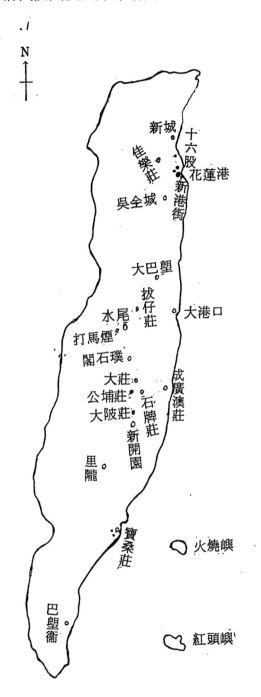

資料來源：據胡傳：《台東州采訪冊・莊社》，頁 18 至 21 繪成。

　　由表中可以看出，其由宜蘭、台北等地移入者，多經由海道或北路移居於花蓮港以北地區；花蓮港以南則多由台南或大陸循南路或海道移來。

　　總之，後山自同治十三年（1874）進行「開山撫番」以來，清廷有計劃地進行撫墾，其間雖偶有中輟，但經二十年之拓墾，後山已有五千餘漢人移住，拓墾水田二千餘甲，旱田無數，奠定了後山開發之初基，也鞏固了清廷治理後山之磐石。

第五節　清廷之軍事行動與教化措施

一、清季歷任官員之安撫土著政策

　　同治十三年（1874）日軍侵台事件發生後，沈葆楨奉命東渡經營台灣，沈氏認爲經營台灣之首務在「開山撫番」。他將台灣之土著分爲三大類：牡丹等社，恃其悍暴刼爲生，不畏死；若是者，曰「兇番」。卑南、埔裏一帶，居近漢民，略通人性；若是者，曰「良番」。台北斗史等社，雕題鑿面，向不外通，屯聚無常，種落難悉，獵人如獸，雖「社番」亦懼之；若是者，曰「王字兇番」。〔註237〕因此，沈氏認爲後山之土著，屬略近人性之「良番」，綏撫較易，不若其他「兇番」之難治。沈氏認爲欲撫後山土著，首先必須開山，所謂：「夫務開山不先撫番，則開山無從下手，欲撫番而不先開山，則撫番仍屬空談」。〔註238〕所以沈葆楨除了一面開山，移民入墾，使後山逐漸開發外，對於土著則採取綏撫與討伐並行之策略。蓋清代在此以前安撫土著之傳統政策是採綏撫與保護兩者並進。對於「熟番」，多採綏撫。〔註239〕置土目以治其地，設通事以理漢民與土著之間交涉事宜，兼負誘導土著接受漢族文化之責。並釐訂各種獎勵措施，以誘導土著社自動歸化。對於「生番」，清廷多採保護措施。即於「番界」立石、置隘以防止漢人侵入；並防「生番」逸出界外，以啓「番釁」。名爲保護，實爲防範。〔註240〕蓋當時視「生番」爲化外異類，難以教化，須採隔離政策。後山地區即在此情形下封禁了百餘年。清廷採此兩種政策，在根本上都是極爲消極的。以土著之自動漢化爲主，殊少積極之

〔註237〕沈葆楨，《福建台灣奏摺》，頁 2。
〔註238〕同前註。
〔註239〕溫吉，《台灣番政志》，第一冊，頁 58。
〔註240〕關於清代隘防制度，可參閱李招盛，〈台灣的隘防制度〉，《台灣文獻》第二四
　　　　卷第 3 期，頁 184 至 201。

強迫作用。而沈葆楨之主張則完全不同，他雖然未改變安撫土著之辦法，仍用土著及通事治理土著事，但在必要時，甚至採取軍事行動，以強迫土著接受漢族文化。

　　沈葆楨於光緒元年（1875）去職，沈氏去職後由王凱泰負責臺事，王凱泰來台五月即卒，故安撫土著事業多承沈氏遺規。其後丁日昌接辦台務。丁氏極重視安撫土著事業，不只要使土著歸化，而且注重土著之教養，立意在寓撫於教化。丁氏於光緒三年（1877）釐訂撫番開山善後章程二十一條，其重點如下：

　　（一）歸化各「番」設立頭目為社長，給予月薪（每月十元或八元），令約束「番眾」，嚴禁伏殺兵民商旅。

　　（二）歸化「生番」限一月內薙髮服衣，布衣官給，另於各社頭目處置剃刀，「番民」每月剃髮一次。

　　（三）嚴定各「番社」田地界址，不准侵佔。

　　（四）漢人與土著交易處設立公局，選公正士紳主持，理斷漢、土糾紛，與土著交易按定章辦理。不得經手「番割」，未薙髮土著不准貿易，亦不得接濟米鹽等物。

　　（五）嚴禁軍民向土著社販賣軍火，土著赴城鎮禁帶刀槍，並禁在市行沽飲酒，以免酒後行兇。

　　（六）選派頭人及通事赴各社教以種植，農作物及茶棉桐檀麻荳咖啡等，種籽由官發給，俾其廢游獵以農耕為生。

　　（七）於土著各社設醫局，為土著診治疾病及種痘，於附近土著社市鎮廣設義學，以教育土著兒童。

　　（八）各社歸化土著應造報社名丁口冊，並隨時註明其遷移死亡及新增人口。〔註241〕

　　由其安撫土著章程中可以看出，丁氏意圖強迫土著民接受內地化，故要土著薙髮穿衣，送子弟入學。而作為內地化之輔導措施，則是教導土著耕種以增加其收入，改善其生活，設醫給藥，禁漢民欺土著。其整個政策之執行則諉諸士紳設局辦理。顯然丁日昌之安撫土著較沈葆楨重視教養，而且亦較重用士紳。他顯然有意利用中國社會中之權力階層──士紳階級來達成土著內地化之目標。故沈葆楨著重土著之招撫乃草創初期之工作重點；丁日昌專

〔註241〕《劉銘傳撫台前後檔案》，頁6至10。

注於土著之教養則是歸化後應採之善後措施。兩者各有所重而一脈相承。

丁日昌於光緒三年七月（1877、4）去職後，改由吳贊誠繼理台政。吳氏對後山極為重視，曾兩度親歷後山，〔註242〕對後山之情形極為瞭解。吳氏在後山之安撫土著政策仍繼續丁日昌之遺規，著重於土著之招撫與教養。

光緒四年（1876），吳贊誠因年老多病而辭職，清廷乃派河南布政使裕寬繼任，〔註243〕旋改調廣東巡撫，福建巡撫暫由福建布政使李明墀署理，〔註244〕直到五年四月（1879、5）才正式以江蘇布政使勒方錡接任，此人「廉慎有餘，才略不足」，〔註245〕而於光緒七年（1881）改由岑毓英負責，〔註246〕岑氏於是年接任閩撫後，即擬出其安撫土著之措施：

> 惟台灣後山番地，言語難通，煙瘴甚大；必須嚮導及冬、春兩季，方好辦理。臣擬何秀林、鄒復盛等俟開年春暖瘴輕，即設法將路開通，並清查各番社；凡就撫番目，按所管番戶多寡，給予八、九品頂戴，月給飯食銀數兩，責令約束番民凜遵教化。果能相安無事，再仿照湖南鳳凰三廳成案，奏請分設千把，外委各土職，以示鼓勵。
> 〔註247〕

由此可見，其除了以官職利誘土著歸化外，並計劃開通各山路。仍採沈葆楨之「開山撫番」同時並行之政策。

光緒十年（1884），以中法戰爭之故，劉銘傳以巡撫銜督辦台灣事務，次年，中法和議和成。劉銘傳即條陳臺澎善後事宜疏，其內容略謂：安撫土著既可防土著為亂於未然，又可促進漢民與土著之團結合作，進而共同對付外患，既無內憂，雖有外患亦不足慮。同時既無內憂則無須駐兵以防土著，自可減少兵費，又可開發山林而啓財源。〔註248〕劉氏對安撫土著之動機於此可見，而其觀念亦頗為正確。而其招撫之措施為所有未經歸順，情願剃髮歸化之土著，各社立其社丁、社長，月給口糧，使其永遠誠服。倘有頑梗成性，不肯輸誠受撫者，即由該處駐防統兵相機剿辦，先禮後兵，恩威並用，以攻

〔註242〕吳贊誠，《吳光祿使閩奏稿選輯》，頁 7 至 12。
〔註243〕《清德宗實錄選輯》，頁 50 至 51。
〔註244〕同註243。
〔註245〕李鴻章，《李文忠全集》，光緒乙巳金陵刊本，台北國立政治大學藏，譯署函稿，卷之八，頁 26 至 27。
〔註246〕同註245。
〔註247〕《劉銘傳撫台前後檔案》，頁 38 至 39。
〔註248〕劉銘傳，《劉壯肅公奏議・謨議略》，頁 148。

心爲要訣，不得焚殺滋擾，〔註249〕使其甘心歸順。至於歸化後之土著，則教之以耕種，招民以墾「番地」，所謂：「各社所佔膏腴之地，高山宜茶，平地宜穀，一旦教之以耕種，皆成富區」，〔註250〕使土著生聚日盛，財富日豐，台灣自可成一富足之社會矣！

　　總之，劉銘傳安撫土著之策略乃剿撫兼施，恩威並用，先以恩招之，不從，再以兵剿之，使之輸誠。歸化後之土著，則教之耕種，使之富足，設塾施教，使其漢化，然土著叛服無常，而教化又非日久不爲功，遂使劉氏不得不專注於「番地」之拓墾與漢民之移入，期能以漢文化之逐漸輸入，而啓後山榛狉之域。劉氏於光緒十七年去職，繼其事者爲邵友濂，邵氏改採緊縮台政之策，一切招撫事宜幾告停頓，十餘年之經營，又日漸荒怠矣！

　　綜上所述，可見清季主持台政之歷任官員，其安撫土著之政策不外招撫，討剿與教化。先威脅利誘使其歸化，不聽，以兵臨之，用武力強迫其歸順。既經歸化之土著，則設義學以教化之，教其耕種之法以富裕之。簡言之，即恩威並用，養之，教之，使其成爲中國之民而已。茲將其討剿、招撫及教化之情形分述於後：

二、土著社之討伐

　　在「開山撫番」期間，對於後山之土著社，乃採恩威兼施之策略，恩以懷撫，威以聲討，但其最終目的均在使其歸化，然由於部份土著社叛服無常，因此而有討伐諸役。

（一）南澳土著之討剿

　　同治十三年（1874），羅大春開闢北路，沿途土著不悅，屢行抗拒，然多被兵勇所擊退。而大南澳至大濁水一帶土著特別兇悍，時出殺人。十一月十一、十三等日正在開路，突有兇悍土著千餘，分段埋伏放鎗；官軍竭力抵敵，經守備黃朋厚擊斃四人，始退。是日，官軍陣亡者四人、受傷者十有八人。十五日，至一崇山之麓，衆方在峽中開鑿，忽鎗聲四合；抵禦兩時之久，土著乃愈多。黃朋厚、馮安國料衆傾社而出，中必空虛；分隊搗其巢穴，果有草寮數百閴無其人，見新舊髑髏每寮多或百餘，少有數十，穢臭薰人。乘風縱火，焚其社寮十餘；列陣土著始敗。是日，兵勇死者四人，負傷重創者二

〔註249〕屠繼善，《恒春縣志》，卷五，〈招撫〉，頁97至98。
〔註250〕劉銘傳，《劉壯肅公奏議・謨議略》，頁256。

十餘人；同時，駐濁水溪之軍，由小南澳運糧歸來時，路過石壁，兇悍土著蜂擁包抄，陣亡者三人，負重創者一人，墜海死者四人。幸守備朱仁彪率隊馳援，始各駭散。〔註251〕

此後，沿路各處駐紮兵營，亦多受土著來襲，光緒元年（1875）五月沈葆楨奏其情形云：

> 大濁水、得其黎一帶兇番，尚不時出沒，四月初七、初八、初九、十二等日，生番或數十人、或百人伏途狙擊，乘雨撲碉；經各路兵勇零星擊斃，且有生擒者，勇丁亦陣亡十數名，以後尚覺安靜。〔註252〕

因此，羅大春以土著族四出雲擾，山場遼闊，營勇不敷分配；乃請上司派兵增援，沈葆楨乃派宣毅左、右兩營往援，〔註253〕而於蘇澳五里亭起，迄於秀姑巒之鵲子埔（今花蓮縣新城鄉）止，沿途建碉，各派營哨屯之，以防範土著出擾。〔註254〕

（二）太魯閣族之討伐

光緒二年（1876），北路開通後，三棧地方之太魯閣部族，屢次加害兵民，於是宋桂芳舉兵先行討伐大仔舟溪流域之土著社，土著逃避山上，乃闖入社內焚其家室而退，時土著自山上投下大木巨石抵抗，幸官兵少有受傷。遂於三棧溪畔設營，曰順安城（今花蓮縣新城鄉順安村），以爲久守之計，後賴通事李阿隆居間斡旋，土著乞和，宋桂芳乃命李阿拘其首惡三人，檻送台北，其亂乃平。〔註255〕

（三）阿美族之平定

光緒三年七月（1877、8），中路阿美族之阿棉（今花蓮縣瑞穗鄉）、納納（今花蓮縣豐濱鄉）等社復叛。時吳光亮統兵璞石閣，橄林參戎某率線槍營進紮大港口彈壓。行抵烏鴉石（今花蓮縣瑞穗鄉），中伏而敗。吳光亮乃飛調前山各軍援剿，台北孫開華率二營由海道，台南沈茂勝率鎮海左營、周懋琦率開花礮隊由恒春陸路馳援。十一月孫軍至成廣澳，而沈、周之軍尚未到；官軍先攻，復敗於田寮，都司羅魁戰死。十二月，各路援軍齊集，並調中路

〔註251〕羅大春，《台灣海防並開山日記》，頁36至37。
〔註252〕沈葆楨，《福建台灣奏摺》，頁48至49。
〔註253〕羅大春，前引書，頁37。
〔註254〕羅大春，前引書，頁47。
〔註255〕連橫，《台灣通史》，卷十五，〈撫墾志〉，頁352。溫吉，《台灣番政志》，第二冊，頁579。

各社「熟番」合力進剿，平之。〔註 256〕

（四）加禮宛土著之懲治

光緒四年（1878）三、四月間，後山加禮宛（今花蓮縣新城鄉）土棍陳輝煌招搖撞騙，按田勒派，共詐土著銀不少；加禮宛社被逼難堪，是以決計反撫。〔註 257〕六月，加禮宛和巾老耶各社攻花蓮港防營叛。統領吳光亮調孫開華擢勝右、後二營，臺南鎮中營；臺北海字營會剿。適福建巡撫吳贊誠巡臺，即駐花蓮港督師。是月初六日，孫開華、吳光亮率參將張兆連等先作佯攻加禮宛之勢；乃密遣參將胡德興等突攻巾老耶社，土著拼命死拒，相持移時；加禮宛來援，擊却之。巾老耶外援既絕，勢漸不支；奮戰及三時，其社遂下。初七日黎明，大隊攻加禮宛社，其社負山阻險，緊築土壘爲拒，官軍直前，戰踰時，土著棄社而逃；然猶聚土壘爲守死計。初八日五鼓，吳光亮率各營仍由加禮宛竹仔林而進，孫開華親督參將張兆連等由巾老耶社旁深草叢中銜枚疾進，直抵該巢。環攻一時之久，身先衝入，遂將堅壘踏平，搜斬一百餘名，餘衆翻山竄逃，至午刻收隊。計四日之戰，共殲「番」二百餘名。其南勢之豆欄，薄薄等社（今花蓮縣吉安鄉），初猶觀望，至是悉皆降服。〔註258〕

（五）南路之綏靖

光緒五年（1879）、南路阿郎壹（台東縣達仁鄉）、阿勒馬薩社土著屢伏路殺害行旅。時前、後山出入，皆由恒春沿海北達埤南；該社爲往來必由之路。袁聞柝率綏靖軍及所屬土著往剿，平之。〔註 259〕

（六）大莊平埔之平定

光緒十四年六月（1888、7），大莊客民劉添旺以委員雷福海征取各處田畝清丈單費稍嚴急，漢民土著胥怨，又辱其妻之母而怨，遂與其黨杜焉、張少南、陳士貞等煽誘中路群土著，戕害雷福海，毀其屍；襲破水尾防營，殲弁勇，刼掠軍械、火藥南趨。七月，糾合呂家望等土著焚燬埤南廳署。〔註260〕偪攻統領後山鎮海後軍總兵張兆連軍壘。時張兆連所部三營，分防六百餘里，

〔註 256〕胡傳，《台東州采訪冊》，頁 68。
〔註 257〕吳贊誠，前引書，頁 19 至 20。
〔註 258〕同前註，頁 21 至 23。胡傳，《台東州采訪冊》，頁 68。
〔註 259〕胡傳，《台東州采訪冊》，頁 69。
〔註 260〕同前註，頁 69 至 70。

留駐埤南者不及三百人，變起倉促。時土著四千餘人，圍攻埤南，焚殺男女百餘人。全台大震。埤南距台北遙遠，非兵輪不能及時救援。時台輪適皆他出，勢甚危岌。七月十日，始以輪載提督李定明三營並礮隊前往。台灣鎮總兵萬國本得報後，亦由台南疾馳以赴。十四日，萬國本至埤南，遙見爲亂土著環攻，即連放炸礮，奮勇登岸。張兆連亦開壁出戰。適提督李定明亦至，內外夾擊，重圍始解。分剿各土著，各土著乃均爭先歸命。惟呂家望與大巴兩及邦邦社（均在今台東縣卑南鄉境）爲犄角，猶恣睢不服。〔註261〕

七月二十二日，以三路進攻呂家望，土著恃險死拒。八月初一日傍晚，大軍進逼該社，邦邦社蜂擁來援，擊却之。大莊諸土著亦迭次增援，張兆連令營勇截擊，使不敢前。初四日，澎湖鎮總兵吳宏洛全軍至埤南，與張兆連察看地勢；以呂家望社，背負後山，非襲取山頂，用礮攻擊不能取勝。時北洋水師總兵丁汝昌已帶輪船及時趕至；乃命携礮轟之。該社石壁甚堅；竹樹深翳，逕道茫如；唯西路邦邦社有路可通；乃擬先攻邦邦社，絕其黨援。

八月十四日，攻邦邦社，土著群眾伏槍竹林，未能逼進。十五日昧爽，懸重賞，以奮勇敢死之士三百人急攻，濟以快礮驟轟。始克邦邦社。十六日，乘勝猛攻呂家望社，血戰移時，大軍破其西門而入，遂拔其社。大巴兩社亦乞降。〔註262〕

呂家望未克之時，大莊爲亂之土著既畏官軍，不敢援救，乃思由璞石閣、水尾一帶、北攻花蓮港，以掣官軍。乃檄都司王廷楷、李得勝率礮隊馳赴花蓮港嚴密防守。八月初四日，大莊爲亂土著千餘人逕奪鯉魚山，勢甚猖獗。經李得勝乘夜追擊，始行遁去。二十六日，反亂土著從脅迫璞石閣一帶之歸化土著二千餘人，自荳蘭、薄薄、飽干（均在花蓮縣吉安鄉）直攻花蓮港小營，李得勝復出擊敗之，土著遂大奔。花蓮港總理陳得義率同歸化土著抄擊其後，南勢諸歸化土著亦出追剿，以助官軍，生擒土酋二人，斬馘三十一級，北路亦平。〔註263〕

（七）南澳土著之膺懲

光緒十五年（1889）九月，統帶宜蘭防勇副將劉朝帶，以五百人入山疏通蘇澳花蓮港道路，行至距蘇澳約五十里之立光嶺（今宜蘭縣南澳鄉境），埋

〔註261〕劉銘傳，《劉壯肅公奏議·播番略》，頁224至225。
〔註262〕同前註，頁226至227。
〔註263〕同前註。

伏之土著突出擊，槍如雨發。劉朝帶率弁勇奮戰力竭，與弁勇二百餘人均為南澳之老狗社土著所殺。〔註264〕

　　光緒十六年正月（1890，2），劉銘傳親至蘇澳督各軍剿辦，命澎湖鎮總兵吳宏洛統各軍，馳抵蘇澳，督同宜蘭防軍統帶副將傅德柯進駐東澳，會同處州鎮總兵竇如田之銘字三營自東澳而前。而提督李定明三營，建寧鎮總兵蘇得勝三營，自海乘輪逕抵蘇澳。二月初三日，吳宏洛至南澳，會商李定明等分道前驅，以竇如田三營防其後。初六日，傅德柯至末都山口，土著群眾扼險抵拒。吳宏洛由山巔抄過社後，土著當棄卡逃遁，傅德柯乘勢襲入末都納社，遂進攻搭壁罕五社，土著群眾恃險死拒。初九日，吳宏洛督軍至搭壁罕山巔，縱礮旁擊，土著懼乃奔，焚其社，該五社為南澳第一巨社，諸土著號泣莫敢攖。十二日，至老狗外五社，土著相率逃遁。其地兩山壁立，絕谷危巖，僅通一線。傅德柯四顧旁皇，遍覓無路。十三日，鼓勇直前，突出兇悍土著二十餘人，縱槍猝擊，傅德柯與哨官劉秀顏同時陣亡。吳宏洛至武塔山巔，經由高山趨向西北，抄過老狗社後，隔絕二十餘里，音悶不通，山險無路可下。突有強悍土著數百，蜂擁而前，死戰不退，鏖戰一日，土著群眾死傷如積，始行敗歸。武搭而西，山勢險絕。據稱老狗內四社散居山谷，無土可耕，每日夜出乞糧。大軍若截其隘而絕下，可不戰而下。吳宏洛乃擇要害，伏設地雷。二十五日，撤卡陽退，各土著喜噪追逐，觸發地雷，自此不敢出山。土著群眾大懼。於閏二月初一日，至宜蘭撫墾局乞撫，情願送子為質，各軍乃陸續回防；嚴密設防，招民進墾。〔註265〕

　　另據伊能嘉矩《臺灣蕃政志》載：此役相持兩月，用兵之眾，前所未有，官軍陣亡病殁者達全軍之半。〔註266〕

（八）觀音山平埔族之討伐

　　光緒二十一年（1895）正月三日，觀音山莊（今花蓮縣玉里鎮觀音里）平埔族反叛殺害大莊總理宋梅芳及下羅灣社（玉里鎮境內）通事朱某。十五日，拔仔莊營官吳某及花蓮港營官邱光斗，率兵討伐觀音山莊，斬首七顆，附近之平埔皆乞降。時新開園及花蓮港營糧食告盡，乃命歸順之「平埔族」，獻銀數百兩，米千餘石，土著不應，二月又行反叛，圍攻新開園營，營官劉

〔註264〕同前註，頁235至236。
〔註265〕同前註，頁237至241。
〔註266〕溫吉，《台灣番政志》，頁584至585。

某力戰以敗之，而「平埔族」不屈，據璞石閣，築堡寨，殺傷兵民。三月，營官自拔仔莊，邱營官自花蓮港，分別進兵討之，事平，平埔族乃獻米及「番銀」，表示歸降之意。〔註267〕

綜觀上述征討土著諸役，清廷之討伐土著策略，概多以優勢之兵力臨之，或採「以番制番」之策，以「熟番」或「化番」助剿而致勝，土著雖因被敗而乞撫，然仍叛服無常。而土著為叛之原因，大抵或因官軍之進入而排拒之，或因土棍之勒派敲詐，或因地方吏弁之壓迫催逼，又加上後山土著向來穴居野處，無拘無束，一旦設官而治，漢人入墾，丈田貢餉，王法是依，頓感生活受限制與威脅，而有排斥之心理，此乃後山土著群眾叛服無常之原因。結果清廷動大師，糜鉅餉而僅克之，甚至官軍傷亡殆半，而僅獲為叛土著一、二人，斬土著亦僅數十、百人。其雖因官軍地理環境之不熟，水土瘴癘之不服及兵勇之羸弱有以致之，然朝廷之意在撫不在殺，期能以兵威之，使之日漸綏撫，後山才能真正入清之王化，故勞師費餉而不悔，豈可以功利權衡哉！

同時，討伐土著諸役亦發生了相當的影響。如加禮宛時，因吳光亮之討伐，加禮宛族被殺殆盡，部份族人被迫南遷至石連埔莊及海岸之成廣澳一帶與阿美族混居。〔註268〕而大莊平埔人之亂，「水尾、新開園一帶墾荒之民慘遭殺害，脫逃者少，聞者亦懼，是以近年雖甚安靖，亦不敢復來」。〔註269〕因此，此役對後山墾務之推進及移民之招徠亦有相當程度之影響。

三、土著之綏撫與教化

沈葆楨渡台之初，聞日人欲利誘後山諸土著，乃派袁聞柝於同治十三年五月由海路馳抵卑南，傳集各社頭人剴切開導，共到二十五社，頭人五十一名，散「番」二、三百名，均願剃髮歸化。〔註270〕同時決定分北、中、南三路，一面開路，一面安撫土著以通後山。其開路時之招撫情形，沈葆楨於同治十三年八月奏其大略云：

> 台南開路，經同知袁聞柝親督人夫，由赤山步步為營，披荊斬棘，
> 已誇越師山頭，入雞籠坑，離崑崙坳十餘里。卑南番目牙等、陳安

〔註267〕連橫，《台灣通史》，卷十五，〈撫墾志〉，頁 357。溫吉，《台灣番政志》，第二冊，頁 627。
〔註268〕田代安定，《台東殖民地豫察報文》，第二項，土民部，頁 64。
〔註269〕胡傳，《台灣日記與稟啟》，頁 179。
〔註270〕《甲戌公牘抄存》，頁 85。

生等，已自率番眾由本社循山闢路，出至崑崙坳相迎。繳出倭旗多面，以示輸誠。八月初八日，有崑崙坳及內社番目，率二百餘人，來裒請開路器具，願為前驅，均分別賞賚。……北路自七月二十四日，由東澳起工，至八月一日，開到大南澳嶺頂，計程二十餘里而遙。大半縋幽鑿險，苦費人力。初四日，正在刊木踰山，勇夫手口交瘁際，突有兇番數百，各持刀標鳥槍，從林隙前來撲犯。接仗斃其一人，傷其數人，始獸駭而散。我兵亦被傷五人。自此以下，為大南澳平埔，聞有兇番約計四十餘社，丁壯數千，思截我途；鑱削巨木，叛為望台，以憑高下瞰。羅大春現復遣人加意招徠，一面添募勇四旂，夫千名，以助士工，兼防不測」。〔註271〕

由此可見，當時土著社之招撫，大抵南路較北路易於招撫，其所以如此，乃因「大抵台南番社，經倭人肆虐，知朝廷寬大之恩，故稍易招致。且山後番目，真心受撫，兵至則荷鍤相迎，雖有伏莽狙擊之徒，搜之即遁。北路則天荒未破，各社語言互異，官無從曲通其情，不得不諉諸通事。為通事者，向以欺番為利，號曰『番割』。生番積受其欺，無所控訴，憤不自勝，時報以殺。故通事亦以入番社為惴惴」。〔註272〕由於北路土著民情之複雜而不得不依賴通事招撫，但通事以欺土著為能事，以致土著變亂時起，兩者互為因果，造成爾後北路土著社時撫時叛之原因。

北路於同治十三年十月八日開抵大清水溪時，有新城通事李阿隆，帶太魯閣土酋十二人來迎，願為嚮導，十三日遂抵新城。十四日有符吻、豆蘭等社（今花蓮縣吉安鄉）土酋來迎，遂進至花蓮港。〔註273〕同年，北路之斗武達、斗史麻達簡、斗史實紀律、斗史麼、哥老輝等五社土酋（在今宜蘭縣南澳鄉），亦帶土民百餘人，叩營乞撫，經分別械飭，賞犒遣歸。〔註274〕

沈葆楨除命人一面開路，一面招撫土著外，並擬訂招撫後必須同時進行之各項措施，其要點為：「今欲撫番，則曰選土目、曰查番戶、曰定番業、曰通語言、曰禁仇殺、曰教耕稼、曰修道塗、曰給茶鹽、曰易冠服、曰設番學、曰變風俗。」。〔註275〕同時，為了打破過去後山所採行之封禁隔離政策而上疏

〔註271〕同前註，頁134至135。
〔註272〕同前註，頁135。
〔註273〕沈葆楨，《福建台灣奏摺》。
〔註274〕同前註，頁32。
〔註275〕同前註，頁2。

請開舊禁，光緒元年諭令準之，後山封禁之令遂告解除。

　　光緒元年（1875），羅大春招撫北路之太魯閣、加禮宛及南勢各土著社，男女共七千七百有四人；另花蓮以南之成廣澳（今台東縣成功鎮）、大巴籠、嗎噠唵（均在今花蓮縣光復鄉），節經設法招撫，土酋等各率耆老丁壯，由通事引領前來歸化。共丁口一萬七千七百一十九人。〔註276〕

　　南路方面，袁聞柝於光緒元年設招撫局於埤南，並招撫埤南西北沿山至璞石閣一帶平埔土著。埤南廳猴子山以東，北方沿海之成廣澳、大港口之平埔族亦相繼歸化。〔註277〕

　　沈葆楨為了加強後山土著之招撫，必須在後山設一專責機構來負責。因此，沈葆楨乃於光緒元年奏請改台灣南路理「番」同知為台灣南路撫民理「番」同知，由台南府治移紮卑南，〔註278〕以利撫墾事業之推展。後山從此實質上受清統治。

　　沈葆楨於光緒元年（1875）去職。綜觀沈氏對後山土著之綏撫，著重於「歸化」，即讓土酋前來輸誠，而後賞以鹽、布、並無輸餉貢獻之舉，薙髮與否，亦聽自便。故仍是由土官行半自治之型態。沈氏除了招撫後山土著外，並於光緒元年（1875）與福建巡撫王凱泰連銜監修〈訓番俚言〉一篇，〔註279〕頒布各地，以為訓土著之教材。期能對歸化土著，施予教化。時後山義學設置之情形如何？難以詳知，惟光緒三年（1877）五月，吳贊誠巡視後山時，「北絲鬮社（今台東縣卑南鄉）社丁楊姓之幼女，入塾甫兩年，已完『四書』全註並『詩經』一部，於『訓番俚言』能逐句講解大意，能作番語及操漳泉土音」。〔註280〕由「入學甫兩年」語，可知光緒元年（1875）時後山已有義學之設。另袁聞柝亦曾於光緒元年在後山廣設義學。〔註281〕

　　沈葆楨去職後由王凱泰主持台政，王氏來台五月即卒，故安撫土著事業多承沈氏遺規。其後丁日昌接辦台務，光緒三年（1877），丁氏擬於後山卑南一帶設義學二十六處以教育土著孩童。〔註282〕同年五月，吳贊誠巡視後山時，後山一帶已設義學十六處，卑南社亦設有義塾，已故土酋陳安生之子年七、

〔註276〕同前註，頁34。
〔註277〕胡傳，《台東州采訪冊》，頁67。
〔註278〕沈葆楨，前引書，頁6。
〔註279〕溫吉，前引書，第二冊，頁534至536。
〔註280〕吳贊誠，《吳光祿使閩奏稿選輯》，頁10。
〔註281〕胡傳，《台東州采訪冊》，頁77。
〔註282〕溫吉，《台灣番政志》，第二冊，頁268。

八歲，能背誦故撫臣王凱泰所刊「訓番俚言」，琅琅可聽。又保桑莊（今台東市）塾中民童陳姓，已粗通書旨。北絲鬮社丁楊姓之幼女入塾甫兩年，已完「四書」全註並「詩經」一部，於「訓番俚言」能逐句講解大意，能作「番語」及操漳泉土音；其弟十一齡，亦粗解俚言字義。〔註283〕由此可見其教育土著孩童已獲初步之成效。可惜丁氏旋因故而去職，其安撫土著之諸計劃施行不久，績效未彰，有賴後繼者繼續推行。

繼丁日昌者爲吳贊誠，吳氏對後山土著之招撫大都督成台灣道夏獻綸、總兵吳光亮及南部撫民理「番」同知辦理。其招撫之情形，據光緒五年（1879）袁聞柝之稟稱：

> 除高山野番未經就撫不計外，其歸者中、北二路已有三十四社，丁
> 口約二萬餘人；南路七十二社，丁口約在三萬以上。〔註284〕

由此可見，當時除高山少數土著外，平地諸土著大多就撫。又光緒四年六月（1878、7），有司撥給成廣澳以南各社「阿美族」農具、籽種，俾其從事開墾。至六年六月（1880、7）時，該土著已墾野成田，自請丈量給照。經卑南廳派員清丈，共計漢民土著開成田園約二、三萬畝。〔註285〕由此可，當時之安撫土著，不僅在招撫，而且在養之，教之，使其逐漸發展，而能自維生計。

光緒四年（1878），後山北路之加禮宛土著作亂，爲吳光亮所平。次年五月，吳氏頒布「化番俚言」三十二條，〔註286〕令通事用土著語定時講解使聽

〔註283〕同註280。
〔註284〕胡傳，《台東州采訪冊》，頁40。
〔註285〕同前註，頁42。
〔註286〕溫吉，《台灣番政志》，第二冊，頁538至550。黃逢昶，《台灣生熟番紀事》，
　　　　頁37至49。其大綱爲：
　　　　設局招撫，以便民番。擧委頭目，以專責成。首訓頭目，以知禮法。
　　　　分結工食，以資辦公。改社爲庄，以示區別。約束子弟，以歸良善。
　　　　禁除惡習，以重人命。禁止做饗，以免生事。保護商旅，以廣貿易。
　　　　遭風船隻，亟宜救護。安分守己，以保身家。彼此各庄，宜相和睦。
　　　　分別五倫，以知大體。奉養父母，以報深恩。夫妻和順，以成家室。
　　　　學習規矩，以知禮義。嚴禁淫亂，以維風化。薙髮打辮，以遵體制。
　　　　穿衣著褲，以入人類。分別姓氏，以成宗族。分別稱呼，以敘彝倫。
　　　　分別姓氏，以定婚姻。禮宜祭葬，以安先靈。殷勤攻讀，以明道理。
　　　　分記歲月，以知年紀。宜戒遊手，以絕盜源。嚴禁偷盜，以安閭閻。
　　　　疏通水圳，以便耕種。出獵以時，免妨耕種。撙節食用，以備飢荒。
　　　　宜設墟市，以便交易。建立廟祠，以安神祖。

之，以期教化土民，由其教化之內容可知，其目的在使土著由原始自然之社會，逐漸走向知書達禮之文明社會。爲了貫徹其教化土民之目標，吳氏乃於後山之馬蘭坳街（今台東市）、璞石閣、水尾、拔仔（今花蓮縣瑞穗鄉）等地，設立義學多處。招募土著兒童就學，給以衫褲、鞋帽、紙筆、辮線等物。讀書用「訓番俚言」，令通事用土著語講解，並教以官話及閩粵方言；據云施教二年後，遂有較通文理者。〔註287〕

　　光緒四年（1878）吳贊誠去職，其後即因主政者人事之不定及人才之缺乏，使安撫土著事業遭到頓挫。光緒五年（1879）又因經費問題而撤裁負責撫墾之招墾局，改由附近營官兼理，後山因此缺乏招撫之專責機構，亦使招撫工作受到打擊。

　　光緒七年（1881），岑毓英接理台政，其除了繼續招撫後山各土著社外，並計劃開通各山路，惜岑氏於八年（1882）即去職，開路之舉亦告中寢。

　　至於土民之教育，則仍繼續推行，光緒七年（1881）命通事率領後山「化番」之略通文理者，由海路至府治安平觀光，以資教化。〔註288〕教材方面，除了「訓番俚言」，「化番俚言」、宣講「聖諭」外，至光緒九年（1883）又增加「感應篇」、「陰隲文」、「覺世經」等勸化之教材。〔註289〕但由於施教之方法不盡完善，內容不切實際，且地方偏僻，塾師不安其位，師資不穩，教務鬆懈，故義塾之教育效果不彰。〔註290〕同年十月，台灣道劉璈乃有整飭後山義學之批示：

> 內山地方，鴻濛初闢，在山番衆，猶有結繩之風。教之者第一先通語言，次則日用淺近文字。然語言不通，文字亦無用處，向來教之者不從實際著想，聚深山野人，與之講道論德。在官方爲化民成俗，在番不過如誦佛氏伽那，有何益處？無怪番社頭人，視兒童就學爲苦境，應將各舊學一概裁改，以順番情。從前舊學生既有許多，內中能通語言者有若干？有無姓名？應將堪充通事者，造冊登記，豫備調用。不中用而年長者遣之。十歲幼童，應照中路辦法，另選精通工藝之人，教以工作，暨淺近語言文字。仍照軍營限月考課，分別請款作賞。工藝語言，學有成效，自能作工養口，是番所樂，亦

〔註287〕伊能嘉矩，《台灣文化志》，下卷，頁620至621。
〔註288〕溫吉，《台灣番政志》，第二冊，頁537。
〔註289〕《劉銘傳撫台前後檔案》，頁40至41。
〔註290〕同註287。

謂學不躐等。各塾師有名無實者，一概辭退，毋庸再糜無益之費。
〔註291〕

由此可見，劉璈對於當時後山義學之日漸荒廢已頗予指責。而且對當時教學著重於讀書識字之通識教育加以批評，認為此為不切實際，不如加強職業技能教育，使土著有謀生之技能來得實用。劉璈之意見雖不無道理，但就當時之情勢而言，後山初闢，土民多係文盲，對於政令之推展窒礙難行，唯有加強通識教育，方能使土民漢化，而有助於清廷之統治。故就統治者立場而言，通識教育實較職業教育「實用」也。

光緒九年（1883），因安南法人事起，海防為亟，以抽調兵勇至沿海備用，「開山撫番」事宜，唯責成文武官員，專事彈壓；藉定「番心」，而保民命，一切開撫事宜，概從緩辦。〔註292〕於是一切招撫事宜，又告中輟。

光緒十年（1884），劉銘傳來台主政，劉氏極重視安撫土著之工作，乃於光緒十二年（1886）春，於全省各地當土著要衝之處，分別設置撫墾局，為開山及安撫土著之專責機構，總局設於大嵙崁（今桃園縣大溪鎮），總局下設各地撫墾局及撫墾分局，後山地區計設有卑南撫墾局，下轄秀姑巒、花蓮港兩分局。〔註293〕由地方官兼任委員，負責撫墾事宜。其於後山之招撫情形，據其於剿撫生番歸化請獎官紳摺中云：

> ……又據駐紮後山統領副將張兆連稟稱：該軍分防恒春、埤南、花蓮港一帶，地亘數百里，自奉檄撫番開導，諸酋先後就撫，一百七十二社均經薙髮歸順。……所膡後山生番，居處零落，約計不過十萬人。〔註294〕

由此可知，當時已招撫一百七十餘社，劉氏對招撫歸化之土著社，一律薙髮歸化，並於各社置社長、社副、頒給書、教條、神位各項，面為講說，並飭各通事之識字者不時講說，使之習聽習聞，〔註295〕逐漸漢化。其薙髮歸化之情形，據同年十一月恒春知縣何如僅會統領張兆連之曉諭云：

> 照得後山自恒、鳳以至台東、花蓮港各處，生番數萬餘眾，均能仰體撫綏至意，同遵王化，一體薙髮歸誠。業經按社遴選公正之人，

〔註291〕劉璈，台文叢第二一種，台灣銀行，1958，第三冊，頁197。
〔註292〕同前註，頁195。
〔註293〕胡傳，《台東州采訪冊》，頁43。
〔註294〕劉銘傳，《劉壯肅公奏議·撫番略》，頁205至207。
〔註295〕《劉銘傳撫台前後檔案》，頁85。

> 立爲正副社長，嚴加約束。此後必能恪遵教條，痛改前非，民番往
> 來貿易，務各相待以誠，以革澆風。〔註296〕

由前文可知，當時薙髮歸化之土著達數萬之眾，並頒給教條，命其恪遵。其
所謂教條乃光緒十二年（1886）所頒之「撫番教條」，有五教五禁之目，曰教
正朔、教恒業、教體制、教法度、教善行。再由五禁，曰禁做饗、禁仇殺、
禁爭佔、禁佩帶、禁遷避。〔註297〕其目的均在教化、馴化土著。

　　光緒十三年（1887），爲了加強後山土著社之招撫，乃責成張兆連等開通
由集集達後山水尾之道，並且不斷地招撫後山各地土著。是年劉銘傳奏其招
撫之情形云：

> 當檄署臺灣鎮總兵章高元，自集集街鑾山向東，張兆連自水尾鑾山
> 而西，一律告竣。張兆連開山時，軍聲震山谷，諸番社已憚威懾服；
> 先撫水尾南北川丁子老二十四社，番丁四千餘人，悉薙髮歸化，就
> 立社長以鈐束之，頒發憲書，設立教條，使奉正朔。次由花蓮港至
> 歧萊沿山一帶他良等十二社，番丁二千餘人，亦悉招撫。諸番既定，
> 僅有花蓮歧萊之大魯閣、木瓜諸番，恃衆抗拒。張兆連因大魯閣社
> 爲北路最強之番，若能懾服，則鄰社自易招撫；乃親率三營駐紮山
> 口，聲言開礦攻剿，該社長廉盡溢等果大懼乞降。鄰近大馬鞍、大
> 吧壟等五十三社，亦均乞降薙髮，共得衆一萬五千餘人。北路既定，
> 張兆連復會同埤南同知歐陽駿，移軍向埤南平埔一帶內山招撫。南
> 路諸番，以呂家旺爲強族，嘗以地大番衆，雄視一隅；聞諸番薙髮，
> 出而阻止，各社因而觀望。張兆連、歐陽駿當令通事勸諭，一面耀
> 兵山下。呂家望番長下海盈見官軍逼近，勢在必剿，聚謀數日，始
> 會隣番二十六社薙髮歸命；並有八桮南等十三社，亦聞風以歸，統
> 共番丁一萬三千餘人。……張兆連既平呂家望社，威振窮荒，分道
> 入山，招撫三條崙等十五社，牡丹灣二十二社，中心等四十二社，
> 復招撫大蘭打臘、打南等十一社。於是自呂家至大蘭凡一百二十九
> 社，番丁三萬五千餘人，皆已薙髮歸。……臣自上年九月，臣督軍
> 剿前山中，北兩路，數月間後山各路凡二百一十八社，番丁五萬餘
> 人，咸奉約以歸。前山各軍亦續撫二百六十餘社，薙髮者三萬八千

〔註296〕屠繼善，《恒春縣志》，卷五，招撫（番社、番語），頁100至101。
〔註297〕溫吉，《台灣番政志》，頁552至555。

餘人。水尾、蓮港、東勢角、雲林可墾四十萬畝。〔註298〕
由奏疏中可見，其中部份土著社乃以前已被招撫者，今復叛離，只好再度招撫，如大巴壟、大馬鞍等即是，亦可見土著社之叛服無常，綏撫匪易，除了臨以兵威外，利誘與教化必須繼續不斷。因此，劉銘傳乃自撰「勸番歌」一首，〔註299〕頒發各受撫土著社，以淺近語句作漢式俚謠，教示其改易土著陋習，趨向文化，以此歌口授在學土著兒童及出入撫墾局之土著，便其學習漢語，並收潛移默化之功。

此外，義塾亦為教化土著之另一場所，當時後山有埤南、大莊、成廣澳、璞石閣、花蓮港五處義塾，然已有名無實。光緒十一年（1885），劉銘傳擬於水尾改設義塾一所，以集中各社土著孩童以教育之，然終不果行，〔註300〕至光緒十九年（1893），州牧呂兆璜稟請再添埤南，萬安莊（今台東縣池上鄉），拔仔莊三義塾，於是後山共有八義塾，每塾有學童十三、四、五人不等。〔註301〕又鑑於土著不知事情，眼界不寬，於光緒十三年（1887）命一總通事莊國正於秀姑巒所轄之社帶二土酋出山，於彰化、台南、台北、廈門、廣東、上海等處遊觀。土酋見各處人民濟濟、世界花花，回家告知秀姑巒等地土民，言外地人民甚多，殺之不盡；我等土著有限，自後當要安分守己，絕不可妄殺官兵。由是秀姑巒之土著較花蓮港與埤南等處更善。〔註302〕

除此之外，統領鎮海後軍總兵張其光亦於光緒十三年（1887）稟稱：「後山各『番社』歸化之後，其一年內不滋事者，即發給該社長六、七品功牌，以資鼓勵」。〔註303〕劉銘傳准之。劉氏採此施恩之懷柔政策，乃思藉頭目來約束土民，希望能改善土著向來叛服無常之情形。但當時土著之歸化仍多是表面行為，稍不如意，或壓力減輕，則仍叛變寇擾如故，光緒十四年（1888），

〔註298〕劉銘傳，《劉壯肅公奏議・撫番略》，頁217至221。
〔註299〕溫吉，《台灣番政志》，頁555，其歌詞如左：
　　　勸番不必要邰郎，邰郎不能當衣糧。邰得郎來無好處，是福是禍要思量。
　　　百姓邰你兄共弟，問汝心傷不心傷。一旦大兵來剿洗，合社男女皆驚慌。
　　　東逃西走無處躲，房屋燒了一片光。官兵大砲與洋槍，番子如何能抵當。
　　　不拿兇首來抵償，看你跑到何處藏。若是你們不肯信，問問蘇魯馬那邦。
　　　莫如歸化心不變，學習種茶與耕田。剃頭穿衣為百姓，有衣有食有銀錢。
　　　凡好邰郎兇番子，那能到老得保全？你來聽我七字唱，從此民番無仇冤。
〔註300〕溫吉，《台灣番政志》，頁537。
〔註301〕胡傳，《台東州采訪冊》，頁15。
〔註302〕陳英，《台東誌》，頁84至85。
〔註303〕《劉銘傳撫台前後檔案》，頁128至130。

呂家望社之叛（詳後）即其一例。由於土著之叛服無常，使劉銘傳眞正體認
到唯有繼續拓墾「番地」，才能逐漸化其榛狉。〔註304〕故劉氏除了安撫土著以
外，仍不斷地推展墾務（詳本章前節），期能因土地之開發，漢人之移入而脫
其野性，逐漸漢化。

其次，賜姓土著亦爲劉銘傳安撫土著之另一措施。蓋古來國人理想，以
姓氏爲正血統之方法，頗爲重視。清朝爲表示土著之熟化及其歸順而賜以漢
姓。其始於乾隆二十三年（1758）對於平埔族薙髮結辮歸化時，賜以潘、劉、
戴、李、王、錢、斛、蠻、林等，而實際上以潘姓爲最多。〔註305〕其後清廷
屢有賜姓之事。〔註306〕光緒十二年（1886），劉銘傳刷新「番政」，復行從前
賜姓政策，同時，爲更改既往土著姓之混冒，特令理「番」當局，有所諭示，
其概要如下：

（一）土著已用漢姓、或以潘字爲姓者，應於姓氏之下加一「新」字，
爲雙字姓。

（二）襲用漢姓者，不如加添字典中「金」、「玉」、「邑」三部字眼。

（三）無姓氏者，應取千字文中之美字如「露結爲霜」或「玉出昆岡」
中之一字爲姓。

（四）姓氏之外，另有堂名，而堂名採取居住社名之字義平善者，且須
添具「新」字。〔註307〕

劉銘傳之賜姓政策在後山實行情形如何？難以詳知，惟據光緒二十三年
（1897），日人之調查顯示：後山地區之土著多姓陳、胡、李、朱、錢、潘、
俞、寶等姓氏。〔註308〕由此可以推斷，在清末後山至少已有部份土著改姓漢
姓。

光緒十七年（1891），劉銘傳去職，由邵友濂繼任，改採緊縮台政策，安
撫土著之工作幾告停頓，十餘年之經營，又日漸荒怠矣！

綜上所述可知，後山本係土著世居之地，清初爲防其成爲亂藪，而採封
禁之政策，只有少數漢人零星地入墾。正因爲清廷棄後山如同化外，遂使外
夷伺圖佔據後山者相繼而至。迨牡丹社之役興，清廷方知封禁之失策，乃宣

〔註304〕劉銘傳，《劉壯肅公奏議》，卷九，〈獎賢略〉，頁406。
〔註305〕溫吉，《台灣番政志》，第二冊，頁563。
〔註306〕溫吉，前引書，第二冊，頁563至565。
〔註307〕同前註，頁565至566。
〔註308〕田代安定，《台東殖民地豫察報文》，頁87至92及頁253至291。

布弛禁並進行「開山撫番」，後山經二十年之撫墾，結果有近五千人移住，造成後山「番地」之開發和漢民與土著雜居耕作之局面。〔註309〕如此使後山無論社會、經濟、政治等都產生相當程度之變遷，而展現新的面貌。

〔註309〕吳贊誠，《吳光祿使閩奏稿選輯》，頁 7。

第四章　清季後山之新面貌

　　清廷在後山之「開山撫番」及鼓勵拓墾，其目的在使後山逐漸開發，以鞏固臺疆。隨著此等政策之推行及漢人之移入，後山逐成一漢、土雜處，文化交融，經濟互利的複雜社會，茲分別探討之，以了解清季後山之面貌。

第一節　官方力量之強化

一、官治組織之建立

　　在「開山撫番」以前，後山並無正式官治機構之設立，荷據時期以搜刮臺灣物質為目的，對行政經費，力求節省，故於地方不設行政官吏；仍依土著舊有習慣於社中選舉頭目為長老，受荷人之命，以支配其社中事務。後來雖有卑南集會所之設立，然該集會所只是召集長老宣諭政令及擷奪後山物質之機構，並無行政官僚之建置，其後雖有政務員、商務員，宣教師之派遣，[註1]但他們僅是監督長老行政及教化土民之東印度公司職員，而非正氏之地方官。

　　明鄭來臺驅荷，視後山為化外，對之不聞不問。清領臺灣，康熙三十四年（1695），後山崇爻八社附阿里山土著輸餉於諸羅縣，康熙五十年（1711），南部之卑南覓社亦輸餉於鳳山縣。然所謂輸餉僅屬歸化，清廷對其並無直接統治之能力，更無統治機構之設置。康熙六十年（1721）朱一貴之亂起，清廷封禁後山，後山被棄諸化外。乾隆三十二年（1967），雖有南、北二路理「番」同知之設，後山土著歸南路理「番」同知管轄。然而同知亦不過形式上之機

〔註1〕郭輝，《巴達維亞城日記》，第二冊，頁299及頁321。

關而已,其輸餉貿易,概由「社商」為之,清廷不過偶而消極地施以色布、烟、酒、糖、塩等物,俾資安撫,而仍行其封禁之政策。迨同治十三年(1874),進行「開山撫番」及拓墾之策,後山日漸開闢,漢人與土民交涉之事日多,而舊設駐府城之南路理「番」同知鞭長莫及,沈葆楨乃於光緒元年(1875)奏設卑南廳,而移紮南路理「番」同知於卑南,疏曰:

> 據臺灣道夏獻綸詳稱:臺灣向設南北兩路理番同知:南路駐紮府城、北路駐紮鹿港。今內山開闢日廣,番民交涉事件日眾,舊治殊苦鞭長莫及。如將南路同知移紮卑南,北路同知改為中路移紮水沙連,各加「撫民」字樣,凡有民番詞訟,俱歸審訊;將來升科等事,亦由其經理;似於民番大有裨益。其南北路屯餉,向由各縣徵收,交該同知散放者;該同知既經移紮,礙難兼顧,應改由各縣就近自行發給等因。臣等伏思朝廷因事而設官,任官者即應顧名而思義;該同知既以理番為名,當以撫番為事。向惟番境未闢,故分駐郡城、鹿港,以待招徠;今榛莽日開,蠢頑歸化,民熙熙而往,番穰穰而來,杜其猜嫌,均其樂利,咸以官為依附。倘非躬親坐鎮,何以盡撫循之實,而期聲教之同!合無仰懇天恩,飭部核議。如蒙允准移紮,更請鑄「臺灣南路撫民理番同知」、「臺灣中路撫民理番同知」關防各一顆換給,以資信守。除衙署應另行勘建外,俸廉照舊,毋庸議加。臣等為因地制宜起見,謹合詞附片陳明,是否有當?伏乞聖鑒訓示遵行,謹奏。〔註2〕

同年十二月二十日,諭內閣:「茲據奏稱:『沈葆楨所奏各節,係為因地制宜起見,自應准如所請』……至所請移紮南、北路同知並歸巡撫考試等語,臺灣南路同知即著移紮卑南,北路同知改為中路,移紮水沙連;各加『撫民』字樣。臺灣參政事宜,並著歸巡撫兼理」。〔註3〕此後山設治之開始。

撫民理「番」之職權,由沈葆楨之奏摺可知,其主要在辦理撫民理「番」事宜,凡土著與漢民交涉事件及田地升科之事均歸其負責,乃屬文官性質。另由字義可知,其除「理番」外,尚加「撫民」。據伊能嘉矩及戴炎輝二學者之研究,理「番」同知之職權有:(1)奸棍、豪強強贌典「番地」者,概令清理歸土著。(2)如有牽手為土著女子,佔居土著社之棍徒,立即拏究逐出。

〔註2〕 沈葆楨,《福建台灣奏摺》,頁60,請改駐南北路同知片。
〔註3〕 《清德宗實錄選輯》,頁19至20。

（3）不肖官吏如有派累土著社採買，及需索供應等事，該同知查知，立即通詳請參；倘敢狗隱，察出，一併參處。（4）責令官吏清查「番界」，防禦土著。此外，尚有倡「番」義學、鼓勵改俗、指導生產，土目、通事之諭充，戶口編審等。〔註4〕卑南廳同知除了有上述職權外，尚加「撫民」銜，故亦有一般廳縣處理民、刑事之權責。惜光緒十四年（1888）大莊平埔族之亂，檔案盡付祝融，難以印證，唯《臺東州采訪冊》內載：首任同知袁聞柝曾招撫埤南諸土著，招民入墾及興辦「番學」諸事，聊資佐證。〔註5〕

　　埤南廳創設之初，並無廳署之建置，至光緒五年（1879），南路撫民理「番」同知袁聞柝始於埤南建廳署，凡三十三間。但十四年秋，土匪、叛「番」攻埤南，燬於火。其所藏文獻檔案亦付之一炬，至為可惜。〔註6〕

　　光緒元年秋（1875），袁聞柝為首任南路撫民理「番」同知，時袁氏為臺灣海防同知而兼埤南同知，故於府城及埤南各住半年，如往臺防廳治理，而埤南廳事務即歸撫墾局長代理。〔註7〕時埤南廳署未建，袁同知駐於其所管帶之綏靖軍營中，至光緒五年（1879）始移廳署。袁氏以後各任同知如左表：

表四－一　卑南廳歷任同知表

姓　　名	到任日期	卸任日期	備　　考
袁聞柝	同治十三年十一月	光緒二年八月	初任南路理番同知光緒元年置卑南廳改為南路撫民理番同知
鄧厚誠	光緒二年八月	光緒三年三月	在任病故
袁聞柝	光緒三年三月	光緒七年五月	調陞臺灣府知府
梁純夫	光緒七年五月	光緒十年	卸任月份未詳
余修梅	光緒十年	光緒十一年	在任病故月份未詳
潘儀卿	光緒十一年	光緒十二年	到卸任月份未詳
歐陽駿	光緒十二年	光緒十三年七月	在任病故
陳燦	光緒十三年八月	光緒十四年十月	改制
附記	卑南廳改為臺東直隸州係光緒十三年定制十四年實施		

資料來源：駱香林：《花蓮縣志稿》，卷四之二，頁7至8。

〔註4〕戴炎輝，《清代台灣之鄉治》，聯經，1979，頁364。
〔註5〕胡傳，《台東州采訪冊》，頁77。
〔註6〕同前註，頁83。
〔註7〕陳英，《台東誌》，頁83。

　　卑南廳上隸臺灣府。下轄大南澳斗史五社、太魯閣八社、加禮宛六社、南勢七社、秀姑巒三十四社、璞石閣八社、成廣澳沿海八社、成廣澳南阿眉八社、卑南覓南十五社、卑南覓西二十二社、卑南覓北九社、及木瓜土著,「丹群」、「郡群」和漢人所處之各街莊。北起東澳灣、南迄八瑤灣、西界大山、東臨大洋之地。〔註8〕

　　光緒十年六月（1884、7）中法戰役時,清廷命劉銘傳以巡撫銜督辦臺灣軍務。法軍曾遣海軍二次侵犯雞籠（今基隆）、滬尾（今淡水）,均為劉銘傳所率之軍擊退。翌年,中法和議成,清廷更認識臺灣之重要。欽差大臣左宗棠乃上奏力贊光緒二年（1876）刑部左侍郎袁保恒建省之議,〔註9〕以固海疆。是年九月初五日,軍機大臣醇親王奕等奏臺灣建省,並改福建巡撫為臺灣巡撫。〔註10〕清廷准之,並命劉銘傳為首任臺灣巡撫。但劉銘傳以臺灣獨立成為一省之條件尚不足,乃於十月十九日奏請從緩,先事籌辦。〔註11〕其時閩浙總督楊昌濬主張臺灣應分省。〔註12〕朝臣亦多贊成分省,乃命楊昌濬與劉銘傳詳細會商奏明辦理。〔註13〕光緒十二年六月（1886、7）,楊、劉合奏臺灣建省事宜摺凡十六款,〔註14〕完成分省之商議。光緒十三年八月（1887、9）,奉准正式建立臺灣省。同年八月十七日,新任巡撫劉銘傳會同閩浙總督楊昌濬合奏臺灣郡縣添改撤裁摺中有關於後山之建置,略謂:

　　　……伏查臺灣疆域,南北相距七百餘里,東西近者二百餘里,遠或
　　　三、四百里,崇山大溪,鉤聯高下。從前所治,不過山前迤南一線,
　　　故僅設三縣而有餘;厥後榛莽日開,故屢增廳治而猶不足。光緒元
　　　年,沈葆楨請設臺北府以固北門,又將同知移治埤南以顧後山一路;
　　　全臺官制,粗具規模。然彼時局勢未開,擇要舉行,實非一勞永逸
　　　之計。……至山後中、北二路,延袤三、四百里,僅區五段,分設
　　　碉堡,並無專駐治理之員,前實後虛,亦難遙制。現當改設伊始,
　　　百廢具興,若非量予變通,何以定責成而垂久遠?……後山形勢,

〔註 8〕夏獻綸,《台灣輿圖》,頁 77 至 78。
〔註 9〕連橫,《台灣通史》,卷六,〈職官志〉,頁 104 至 109。
〔註 10〕同前註,頁 109。
〔註 11〕劉銘傳,《劉壯肅公奏議》,卷二,〈謨議略〉,頁 155,台灣暫難改省摺。
〔註 12〕《光緒朝東華錄選輯》,頁 129 至 131。
〔註 13〕同前註,頁 133。
〔註 14〕同註 11,卷六,〈建省略〉,頁 279 至 284。

北以蘇澳為總隘，南以埤南為要區，控扼中權，厥惟水尾。其地與擬設之雲林縣東西相直，聲氣未通，實為臺東鎮鑰；擬添設直隸州知州一員，曰臺東直隸州，左界宜蘭，右界恒春，計長五百里，寬三、四十里、十餘里等，統歸該州管轄，仍隸臺灣兵備道。其埤南廳舊治，擬改設直隸州同知一員。水尾迤北，為花蓮港，所墾熟田約數千畝，其外海口，水深數丈，稽查高舶，彈壓民番，擬請添設直隸州判一員，常川駐紮，均隸臺東直隸州。此後路添改之大略也。……〔註15〕

光緒十三年（1887）九月初八日，詔曰：可。於是全省劃分為三府，一直隸州、十一縣、三廳。後山地區設臺東直隸州，原駐埤南之南路撫民理「番」同知被裁。直隸州原擬設於水尾，嗣因土匪、凶悍土著勾結叛亂。〔註16〕水尾居民死亡殆盡，仍暫寄治於埤南之安撫軍營壘之中。〔註17〕而臺東直隸州之建置如下表：

表四－二 台東直隸州職官建置表

資料來源：胡傳：《臺東州采訪冊‧職官》，頁 11 至 12。

　　臺東直隸州所轄之範圍與卑南廳相同。時臺灣林深瘴重，內地官員向來視為畏區，而後山新闢、榛莽未薙，百廢待興，被派任者更視為苦差，故其任職者，概多「每事照舊，並無格外創造，及大小文官員，事事如常」。〔註18〕即如治法頗平，軍令頗嚴之胡傳，亦屢有求去之意。〔註19〕開疆闢土之難，創業之艱，由此可見。其臺東州歷任知州如左表：

〔註15〕同前註，頁 284 至 287。
〔註16〕即光緒十四年（1888）大莊平埔之亂。
〔註17〕同註5，頁 1 及頁 13 至頁 14。
〔註18〕同註7，頁 85。
〔註19〕胡傳，《台灣日記與稟啟》，頁 174 至 176。陳英，《台東誌》，頁 85。

附表四－三　台東直隸州歷任知州表

姓　名	到任日期	卸任日期	備　考
吳本杰	光緒十四年十一月初五日	光緒十五年四月二十一日	署理
王維叙	光緒十五年四月二十一日	光緒十五年十月初十日	署理在任病故
高垚	光緒十五年十一月初七日	光緒十六年三月初八日	署理
溫培華	光緒十六年三月初八日	光緒十六年十月二十九日	署理
宋維釗	光緒十六年十月二十九日	光緒十七年十二月十六日	署理
呂兆璜	光緒十七年十二月十六日	光緒十九年六月初一日	署理
胡傳	光緒十九年六月初一日	光緒二十一年五月	原爲代理至光緒二十年實授
附記	一、光緒二十一年四月十七日清廷割臺灣議定詔臣工內渡州牧胡傳於閏五月初三日離卑南携州印交安平縣令忠若虛。 二、州屬吏目袁繼安係光緒十六年三月初三日到任十七年十二月初九日交卸十六日姜春榮接事餘不可考。		

資料來源：駱香林：《花蓮縣志稿》，卷四之二，頁 8 至 9。

　　臺東文官之建置除上述外，另有特設官司－招撫局及撫墾局。招撫局創設於光緒元年（1875）至光緒五年（1879）以節省經費起見而裁。其共設於恒春埔裏及後山三處。後山之招撫局分設於卑南，璞石閣及花蓮港，特設撫墾委員，以辦理開山安撫土著及招墾事宜。其將後山分爲三區：由卑南之南路撫民理「番」同知總其事。初，南路以郭秀章任委員，設於卑南廳內，中路由璞石閣之帶兵官兼理，北路由花蓮港之帶兵官兼管。繼由統領吳光亮總理三路安撫土著事務。其招撫局之職掌如下：

　　一、爲撫化土著，在各要地設立義學。

　　二、對土著受產，使其營生，以成馴化良民。

　　三、爲達成開墾荒地之目的，自大陸招募移民，特別保護，以鼓勵其墾成。

招撫局之編制及其職務大略如左：

委員一人：總理一切土著開墾事務（俸銀每月三十兩）。

募友一人：承委員之命審議計劃撫墾事宜。

司事一人：辦理庶務（每月口糧六兩）。

醫生二人：擔任土著及墾民醫務（每月口糧十兩）。

護勇六人：防遏「番害」護衞墾民（每月口糧四兩二錢）。 〔註20〕

〔註20〕溫吉，《台灣番政志》，第一冊，頁 358。

　　光緒十二年（1886），劉銘傳又仿光緒初年之招撫局加以擴張，設立全臺撫墾總局及各撫墾局，以辦理各項撫墾事宜。撫墾總局及各撫墾局之組織如下：〔註21〕

　　撫墾總局：撫墾總局直隸於巡撫，總理全省撫墾局事務，衙門設於大料崁（今桃園縣大溪鎮）。

　　撫墾局：全省各「番地」設撫墾局，在撫墾總局監督之下，掌理撫墾事務，其下轄若干分局。

　　其時後山共設有埤南撫墾局一、下轄秀姑巒及花蓮港二分局。其組織如左表四－四：

附表四－四　後山撫墾局組織表

卑南撫墾局	秀姑巒撫墾分局	花蓮港撫墾分局
委員一員（由州吏目兼充）	委員一員	委員一員
局書一名	局勇二十名	局勇二十名
社丁二十五名		局書一名
		伙勇一名

——資料來源：《臺東州采訪冊》，頁43。

　　撫墾局之職務以理土著事務為主，故後山土著社均歸其管轄，其統轄情形如附表三－一。

　　至於漢人之治理，則設鄉而分治。光緒十五年（1889），臺東直隸州下分設五鄉：曰廣鄉、新鄉、奉鄉、南鄉、蓮鄉。每鄉各轄若干街莊，〔註22〕其管轄情形如附表四－五：

附表四－五　清臺東直隸州行政區域一覽表

轄區別	轄區名稱	轄區內庄社名稱位置
鄉	南鄉	寶桑庄_{在卑南}。新興街_{在卑南}。馬蘭拗街_{在卑南}。（以上今屬臺東縣）
	新鄉	新開園。萬安庄_{在卑南北六十五里}。大陂庄_{在新開園北二十里}。里壠_{在新開園西南十五里}。

〔註21〕撫墾局之組織，各書所載略有出入，詳參林衡立，〈劉銘傳在台灣——撫墾〉，《文獻專刊》第四卷第1、2期（銘傳特輯），頁52至54。
〔註22〕同註5，頁18至21。

	新庄 在新開園北二十三里。（以上今屬臺東縣）							
	公埔庄 在大陂北七里。鱉溪 在公埔東二里。馬里汪 在公埔西三里半。馬加祿 在新開園北三十里。 頭人埔 在馬加祿南二里。石牌庄 在新開園北二十三里。里庄 在石牌西二里。螺仔坑 在石牌東十里。 萬人埔 在新開園北二十六里。大庄 在新開園北三十里。（以上今屬花蓮縣）							
奉鄉	水尾埔 在卑南北一百四十里。璞石閣。客人城 俱在水尾南三十里。拔仔庄 在水尾北十五里。 打麻園 在水尾西一里。蔴志林 在水尾南三十八里。大巴望 在拔仔庄北十五里。大港口 在水尾東二十五里。 （以上今屬花蓮縣）							
蓮鄉	花蓮港 在水尾北九十二里。復興庄 又名十六股在花蓮港北十四里。三仙河 在復興庄後。 農兵庄 在花蓮港北七里。軍威庄 在花蓮港北六里。佳樂庄 在花蓮港北十五里。新港街 在花蓮港東北九里。 （以上今屬花蓮縣）							
廣鄉	成廣澳。 在卑南北九十里（北部屬花蓮 南部屬臺東）							

　　鄉之設置，概如前山之里、堡。乃官治組織之最末端。關於鄉之組織及其職責，據光緒十五年（1889）知州高垚給奉鄉北路鄉長何清山之諭充可略知其梗概：

　　銘加知府銜即補清軍府臺東直隸正堂高　為

　　　札飾事照得璞石閣迤南至猴仔山之界正現在劃為新鄉璞石閣之北自下勞灣眞朗以至大港口新社仔象鼻嘴吧里坰正現在劃為奉鄉除業經本州會同總領張軍門令吳金練為新奉兩鄉者總管並諭新園之趙文良為新鄉副都總管外其奉鄉之北路鄉長函應選人辦理以便奉公茲查有通事何清山久住奉鄉公勤服衆堪以委辦奉鄉北路鄉長事務合行札飾札到該鄉長即便遵照凡屬該鄉大小事務合同副都總管南路鄉長等妥為辦理以期民蕃輯睦荒土漸闢而日異新果能踴躍奉公本州每月各給口粮　正以為辦公之用倘或始勤終怠徒受虛名於地方毫無起色察出立予撤革並加倍追繳領過洋元以為奉公不力者戒懍之愼之切切毋違此札

　　　　　　　右諭仰奉鄉北路鄉長何清山准此 印

由上推之，其可能一鄉設一副都總管，鄉內設鄉長二名，合二鄉置一總管。總管、副都總管、鄉長均由知州會同地方最高武官選人充任。其受任命之資格似為熟悉當地事務，「公勤服衆」者。不稱職及怠惰者，亦由官方撤革。凡

鄉中大小事務均歸其辦理。鄉長之下又有冊書〔註 23〕等差役，分司鄉內田畝額賦催收過割之事。

二、武力之配置

清代兵制，本有八旗、綠營之制。康熙之後，八旗漸弛，唯綠營能戰，故清廷駐臺之兵最初多係內地抽調而來之綠營，三年一更替，謂之班兵。〔註 24〕然嘉、道以降，綠營亦漸不能戰，故一旦有事，則募民為兵，謂之「團練」、或曰「練勇」，而通稱為「勇」。〔註 25〕同治十三年（1874）牡丹社事起，清廷即命沈葆楨率淮軍渡臺以禦日，為開山及安撫土著計，亦募勇一面開山，一面安撫土著。其所以如此，除當時班兵疲弱已極外，〔註 26〕原係防土著之隘防制度亦極度廢弛，〔註 27〕故另置兵勇，以護行人，而禦「番害」。

清廷進行開山及安撫土著策以前，後山在實質上為行政權所不及之地，故尚無兵勇之駐紮，同治十三年（1874），開始進行開山及安撫土著策，北路由羅大春分率福銳左營，練勇前營進駐東澳，並以福靖前營駐大南澳，

〔註 23〕冊書之職掌、選充可由左諭得知：

　　奏調臺灣補用知府候補直隸州知州代理臺東州正堂胡　為

　　飭諭遵照事照得臺東各鄉田畝自經丈量升科完納糧賦以來尚未設立冊書分司各鄉田畝額賦推收過割之事查各鄉民間或子孫分產則一戶之額賦須分作二戶三戶或彼此買賣田畝則須將此戶之額賦推出若干數自收入彼戶隨時過割記載於冊故謂之冊書每年春初各冊書接照上年推收過割之數各造一冊呈送州署以便填寫糧卷分別徵收此乃清理額賦官民兩便之事為此諭爾各鄉總理通事地保及各庄年高　之人曉事之等公同酌議每鄉各保舉有家有業公平正直之人充當冊書管理一鄉額賦推收過割及造冊徵糧諸事以清額賦以免彼此含混以杜將來各戶兄弟叔侄彼此盜賣滋生事端仰各遵即酌議保舉務於三月二十後約齎到署具結承領圖記抄錄額冊并公儀章程毋得違延切切特諭大清光緒二十年三月（撤立冊書收糧至今可也）

　　　　　　　　　　右諭奉鄉大吧塱通事何清山　准此印

〔註 24〕同註 9，卷十三，〈軍備志〉，頁 232。

〔註 25〕同前註，頁 234。

〔註 26〕沈葆楨，《福建台灣奏摺・請改台地營制摺》，頁 636，「汛弁則干豫詞訟，勒索陋規；兵丁則巧避差操，雇名頂替；班兵皆由內地而來，本係各分氣類，偶有睚眦之怨，立即聚眾鬥毆；且營將利弁兵之規費，弁兵恃營將為護符；兵民涉訟，文員移提，無不曲為庇匿，間有文員移營會辦案件，又必多方刁難需索，而匪徒早聞風遠颺矣。種種積習相沿已久，皆由遠隔海外，文員事權較輕，將弁不復顧忌，非大加整頓不可。」

〔註 27〕陳培桂，《淡水廳志》，卷三，〈建置志〉、隘寮，頁 33。

另以新募之綏遠營開山前進。〔註 28〕十一月又命都司古春榮赴淡水募練勇右營，〔註 29〕光緒元年正月因南澳土著反，羅氏又以由彰化調來支援之宣毅左營駐三棧城；宣義右營駐加禮宛。〔註 30〕亂平，羅大春內渡，宣毅右營被裁撤，時兵勇染瘴病故及陣亡者不少，同年七月，由宋桂芳接任，宋帶福靖新、左二營入防，〔註 31〕並遣參將邵得勝等由內地率餘勇三百人來蘇澳，隨令赴新城、花蓮港；分撥福銳左營、福靖前營、綏遠四旂以補其缺。〔註 32〕

　　中路方面，吳光亮於光緒元年（1875）率其內地召來之粵勇飛虎軍二營，由集集街開山，於同年十二月抵璞石閣。〔註 33〕

　　南路方面，同治十三年（1874），袁聞柝自募綏靖軍一營，一面開路，一面防土著，八月由赤山進至雙溪口時，沈葆楨又命臺灣鎮總兵張其光撥其所部「振」字前營爲後援。十一月，綏靖軍抵埤南駐紮，而「振」字軍亦分防諸也葛、虷子崙、大麻里一帶。〔註 34〕光緒三年（1877）初，丁日昌奏後山兵勇駐防情形云：

> 竊查臺灣自同治十三年日本琅𤩝之役，始議通闢後山，於南北中三路籌辦開路撫番；北路則自蘇澳至吳全城爲止，共紮十三營半，又水師一營，提督羅大春主之；南路自社寮至卑南爲止，共紮振字四營，又綏靖軍一營，總兵張其光，同知袁聞柝主之；中路至牛輼轆至璞石閣爲止，共紮二營半，總兵吳光亮主之。〔註35〕

但當時南北中三路統領，各辦各事，平時既不能聲氣相通，臨時復不能首尾相顧，頻年株守荒山，士卒時遭疫癘，非計之得也。因此將後山駐勇加以調整，命吳光亮將所部移紮後山璞石閣水尾，居中控馭，使南北聯成一氣，又將蘇澳至新城中間所紮各營移紮歧萊、秀姑巒、卑南一帶，歸吳光亮調度節制，免致零星散紮，漫無歸束。〔註 36〕而南路之綏靖軍差遣後挑留一百名仍

〔註 28〕羅大春，《臺灣海防並開山日記》，頁 15 至 16 及頁 27 至 28。
〔註 29〕同前註，頁 37。
〔註 30〕同前註，頁 47。
〔註 31〕《道咸同光四朝奏議選輯》，頁 77。
〔註 32〕同註 28，頁 62。
〔註 33〕同註 9，卷十九，〈郵傳志〉，頁 406 至 407。
〔註 34〕羅大春，《台灣海防並開山日記》，頁 34 至 35。
〔註 35〕《道咸同光四朝奏議選輯》，頁 86。
〔註 36〕《道咸同光四朝奏議選輯》，頁 87。

歸袁聞柝管轄。〔註37〕

光緒三年七月（1877、8），中路「阿美族」之阿棉、納納等社叛。時吳光亮檄參戎林某率線槍營進紮大港口彈壓，不幸中伏而敗。吳光亮乃調前山各軍援剿，臺北孫開華率擢勝二營由海道至，臺南沈茂勝率鎮海左營、周懋琦率開花礮隊由恒春陸路馳援，十二月平之。〔註38〕事平之後，諸入援之軍亦旋撤，同年六月，南路之綏靖軍亦裁撤，改由楊開友領「蘭」字中營填紮埠南。〔註39〕

光緒四年（1878），北路之加禮宛各社叛，攻花蓮防營，吳光亮乃請臺北孫開華率擢勝右、後二營、臺南鎮海中營、臺北「海」字營會剿，吳贊誠親駐花蓮港督師，九月平之，〔註40〕各援軍亦撤。同時吳贊誠鑑於後山各營積久生疲，勇多病弱，乃將原駐花蓮港都司李英所率福靖左營裁撤，改命吳鳳笙募新勇接防；而原駐新城之福銳左營移紮吳全城；另原駐中溪洲之練勇前營亦裁撤，改由新募之飛虎前營抵補填紮。駐大港口之「振」字前營，又以新募之飛虎後營遞補後，予以撤遣。〔註41〕同年十二月，又將原駐埠南之「蘭」字中營調駐恒春，後會同知袁聞柝募綏靖軍一營，分駐埠南及大麻里、牡丹灣一帶。〔註42〕經吳氏之裁調後，後山中、北兩路駐勇計有：（1）吳鳳笙新募之駐花蓮港一營，（2）駐吳全城之福銳左營，（3）駐中溪洲之飛虎前營，（4）駐大港口之飛虎後營，合計共四營。吳贊誠於光緒四年（1878）之奏中言：「俟年餘後，察看民番相安，當可再裁兩營；於中、北兩路酌留三營」。〔註43〕由此可見，亦足以說明當時中、北兩路共有五營而非四營，則其中所多出之一營駐何地，是何營，而無資料可據，目前不得而知。

總之，當時後山駐勇計有中、北兩路五營及綏靖軍一營共六營，兵員約有二千餘人。〔註44〕

〔註37〕《劉銘傳撫台前後檔案》，頁12至13。
〔註38〕胡傳，《台東州采訪冊》，頁68。
〔註39〕同註38。
〔註40〕胡傳，《台東州采訪冊》，頁68，及吳贊誠：《吳光祿使閩奏稿選輯》，頁17至23。
〔註41〕吳贊誠，《吳光祿使閩奏稿選輯》，頁30至31。
〔註42〕胡傳，《台東州采訪冊》，頁68至69。
〔註43〕同註41，頁27。
〔註44〕據劉璈，《巡台退思錄》，頁91，〈詳台灣兵勇無可再減及營勇暫難改兵各情由〉中云，時勇營由大營改為小營，每營由五百零五名裁為三百七十三名。故六營將近二千人。

　　光緒六年（1880），袁聞柝於其《開山日記》正月〔籌辦善後稟〕內有：中、北二路可裁三營，酌留二營，一駐水尾，一駐花蓮港，可見當時中、北二路尚有五營，〔註45〕加上綏靖軍，仍維持六營。

　　光緒八年正月（1882、2），後山中、北二路只剩飛虎中、左、前三營；南路則紮綏靖中、右二營，共五營。〔註46〕同年，提督周大發募南路屯兵三營以開三條崙之路，九年裁撤，綏靖軍亦於是年被撤去，〔註47〕改由張兆連率鎮海後軍中營繼續開成三條崙之路，〔註48〕同年，飛虎後營亦改為鎮海後軍左營，分駐花蓮港一帶。〔註49〕然當時營勇駐防日久，疲弱固多，而吸食鴉片及缺額者不少，〔註50〕至光緒九年（1883）十二月，中法戰爭日急時，後山之駐勇經裁汰整補後，計有鎮海中、左兩大營及飛虎中、前兩小營，共一千五百名，由張兆連統領，駐防花蓮港至卑南一帶。〔註51〕

　　光緒十年（1884），張兆連移調鎮海後軍中營駐防埤南，募南路屯軍二哨二百零一名，分駐三條崙至出水坡一線。〔註52〕其後卑南同知余修梅募埤南屯軍一哨分防知本社、大麻里、虷子崙、巴塱衞諸地。〔註53〕

　　光緒十四年（1888），臺東州吳本杰再添募埤南屯軍二哨，同年，以大莊平埔人之亂，更添募鎮海後軍前、右兩營；分駐成廣澳、璞石閣、拔仔莊一帶，另募安撫軍一營以駐埤南。〔註54〕

　　光緒十五年（1889），吳本杰裁撤鎮海後軍右營及埤南屯軍二哨、安撫軍一哨，另募海防屯軍二哨以填紮拔仔莊。光緒十九年（1893）五月，又裁安撫軍五十名，只剩五十一名。〔註55〕是年九月，後山兵勇之駐防情形如左表：

〔註45〕胡傳，《台東州采訪冊》，頁69。

〔註46〕劉璈，《巡台退思錄》，頁137。

〔註47〕陳英，《台東誌》，頁83。

〔註48〕胡傳，《台東州采訪冊》，頁69。

〔註49〕同註48，頁15。

〔註50〕劉璈，前引書，頁149。

〔註51〕《道咸同光四朝奏議選輯》，頁215。劉璈，《巡台退思錄》，頁230。

〔註52〕胡傳，《台東州采訪冊》，頁69。陳英，《台東誌》，頁83。

〔註53〕茲據陳英，《台東誌》，頁83。但胡傳，《台東州采訪冊》則言埤南屯軍不知始於何時。胡書，頁69。

〔註54〕胡傳，《台東州采訪冊》，頁70至71。

〔註55〕同註54。

附表四－六 清季後山兵勇駐防情形表

營 名	員 額	駐 地	備 註
安撫軍	一營五一名	埤南	光緒十四年募
鎮海後軍中營	一營六〇五名	埤南	光緒十年進駐
鎮海後軍左營	一營六〇五名	花蓮港、加禮宛、吳全城、象鼻嘴、鹿甲皮、大巴塱。	原名飛虎軍後營，光緒九年，改今名。
鎮海後軍前營	一營六〇五名	成廣澳、新開園、璞石閣、鹿寮	光緒十四年多設
埤南屯兵	一哨一二一名	拔仔莊	光緒十四年多設
南路屯兵	二哨二六五名	三條崙、歸化門、六儀社、大樹林、大樹前、出水坡。	光緒八年設，九年裁去，十年復募。
海防屯兵	二哨二六五名	大麻里、虷子崙、知本社、巴塱衛、溪底、大得吉	光緒十五年設

資料來源：胡傳：《臺東州采訪冊·營汛》，頁 15 至 17。

綜上所述，可見後山防勇之數，由光緒初年之十餘營至光緒十九年（1893）之四營五哨，數量愈來愈少。其所以如此，乃因光緒初年後山始闢，必須以龐大兵力，一面開山，一面防土著。即開路完成，漢土既漸相安，為節省軍需糧餉，顧及國家財政計，〔註56〕不得不逐漸裁撤兵勇。蓋勇之性質，原乃有事而募，無事則遣，非國家之經制額兵。

後山兵勇之來源，最初則北路多羅大春所率之黔勇，並有部份土、客勇；中路吳光亮所統則為粵勇；南路則土、客兼雜。〔註57〕其後則土、客並用，亦有以歸化土著為勇者。如劉璈《巡臺退思錄》所載：

> ……職道亦知客勇不如土勇之便，屢飭各營官，凡有額缺，須招補強壯土著；而補者寥寥，固由氣類各殊，亦覺難符其選。若收老弱煙癖，則有不如無，虛糜可惜。且土著野性，不解營規，若令全招成營，有警必至誤事，聚為烏合，散為匪奸，亦積習使然。……必然整練營中參補若干，以資練習，而開風氣，……現已飭行知鎮海

〔註56〕劉璈，前引書，頁 88 至 89。
〔註57〕胡傳，《台東州采訪冊》，頁 65。

五營及綏靖中營，趕先就地照章募選強壯土著，將該小營補足大營，
一律勤加訓練，當可就馴。〔註58〕

又池志徵《全臺遊記》中有：「二十里到知本營，有番兵四人，適殺鹿刺血而
飲」，〔註59〕均爲土勇及「番勇」之明證。其所以漸招土勇，乃因客勇需由內
地召募，極爲不便，且客勇離鄉遠戍，日久思歸，終非良策。而後山瘴氣深
重，「棄之則恐後山爲彼族所佔，後患滋深；守之則費重瘴深，兵勇非病即死」，
〔註60〕故唯有召募土勇爲便。此外，「管帶官利番人能耐苦，捷足而走疾，上
下山嶺如飛，不畏風雨，而每月工食銀只四元，值賤，爭僱以充營伍，沒其
餘餉，有事則以番勇任之，出入營勇無禁阻」，〔註61〕此亦「番勇」大受募用
之原因。

後山設勇之目的，戰時以禦敵，平時則爲開山防土著，〔註62〕乃至護餉、
胥役、廝養及任通事等雜務。〔註63〕但勇之召募，乃臨時性質，故一般都缺
乏訓練，危急難却強敵，平時防土著亦有問題。至光緒年間時，勇營廢弱已
極。臺灣道劉璈指其八弊曰：

> 向來臺勇不講營規，各勇一得現銀，俱以嫖、賭、洋煙爲事，任意
> 花銷，莫能禁止；其弊一。當勇數年，一經假革出營，即成空手，
> 無資回籍，因而流落，爲乞、爲匪，無所不至；其弊二。各營月領
> 全餉，不全給勇，營官私挪虧空，一經撤官，勇餉不能請給，動輒
> 鼓譟，其弊三。營官領得現款，販賣洋煙百貨，押勒銷售，盤剝勇
> 丁，剋扣殆盡；其弊四。虛冒勇缺，無從稽查，餉是勇非，有名無
> 實；其弊五。勇無存餉，無所顧戀，任意爲非，甘犯紀律，設應懲
> 辦，即便潛逃，其弊六。各勇能積現銀寄家者，百無一二；若有積
> 餘，非勾引爲奸，即被竊借騙，終歸烏有；其弊七。當勇濫花濫借，
> 積欠無還，終以一逃了之，甘當游勇；或隨別營，私開賭場、煙館；
> 或此逃彼招，冒名應點，無害不有；其弊八。〔註64〕

〔註58〕劉璈，《巡台退思錄》，頁225。
〔註59〕池志徵，前引書，頁15。
〔註60〕《道咸同光四朝奏議選輯》，頁86。
〔註61〕胡傳，《台灣日記與稟啟》，頁160。
〔註62〕羅大春，《台灣海防並開山日記》，頁23。
〔註63〕同註61，頁155。
〔註64〕劉璈，《巡台退思錄》，頁144。

兵勇積弊已深，疲弱已極，既如此又如何防土著，以致「番知屯軍疲弱無能為，與人言常有驕色；見吸鴉片者尤誹笑而鄙夷之，以手撫其刀、指其人，揶揄而去，若以其血不足污我刀者。而通事復唆播其間，動輒以番情不便相恐喝。民畏番，則官亦不能不以畏，亦不能不為通事所愚弄矣。後山之事勢如此」。〔註65〕由於兵勇衰敗如此，以致每遇土著亂起，即四處調遣援兵，經一次重大傷亡後，終以量取勝。故大體而言，光緒初年，兵勇之進駐後山，對「開山撫番」頗有貢獻，然其後則營制日壞，兵勇漸衰，終成「民畏番，兵亦畏番」之局面。一旦有事，唯有賴援軍四集，以量制勝之窮技耳。但歸化土著應募為兵勇者漸多，日染漢習，逐漸漢化，此誠為後山駐勇始料所未及之事。質言之，雖然兵勇如此腐敗，每有兵事必賴後援而後能勝，但官軍之長期駐留後山，亦為清廷在後山力量強化之一象徵。

第二節　農墾組織與土地制度

一、農墾組織及其經營

臺灣向為中國海外之荒島，元代始設巡檢司於澎湖。〔註66〕明季，大陸移民來臺漸多。天啓四年（1624），荷人入據，荷蘭屬殖民帝國，以經濟掠奪為目的，因此大量剝削漢人之勞力，舉凡耕牛、農具、種籽及修築堤圳之費用，皆由荷蘭資給，所墾之田，因名「王田」，係荷蘭政府所有。〔註67〕當時拓墾地區限於臺灣南部，但對本島農業之發展有或多或少之貢獻。永曆十五年（1661），明鄭驅荷復臺，改王田為官田，所招以耕種之人，皆為「官佃」，〔註68〕並准文武各官及總鎮大小將領創置莊產，招佃開墾，是為文武官田，屬私田。〔註69〕又為解決軍隊糧食問題，且令軍兵屯墾，即寓兵於農而不廢兵。此一因屯駐而自耕自給之田，稱為「營盤田」。〔註70〕明鄭時期之拓墾，大抵承繼荷蘭餘緒，仍以南部地方為重心。故綜歷荷、鄭兩期，後山地區猶未暇經營，仍屬蠻煙荒野之地。

〔註65〕胡傳，《台灣日記與稟啓》，頁160。
〔註66〕巡檢司為捕捉盜匪之機構，類似今之警察機關。
〔註67〕同註66。
〔註68〕周璽，前引書，卷六，〈田賦志〉，田賦，頁162云：「即偽冊所謂官佃田園」。
〔註69〕同註68。
〔註70〕程家穎，《台地土地考查報告書》，頁30。

康熙二十二年（1683），清領臺灣，改鄭氏之官私民田，悉爲民業；其土地型態，大別可分爲三種：（一）、屬於官有者；（二）屬於民業者；（三）、屬於「番地」者。

（一）官有地：其主要者有官莊，多係官府自行招佃所墾之田。有隆恩莊：爲撥發國帑購置田園糖廠或魚塭埔地等，以徵收租息，充戍臺兵丁之用。有抄封地：乃政府沒收人民之田地。〔註71〕後山並無此類官有地。

（二）民有地：乃移民自動開墾而成者，主權亦屬墾者所有。前山之土地大部份屬之。

（三）「番地」：所謂「番地」乃指土著所有之土地，其制土地爲部落所共有，其部落族長有支配之權。是項「番地」，又有「熟番地」與「生番地」之別。「熟番地」大部份指前山平埔「熟番」所居之地，清初曾設禁令保護，禁止漢人越界入墾，〔註72〕然「熟番」既已開化，每與漢人雜居，侵界入墾，勢不可免。雍正二年（1724），政府據已成事實，而有半開放之令，即准各「番」鹿場閒曠地方，其可耕種者，聽各「番」租與民人耕種。〔註73〕此例既開，而漢人移民，租、買「番地」者，日多一日；迨至同光以降，已無復「熟番」社地之存在矣。至於「生番」地界，乃指後山及內山「生番」所居之地。故本文研究範圍均屬「生番地」。

清初爲防漢人入墾「生番」地界，政府設隘、立石以防漢人侵入，而予以保護；但漢人移來既多，亦往往侵墾「生番地界」。清初漢人偷入後山侵墾「番地」者，如吳全、黃阿鳳等，其拓墾之法，乃自行招致佃民前來開墾。按大清〔戶部則例〕，凡「各直省實在可墾荒地，無論土著流離，俱准報墾」。〔註74〕又「凡報墾者必開縣界址土名，聽官查勘，出示曉諭後五個月，如無原業呈報，地方官即取結給照，限年升科……墾戶不請印照，以私墾論」。〔註75〕因此，各墾主必先向官府請墾，由官府發給墾照，然後於一定期限內招佃開墾，然後報課升科，繳納正供。但後山因屬禁墾之「生番地界」。故無法向官府報請開墾，更無查勘升科等事，均屬「私墾」。但

〔註71〕連橫，《台灣通史》，卷八，〈田賦志〉，頁146至147云：「抄封亦官租也。其租有二：曰叛產；曰生息」。
〔註72〕《清會典台灣事例‧戶部》，頁43，開墾。
〔註73〕連橫，《台灣通史》，卷十五，〈撫墾志〉，頁334。
〔註74〕臨時台灣舊慣調查會（以下簡稱調查會）編：台灣私法附錄參考書，神戶小寺活版所，1910，第一卷上，頁248至249。
〔註75〕同註74。

後山土著環顧，平野未闢，欲事開田墾野，絕非易事；既需多數勞力，且需較多資本，更需武備以防「番害」，故墾者多爲殷富勢家，而平野遼廣，非一己之力所能開墾，因此必須再招徠佃戶，稱爲墾丁，將土地劃分成小塊租給佃人開墾。農具與糧食由墾主提供，或佃戶自備，墾成之後，由佃戶繳納一定之租額給墾主，而墾主必須負責墾地之取得與防範土著之侵擾，這種租佃關係或憑口頭約定，或載明於墾戶與佃戶之契約文字上，這種墾主和佃戶之關係，有一部份已超出純粹土地租佃之經濟關係，而略具有行政和司法之主從關係。因此墾主不只是土地之業主，而且也是此一開墾組織之首，故也稱爲「墾首」。〔註76〕佃戶由於實際從事墾殖，往往於墾成之後，對該土地享有超出一般佃戶所具有之支配權，因此，佃戶有時也被稱爲「墾戶」。

同治十三年（1874）進行「開山撫番」，次年，後山開禁，招民墾野；然拓墾之區，實僅限於土著力所不能開墾之地，所謂：「除近海官山及各番耕種力所不能及者聽民開墾外，其餘附社山田樹林，應令各歸各管，不准地方民人佔爲己業，違者嚴辦」。〔註77〕因此，凡土著所能藝植之所，則仍不准漢民前往開墾。清季後山之開墾組織，依其性質可分爲：（一）官招民墾；（二）民招民墾；（三）軍屯三大類，茲分述於後：

（一）官招民墾

光緒元年（1875），後山設招撫局於埤南，璞石閣、花蓮港，派人往前山一帶招民來墾，「招有八十名者爲工頭，每月給工頭口糧銀六元。更預備農器，以發百姓開墾。埤南廳開墾工頭共十六名，共係埤南廳點名發器，耒耜犁鋤一一俱全」。〔註78〕

光緒三年（1877），設招墾局，派人前往汕頭、廈門、香港等處招民前來開墾，次年並訂定開墾章程（詳第三章第四節）以獎勵內地民人前來開墾，其大略規定：

> 由臺地所招墾民，俟到地開墾起，前六個月，每名每日給銀八分、米一升；其什長每日加銀二分；百長月給銀八兩、米三斗。後六個月，田地漸次開闢，應減爲每名每日給銀四分、米半升；一年後概

〔註76〕《台灣私法物權篇》，頁35至36。
〔註77〕《劉銘傳撫台前後檔案》，頁8。
〔註78〕陳英，《台東誌》，頁83。

行停止。開墾之地，總以成熟三年後升科，其所領口糧、牛隻、農
具等項，或於田畝成熟三年，繳官歸還成本；或不能完繳，即於正
供之外，另交官租若干？均由各該處招墾局體察情形辦理。……由
內地招募農民渡臺開墾……墾民到臺之日起，前一年，每日每人給
銀八分、米一升；什長加銀四分；百長月給銀九兩、米三斗；尾後
半年，什長、墾丁每名日減銀三分，予限一年半爲期，田園具備，
種熟有收，銀米概行截支。開墾之地，總以三年後，委員復勘升科。
其前領過口糧、農具、牛隻、籽種等項資本銀兩，分作十分，開耕
五年以後，田地概行成熟，每年攤完二成，期限五年繳清成本。或
俟三年升科後，於正供之外，另交官租若干，經由開墾委員體察情
形辦理。〔註79〕

又規定：

招墾局委員編立字號，畫劃開墾土地，插爲界牌，每人先分田一甲
耕種，另給附近原野一田，令其續耕。〔註80〕

由上可知，所謂「官招民墾」係由政府招民開墾，官方貸給口糧、農具及種
粒等資本，命其前往官方所分配之土地上開墾，開墾成熟後，田歸民業，但
升科後必須按年償還官方貸給之資本，並繳納正供，迨資本還清後，墾丁即
成自耕農，日後唯繳納正供即可。其無法償還資本者，始於正供之外，另加
納官租若干，而有類似官爲業主，墾丁爲佃戶之官佃性質。故有些官招民墾
之租佃關係乃是介於官田與民田間之一特例，容有此特例之存在實由於是時
清廷爲積極開發後山，以杜外人覬覦之故所使然。

　　官招民墾之辦法，概曾行於巴朗衞、大陂、埤南、大莊、大港口、客人
城及打馬煙等地。〔註81〕至光緒五年（1879）時，爲節省經費起見而裁撤招
墾局，官招民墾之法亦告停辦，而改行民招民墾之辦法。

（二）民招民墾

　　光緒五年（1879），停止官招民墾之法後，改「由該墾民自行僱人，以爲
民招民墾，民收民食。所墾之地，永爲民業。如該墾民中偶有界址混淆、口

〔註79〕《台灣私法物權篇》，頁 11。
〔註80〕溫吉，《台灣番政志》，第一冊，頁 260。
〔註81〕胡傳，《台東州采訪冊》，頁 41 至 42。《劉銘傳撫台前後檔案》，田代安定：《台
　　　　東殖民豫察報文》，頁 17 至 18。頁 104。

角相爭者，准其隨時稟由就近地方官查辦判斷。其餘未墾之地，如有內地富民願來耕作者，准其自備工資，稟官領照認墾；惟不許附搭洋股，以杜流弊。倘續有外省新來墾民，而備口糧耕作者，仍准其稟由就近地方官防營核明，查照實到名數，按丁酌給種籽、農具，並爲指明地段，聽其開墾，俟成熟後察酌情形，一律勘丈升科，毋須官給口糧，以期節省」。〔註82〕此種民招民墾之制又稱爲「墾首制」。因後山蠻荒未啓，土著遍野，墾者必需具備雄厚之資本及眾多之勞力，更需自備武裝以抗「番害」，故請墾者必爲地方上有實力者，由其向官府請稟開墾，墾成之後墾首成爲土地之業主，而墾丁則成爲佃農，但佃農對其所墾之地有永佃權。此種以大資本家爲主之開墾組織即稱爲墾首制。

　　一般而言，後山之墾首制與前山者大同而小異。後山地區本屬所謂「生番地界」，土著視爲其所領有，故漢人若不斷地開墾而侵佔其土地，將引起土著之反抗而遭殺害，清政府於開禁後雖開放部份「番地」供民開墾，但亦有尊重土著之舊慣而不妄加壓制之，而漢人亦知「番害」之可怕，故在拓墾土地之前必先與土著交涉之後，取得土著之承諾後再向官方辦理請墾手續。

　　當與「土著」取得承諾後，再註明其土地界址四至向官府申請開墾，官方給予墾照，待其依限開墾完成之日，再稟由官府派員丈量升科以便正式取得土地所有權。茲引墾照一紙如左以明其概。

　　諭承墾芒網埔民人王必文

　　　記名簡放總鎮代統鎮海後軍等營兼各屯兵樸勇巴圖魯後欽加提舉銜

　　　代理臺東直隸州正堂兼帶安撫軍呂　爲

　　　諭飭承墾事光緒十八年十二月十六日據民人王必文稟稱竊文山有年

　　　在新開園農耕本年十二月初有新到墾民六十餘名住在本庄因前山民

　　　多地窄耕不足食故相率而來向文相商要在後山開墾農業文同往踏勘

　　　有土名芒網地名方東至大溪西至大山南至武洛溪北至芒溪爲界四至

　　　界址繪圖呈覽該處係屬荒埔並無有人墾過今文備資斧督佃墾耕稟乞

　　　諭以便承墾一俟成熟再行稟請丈量完課等情到州據此當經委員勘復

　　　土名四至相符應准先給印諭日後墾熟成田入額升科即以承墾出本者

　　　爲業主至給諭承墾各墾民等務須量力認地不得於領諭之後延不墾種

　　　如果墾限年滿並不報丈升科定將此地別行給諭招墾除稟批示外合就

〔註82〕《台灣私法物權篇》，頁12。

給諭爲此諭仰該墾首即便遵照務將前開四至地方督率各佃盡力開墾
並遵照例定限一俟墾熟即行赴州稟請丈量
升科均毋違切此諭

新開園庄總理

光緒十九年三月三十日　　　　　　　　　　　　　王必文

至於旱田及園林之開闢則與水田不同，旱地之開闢不必向官方請墾，官方亦無限制而任憑人民開墾，故向來後山須納田賦者，只有水田而已。

　　墾首與土著交涉時，通常酬予土著布疋、酒、豚及銀貨等，待墾成之後，再每年隨豐歉之情形納給若干「番租」，同時土著必須保證不對墾戶騷擾，雙方達成項協議後，墾首始招民開墾。墾主與土著之協定通常只有口頭契約而不用契字。一般用於交換「番地」之銀貨數量並無一定之標準，每年所納之「番租」亦因年而不同。故漢民土著之間常有毀約之事，漢人亦常藉無文字契約而有侵墾之事，而土著亦有反覆無常而加害墾民之實。因此，當墾首在招佃開墾時必須保障佃戶之安全，如有墾民被土著所害，墾首必須賠償十二兩五錢之喪葬費用。〔註83〕其收租之方式因其最初開墾之方式不同而有兩種典型：

　　其一：由墾首提供土地並保障免除「番害」，但墾費由佃戶負擔者之租。

　　其二：由墾首提供土地並保障免除「番害」，而墾費亦由墾首負擔者之租。

　　其屬於第一項者，不管水田或旱田，種粟或雜糧，其第一期作及第二期作均作空五抽收，即納其收穫量之百分之五給墾首。其屬於第二項者，則納其收穫之百分之十於墾首，稱一九抽收。〔註84〕茲錄當時墾首與墾戶之契約一紙於左以資參考：

　　　　立合同字人平埔劉文觀、潘三枝、趙順來等，因本年十月間，招墾
　　　　衆佃戶移徙居大埔莊，經向埤南新街張義春號當堂面議，日後開墾
　　　　成田園，萬年永遠，衆墾戶每年每季穀、麥、麻、豆、地瓜、付墾
　　　　首張義春號一九抽收。其錢糧正供、番租，該衆佃戶願備完納，與
　　　　墾首無干。此係兩願，各無反悔，恐口無憑，立合同字二紙，付執
　　　　爲炤。
　　　　一、議者：高山八社平埔番人往來，衆佃戶應抵當，此據。

〔註83〕《台東移住民史》，台灣慣習記事第四卷第二號，頁109。
〔註84〕同註83，頁110。

一、議者：遇眾墾民風水不調，棺槨衣衿之費十二兩五錢，應墾首
　　　　　抵當，此據。

一、議者：每年五穀欲有出糶者，盡付墾首收，不許他人採糶，此
　　　　　據。

光緒十九年歲次癸巳陽月　　日。

　　　　　　　　　　　　　　　　　　　　　　潘三枝
　　　　　　　　　　　　　　　　　　　　　　劉文觀
　　　　　　　　立合同字人　　張義春號墾戶　吳添觀
　　　　　　　　　　　　　　　　　　　　　　趙順來

綜上觀之可知墾首、土著及佃戶三者之間有如下列關係。

　　一、土著對墾首必須履行之條件：

　　　1. 保證割給「番地」。

　　　2. 保證對開墾之土地及墾民不受「番害」（但也有約訂「番害」由佃戶
　　　　 自行防犯，而土著之業主不做任何保證。）

　　二、墾首對土著應履行之報酬：

　　　1. 以布疋、酒、豚及銀爲提供土地之報酬。

　　　2. 墾成後，各墾戶每年應納若干土著租（以前稱之爲「番租」）。

　　　3. 土著往來於開墾地區時，墾戶應給予便利。

　　三、墾首對佃民應履行之責任：

　　　1. 給予土地供開墾。

　　　2. 給予農具以外之開墾費用。

　　　3. 保障其免受「番害」。

　　四、佃民對墾首酬報之條件：

　　　1. 保證每年納一定之租額給墾首。

　　　2. 土著往來時保證給予便利。

　　　3. 收穫之穀物若欲出售時以墾首爲優先承購者。

　　以上所述概爲民招民墾之墾首制下土地取得及其運作之情形，至於其大
多施行於後山何地？則因史料有限，難以詳考。民招民墾之情形，除了墾首
制外，尚有墾丁直接贌典「番地」自行開墾之「土著佃制」，其土地之取得概
與墾首制同，惟其墾成之後只納正供於官府及納「番租」於土著社，却不必
納租於墾首。

（三）軍屯

同治十三年（1874）進行開山及安撫土著之策，以兵士開路並進駐後山，當時後山新闢，糧產缺乏、糧運困難，[註85] 故亦倡行屯田之制。連雅堂《臺灣通史》云：

> 光緒元年，開山之議既成，臺東亦設官分治，兵民漸至。巡道夏獻
> 綸乃命戍兵種棉，以興地利，而臺東多雨，棉每腐敗。[註86]

又光緒三年（1877）臺灣南路潮普營統領轉巡撫丁日昌之札飭云：

> ……後山開墾民屯，宜與兵屯並行，收效乃速。吳鎮所部各營內可
> 挑選若干，仿照前議民兵章程，專事屯墾，由吳鎮且覆。[註87]

由上可知，光緒初年，後山已行屯田之制，惟其屯政如何？屯田情形如何？皆以史料有闕，難以詳考。光緒八年（1882）以後，後山又有南路屯兵、埤南屯兵、海防屯兵之設，皆兵屯之制，《臺東州采訪冊》云：

> ……又南路屯兵、埤南屯兵、海防屯兵，始皆擬倣古者屯田而設，
> 牛隻、牛器皆備。今屯政久廢，當日所墾之田，聞皆報被水冲，牛
> 斃、器壞久矣，不堪復問，亦無卷可稽。[註88]

據此，則知後山屯田之制至光緒中葉以後已告廢弛。而屯兵之設，始於乾隆五十三年（1788）大學士福康安勘定林爽文之亂，因各社「熟番」隨同官兵殺賊有功，議照四川屯練：擇土著丁之壯健者，爲屯弁、屯丁，分給界外民墾丈溢田園，歸屯納租，每粟一石，折徵「番」銀一元，由官徵收，按照二、八兩月支放；仍給未墾埔地，使之自耕而食，不徵租賦，即古寓兵於農之意也。道、咸以降，承平日久，屯務廢弛，弁丁虛懸，餉歸中飽。光緒九年（1883）臺灣道劉璈調屯兵三百，協勇駐防，派營弁爲哨什長，以爲之主，每屯「熟番」八名，夾「生番」二名，漸教言語耕作，限期考驗，分別有效、無效，以示賞罰。又派員入山查勘道路要轄，分設營碉，即令分段駐守，察土以講樹藝。大概以客勇爲主，以屯「番」爲陪，以「生番」爲助，各就營壘附近之地，兼定界址，相土宜而種之。所產之糧，內山不消，則官爲廣收，或建

〔註85〕連橫，《台灣通史‧撫墾志》，頁 351，恒春知縣黃延昭言：「臺灣開拓後山，
　　　　於茲三年，生番漸次受撫，而招墾尚無成效。今大軍分駐後山，需糧較多，
　　　　米糧價貴，輸運甚難，宜廣募農民，以開闢荒土」。
〔註86〕連橫，《台灣通史》，卷二六，〈工藝志〉，頁 498。
〔註87〕《劉銘傳撫台前後檔案》，頁 13。
〔註88〕胡傳，《台東州采訪冊》，頁 42 至 43。

倉以備荒，或用輪船運往他處銷之。所墾之地，即為屯田；准其出貲頂種，而不准私賣。〔註89〕

　　後山既設屯兵，其屯田之制，當如劉璈所說，即於營壘附近，劃定界址，相土宜而種之，由官方供給農具、耕牛，收成歸屯營所有。《臺東州采訪冊》云：

　　　　拔仔莊圳，原係海防屯兵所開，久圮。〔註90〕

查海防屯兵於光緒十五年（1889）駐紮拔仔莊，〔註91〕由此可見，屯兵所屯之田在其營壘駐地附近無誤。至其所墾之面積如何？則難以詳考矣！

　　如上所述，後山地區之拓墾，或在「官招民墾」、或在「民招民墾」、或在「軍屯」下展開。而其領導墾殖者；或為民間紳豪，或為政府官弁，亦有各地流民，甚或游手好閒之徒；〔註92〕此與前山多官紳名士者流稍異，此乃清廷蓄意移民招墾有以致之。

二、土地所有型態之形成及其蛻變

　　後山本屬「生番地界」，自開山撫「番」以來，經「官招民墾」、「民招民墾」及「軍屯」之拓殖，其形成之租稅關係圖示如下：

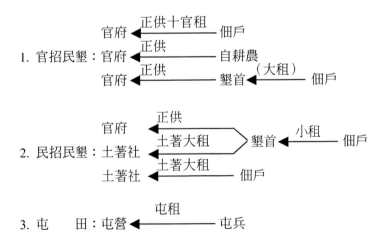

〔註89〕劉璈，《巡台退思錄》，頁183。
〔註90〕胡傳，《台東州采訪冊》，頁44。
〔註91〕同註90，頁17。
〔註92〕胡傳，《台東州采訪冊》，頁42。

　　據此，各屯丁、佃戶及自耕農爲現有土地之實際耕作者，但官方所承認之業主乃各墾首、自耕農及土著社，佃戶與屯丁並無土地所有權。但佃戶則具有永佃權，墾首不得任意撤佃。〔註93〕官方徵賦亦向墾首、土著社及自耕農徵收，與佃戶無涉。惟後山徵賦始於光緒十七年（1891）下忙，僅徵賦額之半。時後山新闢，土壤磽薄，水利未修；田畝不分上、中、下等則，而按照埔廳田減一等則，內免徵耗羨，不配匀丁糧米，列爲下則。計每甲徵銀五錢零六釐四毫四絲，升科徵賦。至於逼近海濱，高低參錯，難定收成之地；概列爲下下則，暫緩升科。十八年（1892）始全徵，然皆不足額。〔註94〕

　　以上所述乃後山初闢時之租稅情形，其土地所有型態概爲一田一主或一田二主型（見表四－七），同時也出現大、小租之問題。

附表四－七　　新墾田園所有型態

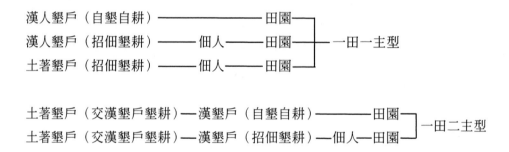

　　後山之大租戶，除了前述之土著大租外，亦有漢大租之出現。茲舉埤南天后宮之置產契約爲證，其約記云：

　　　蓋聞：尊崇廟貌，固所以仰答神庥；而創置土田，又所以永垂祀典。
　　　此善後之舉，允宜刊之碑石，用昭來茲，非可苟焉己也。我埤南天
　　　后宮，於光緒壬辰年夏五月，在新開園大埤一帶新置田畝一十五甲
　　　有奇，年收租穀一百四十八石，以爲廟祀酧神福地，意至良也，法
　　　至善也。凡屬後來包承廟主經管人等，各宜實心實力保護維持，咸
　　　知創業之艱，毋或廢墜；共矢守成之念，靡至蕩然；繼繼承承，長
　　　垂不朽，是所厚望。除將各賣主原契當神焚化，另將包承租穀人等

〔註93〕見前引契約墾戶張義春號內有「日後開墾成田園，萬年永遠」之語。
〔註94〕胡傳，《台東州采訪冊》，頁44至46。

出具保結，分別存留臺東州署鎮海後軍中營流交備案外，茲謹將賣主契據、佃戶姓名、田產坐落、應納錢糧、徵收租課各數目，以及包承甘結，分晰刊列於左，以示經久不渝之遺意云。

立杜賣田契字人新開園莊趙添丁、趙添水、劉添丁、吳世忠、張得勝、陳生、潘旺、帝阿偕、帝阿風，大埤莊潘阿添、張珠明等，今因負債無著，需銀急用，情願將各本名開墾成熟之田招人承買，先招伯叔兄弟，繼招莊中耆老、左右鄉鄰均無人承受，嗣托中人問到埤南天后宮欲置祀產，因憑中商議時值田價每甲四十、五十、六十元不等，計賣契九張，共田畝一十五甲零六毫二絲，共應得田價六八洋銀七百四十元，當即憑中將田畝四界址數大小踏勘分明，點驗指賣。是日銀入賣主，契交買主，銀、契兩清，均無尾缺。至以上所買之田並無重當重典情事；如有來歷不明，仍由中人與賣主理清，不與買主干涉。自賣之後，田聽買主招佃收租管業，推收過割，納糧當差，賣主永無異說。恐口無憑，立此杜賣契並原田丈單一併交執為據。

黃來成
區達生
張新才
王肇文
憑中　宋梅芳
朱紫貴
劉阿來
鄭清貴
蘇明標

坵段畝數列後：

一、買趙添丁、趙添水田一份，坐落大埤岸，東至車路，西至大水圳，南至董怡俄田，北至張福金田為界。計共大小一十二坵，計畝共一甲六分九釐二毫，價銀八十五元。批佃承種，每年應收租穀一十七石正。

一、買劉添丁田二份，一份坐落新開園東首，東至本名園地，西至李壽田，南至本名田，北至水圳為界。一份坐落新開園東首，東至劉阿文田，西至李壽田，南至自己園地，北至溫阿二田為

界。計二份，共大小坵計畝共一甲六分二釐，價銀七十元。批田承種，每年應收租穀一十四擔正。

一、買吳世忠田一份，坐落南畔萬安莊，東至李文忠田，西至劉天生田，南至李秀田，北至水圳為界。計大小一十五坵，計畝共四分五釐六六毛六絲二忽，價銀四十元。批佃承種，每年應收租穀八擔正。

一、買張得勝田一份，坐落新開園北畔，東至潘壽田，西至水圳，南至潘壽田，北至楊阿二田為界。計共大小十三坵，畝共二甲二分八釐九毛六絲，價銀八十元。批佃承種，每年應收租穀一十六擔正。

一、買陳生田一份，坐落新開園北畔，東至吳潘旺田，西至水圳，南至陳皎田，北至楊阿二田為界。計共大小五坵，計畝共一甲二分七釐二毛，價銀七十元。批佃承種，每年應收租穀一十四擔正。

一、買潘旺田二份，一份坐落大浮溪脚，東至草埔小溪，西至陳其和園，南至王阿徑田，北至大溪為界。一份坐落大浮溪南勢，東至陳其和田，西至劉昇安田，南至陳其和田，北至王文受田為界。計大小二十四坵，計畝共二甲六分七釐六毫，價銀一百三十五元。批佃承種，每年應收租穀二十七擔正。

一、買帝阿偕、帝阿風田一份，坐落新開園東旁，東至帝阿偕園，西至劉文園，南至吳文旺田，北至劉添丁田為界。計共大小十坵，計畝一甲五分正，價銀七十五元。批佃承種，每年應收租穀一十五擔正。

一、買張珠明田一份，坐落大埤莊山脚，東至山脚，西至大路，南至竹脚福星園地，北至大埤舊營盤為界。計共大小五十六坵，計畝共二甲，價銀一百十元。批佃承種，每年應收租穀二十二石正。

以上田契九張，計畝一十五甲零六毛二絲二忽，每年應共收租穀一百四十八擔正。至應完錢糧，按照臺東定則，定合補平餘一併在內，每年應完庫平銀七兩零一分七釐八毛六忽，由廟主在所收穀項下按年開銷，合併登明。

具包承甘結字人卑南都總管張新才、區達生、宋梅芳、黃來成、蘇
明標、鄭清貴、朱紫貴等，今當天上聖母座前承領六八洋銀七百四
十元，買得新開園大埤莊田產一座，計共一十五甲零六毛二絲二忽。
其田仍由包承人交與各賣主承佃耕種，廟主不認佃戶，只認包承人。
言定租課每田價銀一百元，每年納租穀二十擔，計共田價七百四十
元，每年納租穀一百四十八擔。每年收穫之後，限十月底由佃戶僱
車，一律運送天后宮交納；倘或遇有實在天乾水患，驗田收租。其
租穀務要乾燥潔淨，年清年款，不得藉口拖缺短少顆粒；如有拖缺
短少，即惟包承人是問，限包承人張新才等如數繳出。恐口無憑，
立此包承甘結字永遠爲據。

王肇文

憑中保人　劉阿來

朱紫貴

佃戶姓名列後：

一、佃戶趙添丁、趙添水，種水田一份，計畝一甲六分九釐二毛，
　　每年納穀一十七擔。

一、佃戶劉添丁，種田二份，計畝一甲六分二釐，每年納穀一十四
　　擔。

一、佃戶吳世忠，種田一份，計畝四分五釐六毛六絲二忽，每年納
　　穀八擔。

一、佃戶張得勝，種田一份，計畝二甲二分八釐九毛六絲，每年納
　　穀一十六擔。

一、佃戶陳生，種田一份，計畝一甲二分七釐二毛，每年納租一十
　　四擔。

一、佃戶潘旺，種田二份，計畝二甲六分七釐六毛，每年納穀二十
　　七擔。

一、佃戶帝阿偕、帝阿風，種田一份，計畝一甲五分，每年納穀二
　　十七擔。

一、佃戶潘阿添，種田一份，計畝一甲五分，每年納穀一十五擔。

一、佃戶張珠明，種田一份，計畝二甲，每年納穀二十二擔。

以上各佃戶每年應完租穀一百四十八擔，合併登明。

光緒十八年五月　　日。

據此，契約中之天后宮即爲大租戶，承包人則爲小租戶，各佃戶則爲現佃人。此種租佃行爲所立之字據稱「贌耕字」，與往昔墾首與佃戶間因給墾行爲所訂立之「給墾字」、「給佃批」有所不同，民間一般稱其爲「贌」。其間關係僅屬普通租賃關係，合約期滿，關係隨即結束。就承包人（小租戶）而言，具有「小租權」，得向現耕佃人（即實際從事耕種之佃戶）收取「小租」；就大租戶而言，得向「小租戶」收取「大租」，具「大租權」。至於「番地」之大小租關係亦同。惟「土著租戶」之「土著大租」係取自大租戶。總之，大租戶除向政府繳納正供、或向土著社繳納「土著租」，別無其他義務。換言之，大租戶除擁有「大租權」之外，別無其他權益；小租戶則除繳大租外，對土地具有支配權（包括使用、收益、處分之權），可自由招佃，並依其意願轉移其權利，成爲實際掌有實權之業主，大租戶則僅有收租之權而已。

根據陳其南之研究，臺灣大小租業之起源乃是佃戶層分化之結果。〔註95〕但後山開闢不久，地廣人稀，而且光緒初年之移墾多係官招民墾，故自耕農多，大小租制並不普遍，土地所有型態最多只有一田一主，一田二主，一田三主者甚少。所謂：「臺東地方與宜蘭地方之豪農大租戶相比，臺東住民半數以上均爲小農、小商及勞動者」〔註96〕即其實際情形。又後山之大小租制以「土著大租」爲多，漢大租甚少，其乃因後山本係「番地」，開闢未久，地廣人稀，土地轉移未盛之故。後山由於「土著大租」較多，故其大小租業之產生，乃係地主層分化之結果，至於天后宮廟田之大小租則係基於納租之原因，即包攬包納之結果。此爲後山與前山之極大不同。此外，後山之不在地主亦已存在，如加禮宛莊內田地，甚多爲外地人所有。〔註97〕

清季後山之土地，除了上述之民田（含土著田）、屯田外，尚有寺廟田與總有的。

寺廟田：顧名思義，即爲寺廟所有之田地，其來源大多由信徒祈福捐贈，或寺廟出金購買，以作爲寺廟香燈之需。如天后宮之十五甲餘，位於新開園、大陂一帶（今臺東縣池上鄉）即屬寺廟田，此係光緒十八年（1892）天后宮

〔註95〕陳其南，〈清代台灣漢人社會的開墾組織與土地制度之形成〉，《食貨月刊復刊》九卷10期，頁56，頁58。
〔註96〕田代安定，《台東殖民地豫察報文》，頁46。
〔註97〕同註96，頁77至85。

所購置。〔註 98〕次年，代統鎮海後軍各營屯後總鎮元福，因所置田距廟之路途遙遠，照管維艱，復將此項祀產田畝全數退還總通事張新才爲業，由廟方收回六八銀七百四十元。〔註 99〕另有十六股莊（花蓮市）廣澤尊王廟於加禮宛莊（今花蓮縣新城鄉）所購置之六分田及打馬煙（今花蓮縣瑞穗鄉）之關帝廟會於該莊內所購置之一甲八分田，〔註 100〕均屬寺廟田。

　　總有田：所謂總有田即一般所稱之公共田，係某一街莊或某一團體所總有之田地，其使用權屬團體每一分子，收成則歸團體所有而不歸任何個人，其產權之處分亦由團體共同決定，任何人不得私自處分，處分後之所得任何人無持分權。後山之總有田在加禮宛莊內，面積一甲二分，係十六股莊之友義會所有。〔註 101〕

　　以上係後山之農墾組織及土地所有型態，看起來似乎相當複雜，其實與前山相較，仍單純得多，蓋後山開闢不久，土地未經多次轉手之故也。

第三節　水利開發

　　凡農業之興，必有水利灌溉設施之修築，蓋水利設施乃提供集約農耕之基本條件，既能提高單位生產量，又能穩定作物之收穫量，尤以臺灣地形上中央山脈縱貫中部，山勢陡峻，平原狹窄；雨量雖豐然分配不均，河道短促，雨水入海過速，水源保留不易，因此，水利設施之興築更爲需要。

一、水資源之開發及其影響

　　臺灣水利事業之興修，始於荷據時期，然當時乃殖民地式之經濟，以栽培

〔註 98〕《台灣私法物權篇》，頁 684 至 689 之天后宮置產碑文如左：
　　　蓋聞：尊崇廟貌，固所以仰答神庥；而創置土田，又所以永垂祀典。此善後之舉，允宜刊之碑石，用昭來茲，非可苟焉已也。我埠南天后宮，於光緒壬辰年夏五月，在新開園大埤一帶新置田畝一十五甲有奇，年收租穀一百四十八石，以爲廟祀酬神福地，意至良也，法至善也。凡屬後來包承廟主經管人等，各宜實心實力保護維持，咸知創業之艱，毋或廢墜；共矢守成之念，靡至蕩然；繼繼承承，長垂不朽，是所厚望。除將各賣主原契當神焚化，另將包承租穀人等出具保結，分別存留臺東州置鎮海後軍中營流交備案外，茲謹將賣主契據、佃戶姓名、田產坐落、應納錢糧、徵收租課各數目，以及包承甘結，分晰刊列於左，以示經久不渝之遺意云。
〔註 99〕胡傳，《台東州采訪冊》，頁 49。
〔註 100〕田代安定，《台東殖民地豫察報文》，頁 81。
〔註 101〕同註 100，頁 97。

蔗糖等經濟性作物爲主，需水灌溉較少，且當時臺灣人口甚少，故水利事業尚
屬極幼稚。康熙二十二年（1683）清領臺灣，清初臺灣移民之農作經營，由於
生態環境之限制和市場之刺激，仍偏重於甘蔗之種植，相對的，稻米的生產反
而較不被重視。〔註102〕日人森田明在《清代水利史研究》一書中指出，自清領
臺至康熙末年，臺灣新增的耕地面積，以蔗園爲主之旱田，其增加的速度，遠
比水田爲快。〔註103〕同時，清初流寓臺民有被迫移徙回籍之事，人口稍減，因
米糧之需求不盛，米糧需求不多，水利發展受影響。迨至雍乾以下，經數十年
之安定，大陸人口大增，各省米糧不足，移民偷渡來臺者甚多，於是稻米之需
求率提高。〔註104〕再加上蔗糖生產過剩，價格相對低落。因此，一些資本家開
始轉投資於水利的開發，從大陸輸入水稻種植技術，轉變爲水田稻作爲重的農
業，臺灣水利設施之興修，亦從此大盛。然當時後山屬封禁地區，蠻荒未闢，
迨光緒以後，始設治移民，荒地漸闢，故水利灌溉多屬光緒以降所築。

　　臺灣早期之水利工程，主要爲灌溉用陂圳。關於陂圳之定義，諸羅縣志
及彰化縣志皆有所說明：

　　　　凡築潴水灌田謂之陂。或決山泉，或導溪流，遠者數十里，近亦數
　　　　里，不用築堤，疏鑿溪泉，引水灌田，謂之圳。〔註105〕

　　　　陂者何？因溪水山泉，勢欲就下，築爲堤防，橫截其流，潴使高漲，
　　　　乃開圳於側，導水灌田；即古堤防遺法也。圳者何？相度地勢高處，
　　　　導水引入水溝，用資灌溉；亦古溝洫遺法也。〔註106〕

由此可知，陂係相度地勢之下者，築堤潴水或截溪流以灌田者。其形狀，則
不論圓地方沼，或利用溪流築堰聚水者，均屬之；圳乃決山泉，導溪流或陂、
潭之水，遠者數十里，近亦數里，不用築堤，疏鑿溪泉引以灌田者謂之「圳」。
後山由於山高谷深，河川縱橫，故居民多引溪水灌田。茲列其水利修築之情
形如下表：

附表四－八　後山埤圳表

陂圳名稱	修築年代	所在地	修築灌溉情形

〔註102〕李亦園，〈台灣傳統的社會結構〉，《台灣史蹟源流研究會講義》，1979，頁4。
〔註103〕森田明，《清代水利史研究》，東京亞紀書房，1974，頁520至521。
〔註104〕王世慶，〈清代台灣糧產與外銷〉，《台灣文獻》，九卷1期，1958。
〔註105〕周鍾瑄，前引書，卷二，〈規制志〉，水利，頁34。
〔註106〕周璽，前引書，卷二，〈規制志〉，水利，頁54。

大陂圳	光緒年間	新開園（今臺東縣池上鄉）	引新武洛溪水，西北行，長約十里，始於開園，尾輸於大陂，灌田二百餘甲。
大莊圳	光緒十九年（1893）	大莊（今花蓮縣富里鄉）	引阿眉溪水西北行，長約三里。光緒十九年新開，灌田三十餘甲。
萬人埔圳	光緒十九年（1893）	萬人埔（今花蓮縣富里鄉）	引阿眉溪水北行，長里許，光緒十九年新開，灌田二十餘甲。
拔仔莊圳	光緒二十年	拔仔莊（今花蓮縣瑞穗鄉）	原係海防屯兵所開，久圮。光緒二十年，民人修復，灌田十餘甲。

——資料來源：胡傳：《臺東州采訪冊・水利》，頁44。

由表四－八可以看出，後山水利之開發，多係光緒年間所修。此乃因光緒以前雖有漢人零星入墾，但資力未集，迨光緒以後，政府有計劃之移民，隨墾務之日進，陂圳乃漸次興築。

就水圳之分佈狀況而言，其大多分佈於花蓮、卑南間之臺東縱谷平原上。此乃因後山初拓，人口尚稀，移民必先闢易墾之平原地帶，故水利灌溉設施之興築，必集於此先開發之地，亦說明了水資源之開發乃與墾務之拓展同時進行。

其次，就水圳之修築者而言，後山因亦行軍屯，故水圳亦有屯兵修築者，但大多為民間獨資或合股開築者。此與前山大致相同，乃與清廷向來未主動出資興築水利灌溉設施之政策有關。

另就後山埤圳之量與質而言，其水圳共有五條，灌溉面積以大陂圳二百甲為最廣，其餘多為十餘甲、數十甲不等。可見其規模甚小，其所以如此，蓋因當時受限於人力、財力及建築技術，無法興建大規模之水利工程，而後山平原狹小，耕地有限，尤其開闢創始，一切尚處萌芽階段。因此，就後山數千甲耕地而言，其質與量均嫌過低，故後山之土地乃旱田多於水田，作物之經營亦以旱作物為主。其水利事業之興築，對後山社會經濟之發展，尚未能產生太大的激勵作用，但却奠立了後山水田耕作之初基。

二、水利行政與管理

清代舊制，中央政府設有六部，以工部綜理全國之公共工程，有關水利河防之事務均集於都水司。水利曰轉漕，曰灌田，以時修其閘壩圩堤以謀蓄洩旱澇。地方政府亦依中央分設六房，而工房為水利之主管。在河務或水利事務特繁之府、州、縣，有以佐貳官任者；如府設水利同知；州之州同，縣

之縣丞，亦專理河務之類。臺灣最初建府，最後建省，均以海防爲要務，故設有海防同知而無專事水利之官。但政府亦注意到水利之開發與保護。凡陂圳之興建，皆需取得官方之「圳照」，以獲得官方之保護。茲引嘉慶年間噶瑪蘭辛仔莊圳之圳照一紙爲證：

> 臺灣噶瑪蘭撫民理番海防捕分府、加五級紀錄十次瞿，爲給照事。照得嘉慶十六年九月十八日，案據辛仔罕等莊墾戶吳化、賴岳暨各佃社番、通士等僉稟稱：化等與社番雜墾該處田畝，缺乏水源墾鑿圳道，鳩集相議，擇到四圍二結份頭吳惠山界內湧出泉水數處，堪開圳道。爰請吳惠山出首，自備工本，提築陡門，聚水灌溉各佃田畝。公議逐年番界，每甲完納圳主水租穀四石二斗，在埕量收截串；社番自耕，每戶議貼工資穀六斗六升，本料亦係社番採辦，交付圳主需用。社番該田若贌漢佃，亦應照每甲逐年完納水租穀四石二斗，以應圳主修築不懈，永資課命。但漢番各佃良莠不齊，恐有挨延控納，任憑官究追，以儆效尤。公議已定，隨即立約呈官存案，以垂久遠，僉請給照，迅飭吳惠山趕緊興工報竣，無非憲臺所賜也。理合夾繳合約一紙，僉叩伏乞課命收關，俯准給照，以便管理，俾充國課，民番謳歌，沾感切叩等情。卷查前分府批准飭差勘覆在案，茲據圳戶吳惠山稟報，開鑿圳道完竣，懇請發給執照，永遠管理前來。據此，除此示外，合行給照。爲此，照給圳戶吳惠山即便遵照，准將辛仔等莊圳水所有灌溉之田，無論番界以及社番自耕，別贌漢佃，每年逐年向現佃分別量收水租穀石；倘有玩佃抗延，許該圳戶赴轅指名稟追。該圳戶毋得廢弛圳務，籍端需索，致干查究，凜之慎之，毋違，須炤。
>
> 有炤給圳戶吳惠山准此。

由此可見，圳照之內容，主要在承認圳主之權利與義務。一般而言，其權利有水租之收取，水源之使用分配等。其義務則有正供之繳納，圳道之維修，水源之保護等。倘圳道通過「番地」，圳主甚至需納「番租」。圳主若只享權利，不盡義務，如怠於圳道之維修，影響灌溉所有權人，可能因而喪失其圳主權，改由他人替代。〔註107〕換言之，官民均視圳主權如同田園之業主權，

〔註107〕調查會編，《台灣私法》第一卷下，頁 137 至 138。

圳主權亦可視同財產般地買賣典押，但必需將其契尾交付官府，〔註108〕以獲得官方之承認與保護。

　　至於水利紛爭之排解，水利侵害行為之禁止等，官方亦常發佈諭告禁止或裁斷。後山開闢之初，撫「番」開山善後章程中即有「各番社溪間支流，凡有可以灌溉新墾田園者，應嚴諭該處頭目，不准堵截水源，違者重懲」〔註109〕之規定。光緒八年（1882），亦有一解決水利紛爭之諭飭：

> 前統領臺灣後山各軍記名提督、鎮守臺灣水陸等處地方掛印總鎮誠
> 勇巴圖魯吳，為諭飭事。照得案據該墾首稟稱：招股在於璞石閣針
> 塱莊興工開有水圳，張廖生等突然阻止霸佔等情前來。當經本鎮批
> 示，並札飭飛虎左營廖營官遵照，就近查明，秉公勘斷在案。該墾
> 首自應前赴後山，聽候廖營官勘斷，而免爭佔，合行諭飭。為此，
> 諭仰該墾首即便遵照，迅即前赴後山聽候勘斷，毋違，特諭。
>
> 　　右諭，仰墾首鄭玉華准此。
>
> 　　光緒八年十一月二十九日。

由此可見，官方對水利負有保護監督之責，同時亦可看出當時之截斷機關為地方營官，此乃因光緒五年（1879）廢招墾局，其業務改由地方營官負責之故。根據臺灣私法物權篇及臺東殖民地豫察報文顯示：清季後山之卑南同知，臺東州知州，招墾局、撫墾局及駐地營官均曾為水利之行政機關。〔註110〕

　　總之，清代在臺灣雖無常設之水利業務專責機構，而官修水利亦不多，然地方官卻能透過上述諭告之布示，圳照之頒發，對水利事業之經營，達到督導，維護與管理之效。而尤有進者，因其關係人民生計與社會之安定，由於水利事業之發展，提供了可靠而盡責的保障。

第四節　農作經營

　　清代由於漢人不斷地移入後山，使得土著與漢人逐漸的融合，同時也改變了後山之經濟型態，由原始以漁獵為主之採集經濟，走向以農業為主之社

〔註108〕同註107。
〔註109〕《劉銘傳撫台前後檔案》，頁9。
〔註110〕光緒五年，裁撤招墾局，其職改由駐地營官兼任，故營官亦為水利行政機關。
　　　　詳參：《台灣私法物權篇》，頁34，田代安定，前引書，頁103至105。

會。然而儘管如此，但其農耕方式，因自然環境、人文背景及經濟條件之不同，而顯有異致，漢民族與土著之農耕方式，仍存有顯著之對比。進一步地說後山人民種族複雜異常，其生活方式及智識程度，參差不一，社會呈不均衡之現象。本文於此僅按其種族及農耕進化程度等，分爲漢民族之農耕，與土著之農耕，來敍述之。

一、漢人之農作經營

清季後山之漢人，多由前山移入者，故其農耕型態與前山各地之漢族所行者，大體而言並無二致，惟後山地處偏僻，復受高山峻嶺阻隔，以致對外交通不便，因此，少與外界來往；久之，其生活型態，難免有異。是故，其農耕方式，農產品種類、品質、產量等，不無有地域性之特徵。

往昔，漢民族所居之重要部落，係分布於卑南新街（臺東市）、里隴莊（關山鎮）、大埔莊（鹿野鄉）、新開園莊（池上鄉）及成廣澳莊（成功鎮）、花蓮港、璞石閣等部落。其中專任農耕者，祇大埔及新開園莊而已。其餘街莊，則兼商務農者爲多。例如卑南新街，其住民，除經營菜圃外，有田地者極少。至如成廣澳莊之居民，則多半以貿易爲業。總之，早期移居後山之漢人，其職業分配，多屬半商半農者。至行開山及安撫土著策以後，專業農之數目始增加。〔註111〕

又後山居民之大莊平埔族與加禮宛平埔族，其風俗與生活方式，大略與漢人同樣進步，農業亦如此，故欲將其歸入漢人農業中討論。

漢民族與平埔族之農耕，均以稻作栽培爲主。至旱作，則僅栽培自家消費用之農產品而已。蓋往昔，由於交通不發達，故其農業生產，以自給爲前提。縱令氣候、土壤均適於生產某特種作物，而其居民也具有其栽培技術，惟若農產運銷不發達，其剩餘農產品，縱能處理，其報酬往往得不償失。所以當時後山漢人及平埔族之農耕頗受農產運銷效率之限制。此亦闡明農產運銷發達與否，對作物之分佈，農耕之方式及土地之利用等，具相當之影響。

其次，後山乃清政府有計劃移民之區，故官府之政策亦爲影響農作經營之因素。如光緒元年（1875）臺灣道夏獻綸曾命戍兵種棉以興地利。〔註112〕又光緒三年（1877）所擬之〔撫番開山善後章程〕中對作物之栽培有所指導，

〔註111〕陳榮波，前引書，頁331。
〔註112〕連橫，《台灣通史》，卷二六，〈工藝志〉，頁498。

該章程云：

> 靠山民番，除種植薯芋、小米自給外，膏腴之土，栽種無多，以致
> 終身貧苦，應選派就地頭人及妥當通事，帶同善於種植之人，分投
> 各社，教以栽種之法，令其擇避風坡山，種植茶葉、棉花、桐樹、
> 檀木以及麻豆、咖啡之屬，俾有餘利可圖，不復以游獵爲事，庶幾
> 漸底馴良。〔註113〕

據此，後山之農作型態，可能因此而稍受影響。茲爲便於比較起見，根據日
人之調查，〔註114〕將其作物栽培概況，分爲糧食與園藝作物兩種，〔註115〕分
述於後。

（一）糧食作物

糧食作物，可按其用途，再分爲稻作物與旱作物兩大類。

（1）稻作之栽培概況

清季後山之稻作栽培，雖未進入大規模經營之階段，然當時有水利之處，
均闢地爲田，栽培稻作。當時後山地區之稻作栽培，係偏集於中、北兩路地
帶，計有一千餘甲。〔註116〕至於南路一帶，因受地理條件之限制，水田不多；
其主要分佈地區，以新開園莊一百餘甲、成廣澳莊三十餘甲及里壠莊一百四
十餘甲較爲顯著。

昔時之稻作栽培法，可分爲水稻及陸稻栽培兩種。前者，盛行於有水利
之處，後者反之。當時之農作經營，因水利不發達，故以旱作制居多，其土
地利用方式亦然，且極單純。至其耕種法，因移民多來自前山，故與原居地
之情形大同小異，並無特殊之處。至於單位面積生產量，則因地而異。據調
查秀姑巒地方之上等田，年產量每甲爲六十餘石，中等田爲四十至五十石，
下等田爲三十五石以下。當時之田園交易，因住民不多，且少與外界來往，
故罕有買賣行爲，因之，其地價殊難查考。惟在璞石閣地方，上等田每甲約
五十五元，中等田約四十五元，下等田每甲約三十五元。至加禮宛人之田地

〔註113〕《劉銘傳撫台前後檔案》，頁9。

〔註114〕田代安定，《台東殖民地豫察報文》。

〔註115〕清季後山交通不便，一切農產均以自給爲主，故其作物均歸入此兩類，而無
　　　　經經濟性作物之分類。

〔註116〕田代安定，前引書，所做調查共有一千零二十甲，頁119。

交易價格，每甲平均約五十至六十元。〔註117〕

昔時後山所栽培之水稻品種繁多，且品質亦劣，惟一般所栽培之品種，以花螺種及格仔種為主。水田大都一年可兩熟，其耕種季節如附表四－九：

表四－九　清季後山之農耕季節表

項　　目	第一期作	第二期作	備　　註
下種	冬至前	夏至前	表列節氣係陰曆，本表查詢地域：屬今之花蓮縣花蓮市郊外（十六股莊）。
耕犁至插秧	立春至清明	大暑前至立秋後	
施肥	耕犁後下肥	同前（牛糞等）	
除草	插秧二十日後	同前	
收穫期	五月中旬至六月	十月初旬	
每甲生產量	三千至四千臺斤	少收	

——資料來源：《臺東殖民地豫察報文》，頁120。

由上表可知，其農耕季節，至今乃可通用。又當時之居之，已知施肥增產，但僅限於有機肥料之施用。因肥料來源有限，故其單位面積生產量不高。

往昔，後山之農業生產，因受水利條件之限制，故偏重旱作物之栽培。因此，食米生產，供不應求，多由前山運補其不足，所以當時之米價較其他地區為貴。所謂：「今大軍分駐後山，需糧較多，米糧價貴，輸運困難，宜廣募農民，以開荒土。」〔註118〕因為糧運困難，米價昂貴，而促進了官方廣招農民之契機。

（2）旱作物栽培概況

後山地區，旱田均任其自由拓墾，既未丈量，亦不徵收地租，故其實際開拓面積不詳。當時所栽培之主要旱作物，係偏重於日常副食糧－甘薯等之生產，至其他雜作物，則為數不多。其作物之種類大略如左表：

表四－十　清季後山漢人所栽培旱作物表

農作物種類	分佈區域	生產狀況	用途	品種及品質

〔註117〕田代安定，前引書，頁122。
〔註118〕連橫，《台灣通史》，卷十五，〈撫墾志〉，頁351。

甘薯	全境	多	食用及釀酒用	品種繁多
落花生	〃	多	食用及榨油用	大、小粒種
胡麻	〃	多	食用、榨油用及輸出用	品質良好
生食用甘蔗	〃	少	生食用	品質中等
苧麻	〃	少	自家用及輸出用	〃
粟	〃	多	食用	品質良好
蜀黍	〃	少	食用	〃
玉蜀黍	〃	極少	食用	品質中等
綠豆	〃	稍多	販賣用	〃
陸稻	〃	少	食用	〃
稷	海岸地方	少	食用	〃

——資料來源：田代安定：《臺東殖民地豫察報文》，頁123。

　　茲就前表中各主要旱作物之栽培概況，分述於後：

　　（1）甘薯：後山全境均廣泛種植，加禮宛與大莊平埔族種植特別多，蓋甘薯爲彼等日常之主食。漢人亦大量食用與種植，其品種甚多，但良種少，除食用外亦多用於釀酒。

　　（2）花生：花生有大、小兩品種，後山所植者多係本島較普遍之小粒種。

　　（3）胡麻：後山之土宜，頗適合胡麻之種植，故其栽培遍佈全境，一般均在當地榨油，若有剩餘，亦以舢板輸出販賣。卑南族爲胡麻栽種之專家，其次是平埔族，漢人種之者少。

　　（4）甘蔗：後山之甘蔗栽培業尚極幼稚，各村落間種植少量供食用之紅蔗。至於以製糖爲目的的之糖蔗，則爲數不多。其分佈區域，散見於大巴塱、馬太鞍、里壠及大港口諸地。至其栽植面積，各地均在十甲以上。其製糖法，仍極古老，每年所產之紅糖，僅可供應本地之需求而已。由於糖產不多，人口聚集之地，例如卑南新街，其所需之砂糖通常仰賴臺南地方之供應。

　　若依氣候條件言，後山應極適宜甘蔗之種植，然據日人之調查，清季後山蔗園多罹蝗害，爲害甚爲嚴重，影響蔗糖之生產。〔註119〕

　　（5）苧麻：栽培苧麻者以漢人和平埔族以外之土著爲衆。產物多供自給自足，若有剩餘，始集於街市出售，而漢人及平埔族種苧麻者不多。

　　（6）黃麻：黃麻之種植甚少，僅米崙山附近之農兵莊有若干坪之種植，

〔註119〕田代安定，前引書，頁125。

栽種情形良好。

（7）木藍：秀姑巒地區有少數之種植。大巴塱地區常以牛車載其種子送往花蓮後，用船運往他處販賣。另外路旁亦常見其叢生，殆爲野生者。

（8）豆類：豆類以紅豆、綠豆爲主。烏豆、黃豆少有種植。因紅豆、綠豆最能適應當地土壤之故。

（9）蜀黍：又名高粱，後山栽培數量極少，僅見於平埔族間。

（10）玉蜀黍：產量甚少，然散植於全境，但並未大量推廣。

（二）園藝作物

園藝作物之栽培，通常需較集約之農作技術，後山開闢未久，故園藝作物仍極幼稚。茲按其用途分爲蔬菜及果樹兩類，並分述於後。

（1）蔬菜之栽培概況

由於蔬菜作物之種植，較其他作物爲集約，且需較高之栽培技術，故漢人較土著擅長於蔬菜栽培，土著所需之蔬菜，部份仰給於漢人。至於水果之栽培則相反，漢人仰給於土著。據調查清季後山所植之蔬菜種類大略如表四－十一：

附表四－十一　清季後山漢人所栽培蔬菜表

蔬菜種類	臺灣名稱	生產狀況	品質	蔬菜種類	臺灣名稱	生產狀況	品質
大芥菜	割菜	頗多	良好	萹豆	茉豆	最多	良好
菘菜	白菜	少	中等	豇豆	五月豆	多	〃
蘿蔔	菜頭	〃	〃	十八豇	八月豆	多	〃
菠稜菜	飛稜菜	〃	〃	南瓜	金瓜	最多	〃
蓁菜	加茉菜	〃	〃	冬瓜	冬瓜	〃	〃
芹菜	芹菜	〃	〃	絲瓜	絲瓜	多	〃
萵苣	區仔菜	〃	劣等	苦瓜	苦瓜	〃	劣等
茼蒿	茼區菜	〃	中等	菜瓜	涵瓜	少	中等
薑	薑	多	〃	匏	匏仔	多	〃
蕃椒	辛薑	〃	〃	西瓜	水瓜	〃	〃
夏葱	葱仔	〃	〃	茄子	茄	少	〃
韮	韮菜	〃	〃	青芋	芋頭	多	〃
蒜	蒜仔	〃	〃	大薯	大薯	少	〃

| 薤 | 蘆菍 | 〃 | 〃 | 胡瓜 | 莿瓜 | 〃 | 〃 |
| 甕菜 | 甕菜 | 少 | 〃 | | | | |

資料來源：田代安定：《臺東殖民地豫察報文》，頁137。

由上表可知，後山所植蔬菜種類，已相當多，然就其質量而言，除幾種較易栽培之蔬菜產量較多外，其餘蔬菜之生產仍甚少，故當時蔬菜之供應，仍有供不應求之情形，如卑南新街之，仰賴附近土著之供給，但僅限於粗劣之南瓜、土芋及大芥菜等。

（2）果樹之栽培概況

漢人之開拓後山歷時甚短，故對於長期作物果樹類之栽培未興，當時漢人之水果均仰賴土著之供給。

二、土著之農作經營

此處所指之土著農業，乃指散居於平地，漢化較深，以農業為主阿美及卑南兩族之農作經營，至於散居中央山脈東麓之各土著族，則漢化尚淺，農業幼稚，不予敘述。

卑南、阿美兩族之農作經營，由於種族、生活方式、漢化程度及地理環境之不同，各有其特徵。因此，此處擬將卑南與阿美兩族之農作經營分別討論於後。

（一）卑南族之農作經營

卑南族之從事農耕甚早，遠在漢人入墾後山之前，已開始拓墾卑南一帶平野，從事各種農作物之栽培。因此，其農耕技術極為進步，其後漢人陸續移入，又從漢人處學習更進步之農耕技術及經營方法。於是清季，該族所行之旱作法，殆與漢人所行者，並無顯著之差異。漢人所使用之農具，彼等亦多具備。例如耕田，已由手耕改為牛耕，淨穀亦採用風鼓等。除此之外，尚有耕犁、刈耙、手耙、土壟、鋤頭、糠篩及草鐮等漢人農具。卑南族中之農作經營，又以卑南大社為最進步。該族所栽培之作物中，主要以稻、粟、蜀黍、胡麻、花生、煙草、苧麻及甘薯等為主。茲述其大略於後。

甲、糧食作物

A、稻作之栽培：卑南族之稻作區，係分佈於北勢溝社（卑南鄉）、阿里擺社（卑南鄉）及其他山邊地區，有水利之處。一般而言，其稻作栽培，大

多屬於陸稻；水稻之栽培較少。然陸稻之栽培管理均較水稻粗放。例如知本社（卑南鄉）附近所栽培之水稻，其生長情形甚佳，但對陸稻之栽培、管理則較粗放，或任其自生自滅，以致蟲害嚴重，生育極劣。

B、旱作物之栽培概況：水利對農作經營，具有決定性之影響。清季後山水利未發達，故其土地利用，偏用旱作物之栽培。然當時卑南族所栽培之旱作物種類並不多，主要有粟及甘藷，其次則為胡麻與花生。產量均不少。茲就其栽培情形，略述於後。

（1）粟：粟為該族之日常食品，故栽培數量最多。各戶穀倉中貯藏甚多，品質亦佳。

（2）胡麻：胡麻為卑南族之最得意農作物，其品質與漢人所植不相上下，乃用心栽培及土地肥沃使然，其產生常供售於市場，為卑南港之首要輸出品。

（3）甘藷：為卑南族主食之一，其栽培法與漢人大同小異。

（4）花生：花生亦為卑南族之重要作物，其產品常陳售於店肆中。

此外，卑南族之畜牧業，亦較阿美族進步，耕牛之使用頗盛，除水牛外，並飼有多種其他種類之牛，農場上亦常使用牛車。

乙、園藝作物

園藝作物，按其用途，分果樹及蔬菜兩類，將合併於阿美族之園藝作物中簡介之。

（二）阿美族之農作經營

阿美族之農耕與卑南族大異其趣，其所使用之農具，仍極簡陋、幼稚，農作經營仍極落後。後山平原中，阿美族人口約佔三分之二，由於人口眾多，因此，仍屬同一種族，但由於居住環境之不同，以至其農耕形態迴異。例如居住於奇萊地方與大港口以南海岸地區，兩處之阿美族所行之農作經營稍異其趣，前者所居之地，土地遼闊，故屬大農作；後者則人多地窄，故屬小農制。由卑南溪至大港口三十餘里間有阿美族二十餘社，其中猴仔社至成廣澳間十五社，其住民之衣著、風俗，以至農耕方式，概與卑南族大同小異。其農作經營雖屬小農制，耕作却甚集約，農具亦頗進步。至於成廣澳以北海岸諸社，民風淳樸，都開闢山腹崎嶇之地耕種。其農業及農具均極幼稚，僅使用一種名叫 lala 之鐵柵狀小鏟，從事各種農事工作。

阿美族之傳統生活方式相當悠閒。對農作物之栽培，並無獨佔性或蓄積

財富之觀念，故其農作經營，僅求自給自足，而常以狹小之農地爲滿足，不再求耕地面積之擴大。所以農作物之栽培，除了主食——稻、粟、甘藷外，其他副食作物之生產，並不普遍。《臺灣六記》記載南勢阿美族之農耕情形云：「南勢番之農夫很勤勉，能徹底利用之肥沃之土地，種植很多的旱稻、粟、芋及甘藷、玉蜀黍、豆、西瓜、小南瓜等等」。〔註120〕其主要農產如下表：

附表四－十二　清季後山阿美族之主要農作物表

農作物種類	臺灣名稱	阿眉語	分佈地區	生產概況
水稻	水稻	Burath.	全境	少
陸稻	陸稻	Burath nu wuma.	〃	少
糯米	糯米	Kutugai burath.	〃	少
粟	小米	Hawai.	〃	最多
稷			海岸地方	多
蜀黍	高粱	Walaisau.	全境	少
玉蜀黍	蕃麥	Alilai.	〃	少
甘藷	蕃薯	Bugath.	〃	多
落花生	土豆	Kurasib.	〃	稍多
煙草	莨	Tamaku.	〃	多
胡麻	芝麻	Labka.	〃	多
苧麻	苧麻	Kureyu.	〃	少

——資料來源：田代安定：《臺東殖民地豫察報文》，頁130。

甲、糧食作物

A、稻作之栽培：阿美族之主要稻作地區在奇萊地方之飽干社、薄薄社；秀姑巒地方之大巴塱社、大肚莊社、烏鴉立社、沙老社、馬意文社及海岸地方之石坑社、馬稼海社、姑律社等地，其他各社亦有少許分佈。其稻作栽培以陸稻爲主。栽培法仍極粗放，播種以後便棄之不管，讓其自然生長，故常見稻田中雜草叢生。但他們之糧食大半靠陸稻之收穫。此外，彼等平常均以糯米爲主食，故陸稻之栽培亦以糯米爲最多。

B、旱作物栽培概況：阿美族所居之地因水利不發達，故其農作經營仍以旱作爲主。其旱作物則以甘藷、粟、稷、煙草等爲大宗。甘藷之栽培法，並

〔註120〕馬偕，《台灣六記》，頁103。

無特殊之處，茲就其餘各項略述於後。

（1）粟：粟爲該族早晚之食物，其米粒細小、味道好，家家戶戶之倉庫內均貯藏甚多。另在大港口之納納社、北頭溪社（均在今花蓮縣豐濱鄉）有龍爪粟之栽培，爲專供釀酒之作物。

（2）稷：稷之種植主要在成廣澳附近之都滅社、阿路姑米諸社以北至大港口諸社。常與粟、蜀黍、甘藷等間作。另在山邊坡地亦有少數分佈。

（3）煙草：阿美族之煙草栽培均不施肥，只靠天然之養分。其產量、品質及分佈情形不詳，惟向來卑南港輸出之煙草，以「高山番」之產品爲主，平地生產者甚少。

乙、園藝作物

茲將卑南及阿美兩族之園藝業，按其用途，分爲果樹類及蔬菜類兩種，略述其栽培概況於後：

A、果樹之栽培概況：

清季漢人移居後山甚遲，且爲數不多，故早期後山漢人之農作經營以生產糧食爲主，對需長期培育之果樹，則未暇種植。因此，後山土著之果樹栽培，一枝獨秀，除供自給外，尚供應漢人之消費。然當時所生產之果品，種類有限，品質亦劣。茲將卑南、阿美兩族所栽培之果樹種類列表於後，並分述其生產概況如下：

附表四－十三　清季後山土著所栽培果樹一覽表

種　類	臺灣名稱	阿眉語	栽植區域	生產狀況
麵包樹	葡桃蜜（宜蘭）	Patiluth.	全境（但卑南極少）	多
香蕉	芎蕉	Pauli.	全境	〃
鳳梨	旺萊	Paringath.	〃	少
柚子	柚子	Turoah.	〃	最多
雪柑	雪柑	Mami.	〃	稍多
君遷子樹		Alupath.	〃	多
柿	毛柿	Kamaya.	〃	少
檬果	樣仔	Knau.	卑南	極少
龍眼	蕃仔龍眼	Kowai.	奇萊及海岸地方	少
番石榴	奈拔仔	Giabush.	全境	多

李	李仔	Varkawai.	〃	極少
桃	桃仔	Lupash.	〃	極少

——資料來源：田代安定：《臺東殖民地豫察報文》，頁 141 至 142。

　　由上表得知，往昔土著所栽培之果樹，種類不多，總共不過十二、三種。其中栽培較多者，偏重於易栽培之柚子、麵包樹及香蕉等，至於需較高栽培技術之鳳梨、芒果等，則爲數不多。

　　（1）麵包樹：此果係熱帶居民之常見食品。其栽培區集中於奇萊之南勢七社。據云：阿美族常取其嫩葉及枝皮曬乾後煎飲之以代茶。〔註121〕

　　（2）香蕉：其分佈頗爲普遍，各社到處均有栽植，尤其栽植於宅邊者爲多。其果實常供於市面，充作交換日用品之用。

　　（3）鳳梨：鳳梨之栽培不多，只偶而可見栽種者，產量少，品質亦劣。

　　（4）柑橘類：柑橘之栽培，僅有二－三種，除柚子之栽培較普遍外，至於桶柑之栽培則微不足道，只奇萊地方有少量栽植。此類果樹中柚子之產量最多，但品質不佳。

　　（5）君遷子樹：又名山柿，爲土著嗜食之果，尤以兒童爲然，多植於各村社宅邊地。

　　（6）毛柿：阿美、卑南兩族均栽植之，其果呈赤褐色，表面細毛叢生，故名。其果實略呈扁平行。大者，圓徑約二寸，其味淡甜，略帶微臭，尤爲阿美族之嗜好品，故所產均供自給。

　　（7）芒果：其分布極少，僅在知本社見其大樹，並有人於樹下種植陸稻。至於海岸地方之阿美族則罕植此樹。

　　（8）龍眼：此樹與麵包樹同爲阿美族常種之果樹。其分佈區域，僅限於奇萊及海岸地方之阿美族部落。

　　（9）番石榴：後山所產之番石榴，皆屬野生種，土著栽培者少，偶而有人將之栽植於庭園。

　　（10）桃、李：此兩果樹種植者少，爲稀罕之果樹。

　　（11）西瓜：西瓜之栽培不少，土著且以之充當菜餚，其汁甜味美，品質較臺灣西部爲佳。

　　綜上所述，往昔漢人之水果，皆仰賴土著之供應。由此可見，昔時土著

〔註121〕田代安定，前引書，頁 143。

之果樹園藝業，一枝獨秀。究其原因，並非先住民善於栽植果樹，乃係漢民族遷居臺東之歷史較淺，且移民之職業，多半以半商半農為業，至專事農業生產者，移墾之急務，乃在急需生產短期糧食作物，以便解決日常糧食問題，故對長期作物——果樹類之生產，自然心有餘而力不足。蓋土著定居臺東之歷史悠久，乃有開闢庭園，栽植果樹之舉。惟其栽培極為粗放，不加施肥；因之，其水果之品質欠佳，產量亦低。

B、蔬菜類之栽培概況

土著所栽培之蔬菜，大致與當地漢人所栽種者大同小異，惟其中亦不乏珍奇者，茲列其種類於表四－十四：

附表四－十四　清季後山土著所栽培之蔬菜一覽表

蔬菜種類	臺灣名稱	阿眉語	生產狀況	分佈區域
細葱	葱	Knau.	多	全境
南瓜	金瓜	Tamurack.	〃	〃
匏	匏仔	Taraahre.	〃	〃
胡瓜	莿瓜	Katsawash.	極少	北勢溝社
苦瓜	苦瓜	Kakuruth.	少	全境
絲瓜	菜瓜	Runi.	〃	〃
他馬賽豆	豆仔	Tamasai.	最多	〃
木豆	樹豆	Mataan.	〃	〃
哇拉斯豆		Walasb.	極少	海岸地方及奇來
刀豆		Otove.	〃	雷公火社
萹豆	菜豆	Tavia.	多	全境
大薯	大薯	Kuruth.	少	雷公火社
青芋	芋頭	Otali.	多	〃

——資料來源：田代安定，《臺東殖民地豫察報文》，頁146。

除表四－十四所列蔬菜外，漢人所種之薑、番椒、萊服、冬瓜、紅豆等蔬菜，土著亦都有種植，尤以卑南族為然；其中亦有自己不嗜食之，而專以出售為目的而種植者。茲將其栽培概況，略述於後。

（1）細葱：係卑南族之特產，為風味極佳之小根葱。其品種和臺灣葱大

同小異，惟其特點，係根球肥大，形如球蔥，味道濃美。該族常將之售於卑南新街之市面上。

（2）南瓜：係卑南、阿美兩族之主要蔬菜，又充作交易品之一，或充當養豬飼料。其品種係臺灣普通種南瓜。形狀有：橢圓形、扁平形及瓠瓜形。其中以橢圓形最大。南瓜易於久藏，故多大量種植，作為常年菜蔬。

（3）匏瓜：即瓠瓜。除供菜蔬用外，其主要用途為供作家庭容器之用。例如水瓢等器。

（4）白胡瓜：胡瓜之栽培在後山極普遍，惟北勢溝社卑南族所產之純白色胡瓜，形如越瓜，因風味佳美，與普通胡瓜稍異其趣。為罕見之稀品。

（5）青芋：芋向為熱帶地區土著之日常食品，或用以代米之副食。惟後山之阿美、卑南兩族，食芋者甚少。難見水芋之栽培。僅少數栽植於園圃之中，作為菜蔬食用。其所以如此，乃後山土著之生產技術，雖極幼稚，然食糧之生產，已頗為進步。米之生產，因限於水利，故栽培不多，食米者不普遍，而以甘藷及粟為主食。食芋者少。

（6）大薯：即熱帶地方所稱之「山芋」，栽培極為粗放。

（7）刀豆：分佈極稀，僅栽植於卑南地方之雷公火社（關山鎮）。此豆微有毒性，若不煮熟，食之者將中毒嘔吐不已。

（8）扁豆：分佈於全境，一般廣植於埔園或原野，常摘其嫩莢，以供食用。

（9）木豆：為土著種植最廣之農作物之一，尤以奇萊之阿美族為然；其樹高近丈，花為蛾形黃色，在十－十一月間，其熟莢纍纍蔽枝間，土著採收後貯藏之。其用法如黃豆，惟木豆呈黑色，其形比烏豆稍為圓小，係無毒性之淡味食物，其枝榦可借柴薪，為極有經濟價值之作物。

（10）他馬賽豆：係阿美語之譯音，漢人稱為「豆仔」。為宿根蔓草植物。其蔓條長滿於地上，其葉似葛藤，惟稍柔滑，背部生毛茸，由根際抽出許多蔓條，每柄叢生三大葉，花呈淡黃色，莢長四－五寸，十－十一月間成熟。收後貯藏，並供作四季之菜料，豆呈肉褐色，食前須再煮，否則會令人嘔吐。

此作物極易栽培，雖不管理結實仍佳。故其分佈極廣。尤以里壟莊附近最多。

（11）哇拉斯豆：係阿美語之譯音。為珍奇之豆科植物，其原產地不詳，栽植未廣，僅分佈於海岸地方之貓公社、北頭溪社、南勢諸社及大港口莊等

地。

丙、雜作物

阿美、卑南兩族之雜作物較著者如下表，並略述其栽培概況於後。

附表四－十五　清季後山土著所植雜作物表

品　　名	「番語」	用　　途	栽植區域
檳榔樹	Yichop	果實咀爵用樹榦當建材	全境
莿竹	Aurh	建築用	全境
麻竹	Sasogan		稀少
奇萊箭竹	Bulo	欄柵用	奇萊地區（數量少）
桂竹	Sangian		山邊地（數量少）
篆竹		先住民作欄柵用，漢人亦有植者	各村落附近

——資料來源：田代安定：《臺東殖民地豫察報文》，頁 150。

　　（1）檳榔：在前山地區，檳榔樹大都爲漢人所栽植，然後山却相反，漢人多賴土著之供應。後山材木雖多，然一般建材，家屋樑柱，皆常用檳榔樹。因漢人可以賤價購自土著。土著亦常以檳榔樹充當橋樑材料，故各社皆普遍種植。又卑南、阿美兩族均嗜食檳榔子實，因常隨身携之以食，而卑南族又以檳榔爲嫁娶之聘物，故種植甚多。

　　（2）竹：漢人亦仰賴土著供應竹材，奇萊地方之阿美族亦和前山之漢人一樣，以刺竹爲材建屋。常擇一定之距離種植，若過密時則加以砍伐利用。麻竹之栽植反而甚少。另奇萊地區之土著社植有一種略似箭竹之小竹。竹身較箭竹爲細，高近丈，節短而密，土著將其砍伐後，常七、八十支爲一捆，賣於店肆之上，供人做爲門柵等使用。《臺灣六記》云：「每個村子四周均有繁茂之竹林」，〔註122〕即土著社多竹之寫照。

　　綜上所述，清代後山由於開闢不久，漢人不多，其經濟型態仍以農耕爲主之自給自足經濟。漢人大多從事半農半商之生活，土著則從事粗放之幼稚農業。同時土著之農業亦受漢人之影響，逐漸在進步之中。但漢人因移入不久，故多不從事園藝作物之栽培而仰給於土著，由此亦證明，在漢人移入後山之過程中，漢民與土著間之關係，並非完全處於敵對或剝削者與被剝削者

〔註122〕馬偕，《台灣六記》，頁 103。

之尖銳之立場，而仍有其互相依存共生之一面。

第五節　政治社會結構

　　後山本係土著（以前稱「生番」）之地，清季以來，由於漢人不斷地移入，而逐漸形成漢民土著雜處之局面。但因漢土文化背景之不同，社會結構有所差別。於茲為了解後山之政治社會結構，乃將漢人與土著分開來探討。

一、漢人社會之鄉治

　　後山之墾闢，係在招墾制及墾首制下逐漸進行，因此，什長、百長及墾首等農墾領導者，他們在拓墾過程中，除了規劃墾務、籌集資本、組織勞力和保衛墾民安全之外，亦負責處理境內之行政事務及維持社會秩序。迨開墾完成之時，他們一方面掌握了經濟權力，同時也對社會產生了影響力，甚至成了領導者。由於漢人不斷地聚居、定著，於是逐漸形成了地緣團體及自治組織——街和莊。街與莊係自然形成之自治團體。在移墾社會中，當土地逐漸墾成後，移民即行建莊定居，莊如果工商繁榮、人烟稠密，有市肆者，則稱之為街。關於街莊之定義，《彰化縣志》曾有明白之說明：

> 凡有市肆者，皆曰街、闤闠囂塵，屋宇縱橫。街房銜銜曰巷。郊野
> 之民，群居萃處者，曰村莊，又曰草地。〔註123〕

因街莊係自然形成，故其地界並無法令上之劃分，而隨土地開發之進展而變遷。一個街莊內亦每有小聚落，即街之郊有莊，大莊之內包含數小莊，各有其莊名。除光緒四年（1878）吳光亮曾改加禮宛莊為佳落莊及次年吳氏於「化番俚言」中主張「改社為莊、以示區別」外（詳第三章第五節），官不以行政處分決定街莊之名稱，亦不規定負責人之職務，而由街莊居民自行推舉領袖，使其依街莊慣例，處理地方事務，成一自治組織。

　　後山街莊之出現始於何時？難以詳考，惟陳英《臺東誌》云：

> 至同治十二年癸酉，寶藏共有二十八家，成廣澳共只五、六之家，
> 璞石閣共有四十餘家，花蓮港共有四十餘家，……小琉球島人於道
> 光年間徙居火燒寺，合共三十七家。〔註124〕

由此可知，最晚在同治十二年（1873），寶藏、成廣澳、璞石閣、花蓮港等地

〔註123〕周璽，《彰化縣志》，頁 39。
〔註124〕陳英，《台東誌》，頁 82。

均已形成街莊。光緒以後漢人始大量移入，街莊之形成亦隨之大增，迨光緒十五年（1889）時，臺東直隸州下共設廣鄉、新鄉、奉鄉、南鄉、蓮鄉五鄉，以統轄州內之漢人街莊。據光緒二十年（1894）《臺東州采訪冊》之記載，當時五鄉所轄之街莊如附表四－五。由於吳光亮之改社爲莊，故後山之街莊並非專指漢人所居之聚落而言，至於大莊平埔族及加禮宛平埔族所居之地亦稱莊。如大莊、七結莊、公埔莊、頭人埔莊等。〔註125〕在漢人之街莊組織中，其領導人之職稱通常有總理、副總理、甲長、總甲長、小甲長、墾目等名銜，茲分述如下：

（1）總理：後山之總理有稱某莊之總理，即爲某街莊之首，與前山之街莊正相同，日人調查報告所謂：「臺東漢人之部落組織與前山相同，村長稱總理或甲長」。〔註126〕如三仙河莊、大巴塱莊、打馬烟莊、媽汝莊、大埔莊、卑南新街、成廣澳莊、大港口莊等均置總理即其明證。〔註127〕另外有數莊置一總理者，此總理則爲聯莊之領袖，管轄數街莊。如加禮宛五莊和南莊置一總理。〔註128〕聯莊之由來係清代臺灣社會中有許多事務牽涉到數街莊時，如防盜防匪、修路築圳等，因此必需有一共同之組織，以綜理境內之公務，乃有聯莊之設，並置總理。因此，聯莊係數街莊之擴大型態。其區域官方不予規定，任由人民自定。故無論一街莊總理或聯莊總理，均爲地方自治團體之最高領袖。總理之選充，通常由境內街莊之頭人，或再會同對保差或地保，檢附保結狀及被舉人之認充結狀，向廳、州正堂稟舉，若無不合，即飭差傳被舉人赴轅受驗，經訊驗爲合格，則予諭充，同時發給諭帖及戳記。〔註129〕至於總理之職掌，據《新竹廳志》之記載，其職掌爲：（1）調解民事訴訟或其他紛爭；（2）撤回已繫屬於官署之民事訴訟，或由官署交下，而各予辦理；（3）管理公共事業；（4）與紳士協同，籌捐地方公事之基金；（5）率迎人民送迎上官，並予接應；（6）編查保甲門牌；（7）辦理團練、多防、保甲、聯莊；（8）稟報不良之徒於官，以策境內安全；（9）傳達官署命令於人民。〔註130〕後山之總理，其職權如何？並無詳細資料可稽，然似必與新竹廳之總理相去不遠。

〔註125〕田代安定，前引書，頁 247 至 291。
〔註126〕田代安定，《台東殖民地豫察報文》，頁 35。
〔註127〕田代安定，《台東殖民地豫察報文》，頁 247 至 291。
〔註128〕同註 127。
〔註129〕戴炎輝，《清代台灣之鄉治》，頁 24。
〔註130〕同註 129，頁 30。

另外較大之街莊，如拔仔莊、中城莊、里隴莊等，因事務較繁，故於總理之下又設一副總理，以協助總理處理業務。其舉充殆與總理同。〔註131〕

（2）甲長：後山之較小街莊不設總理或莊正，而設甲長，甲長之職權殆與莊正相等。〔註132〕如廸街莊、新港街莊、農兵莊、上城莊、客人城莊等均設有甲長。〔註133〕另較小之街莊，其亦有類似聯莊之組織，而設有總甲長、小甲長之職。如十六股莊即是。〔註134〕故後山之總甲長、小甲長、甲長等職，似與前山之聯莊總理及街莊正相當，同為地方鄉治之街莊首長。

（3）墾首：後山之開墾，墾首制為一重要之拓墾組織，墾首於開墾成功後，成為業主，擁有資產及地位，領導其下之佃戶，因此墾首成為街莊之主要成員，常負擔街莊之大部份經費，故對街莊或總理區之發言權極強，或被推為總理、甲長等職，即使不為總理、甲長等其他鄉職，仍干預地方大小公事，成為地方之領袖。如水尾仙莊之墾首林金榜即為該莊之領袖。〔註135〕

（4）紳耆：紳耆乃指紳士和耆老而言。紳士是指已退休之官員及有學位之知識分子（如生員、監生、貢生、舉人、進士等）。紳士為官所器重，亦為街莊民眾所尊敬，介於官民之間、溝通政策及民意；因此可影響官方決策，又可干預街莊事務。至於耆老，清律規定：「其合設耆老，須於本鄉年高、有德、眾所推服人內選充；不許罷閒吏卒，及有過之人充任，違者，杖六十。當該官吏笞四十」。〔註136〕因此耆老自然為街莊民眾推戴。由於紳耆均為街莊民眾所尊重，故未設總理或甲長之村落，其街莊事務均由紳耆所負責。〔註137〕

二、平埔族之街莊組織

後山之大莊平埔族及加禮宛平埔族，本係前山移入之所謂「熟番」，早已漢化。光緒四年（1878）加禮宛土著亂，為吳光亮所平，吳氏改加禮宛社為佳洛莊。光緒五年（1879），吳光亮頒「化番俚言」以教化土民，內有：「改社為莊，以示區別；蓋內地百姓，所居之地，均稱某村某莊。爾等將來置買

〔註131〕同註127。
〔註132〕田代安定，前引書，頁35。
〔註133〕同註127。
〔註134〕同註127。
〔註135〕同註127。
〔註136〕清律，戶律，戶役門，禁革主保里長條。
〔註137〕田代安定，《台東殖民地豫察報文》，頁35至36。

田業，立契書券，一切皆照現改莊名辦理，以歸劃一」。〔註138〕至光緒末年，所有加禮宛及大莊平埔所居之地概改稱爲莊，如大莊、佳洛莊、公埔莊等，〔註139〕故平埔族之鄉治組織，殆與漢人之街莊相同。亦設總理爲街莊之首席，此外，尚有正頭目、副頭目、頭目、頭人、通事、紳耆、莊長等鄉職。茲分述如下：

（1）總理：平埔族之總理，其性質與漢人之總理同，爲街莊或聯莊之最高領袖，其職責及舉充、斥革，當與漢制同。

（2）頭目：臺灣在荷據時期，由土著社自選「長老」，做爲土著社之代表。〔註140〕明鄭時期，改設正、副土官以統攝土民。〔註141〕清初亦設土官以理土民，乾隆時改土官爲土目。〔註142〕乾隆五十二年（1787）之設屯奏議中，又有頭目之稱呼。〔註143〕光緒三年（1877）之撫「番」章程中亦有「歸化各番社宜設立頭目，作爲社長，每月酌給薪水十元、八元，以示羈縻」〔註144〕之語，又光緒五年（1879）吳光亮所頒「化番俚言」中有：「舉委頭目，以專責成；蓋頭目爲一社一莊之主，即官府亦信任之」。〔註145〕光緒五年（1879）袁聞柝之稟中亦有「頭目」之名稱。〔註146〕由此可見，不論土官、土目、頭目等名，概爲土著社首長不同時期之稱呼而已。頭目之職責與舉充、斥革等，「化番俚言」言之甚詳。

> 爲頭目者，務行正道，學習規矩，講求禮貌，公正辦事，約束番衆。
> 倘有不服教訓，仍敢爲兇作惡，該頭目聞知，即傳該莊小頭目，傳
> 知長者，帶同犯罪之人，嚴行儆戒。倘仍頑梗，即鳴衆細綁，送官
> 究治。若頭目辦事不公，惟出結擔保之頭目是問。〔註147〕

由此可知，充頭目之條件爲務行正道，公正辦事，講求禮貌，並由其他頭目具結擔保，由官諭充。其職責主要在約束土民。管理社租及發給口糧，調處

〔註138〕溫吉，《台灣番政志》，第二冊，頁 541。
〔註139〕田代安定，前引書，頁 247 至 291。
〔註140〕溫吉，《台灣番政志》，第一冊，頁 30 至 32。
〔註141〕溫吉，前引書，頁 58 至 59。
〔註142〕同註 141。
〔註143〕同註 141，第一冊，頁 326 至 328。
〔註144〕《劉銘傳撫台前後檔案》，頁 7。
〔註145〕溫吉，《台灣番政志》，第二冊，頁 539。
〔註146〕胡傳，《台東州采訪冊》，頁 41。
〔註147〕溫吉，前引書，頁 539。

錢穀、田土等民案。傳達官方命令，處理漢土交涉事件等。〔註 148〕

　　一般而言，土著社除立頭目外，更立正副頭目，甚至正副總頭目者。「化番俚言」云：

　　　蓋設立正總頭目及副總頭目，以爲各莊之主；別又選各莊正副小頭
　　　目，以爲一莊之主；各户番丁有事，須稟告本莊正副小頭目，如正
　　　副小頭目辦理不清，即轉告正副頭目調停，不得自作自爲。凡各莊
　　　小頭目，務要遵總頭目之訓；各户番丁，亦須遵本莊小頭目之戒；
　　　其各總副大頭目，及各莊正副小頭目，均歸官府管束。倘有何名頭
　　　目，辦事不公，亦由爾番户告知總副頭目責辦；如總副頭目辦理不
　　　公，遂稟告官府，究責開革，別舉公正者補充。〔註 149〕

由上可知，所謂正副總頭目即如漢人聯莊之總理正副。其正副頭目則同漢人
之街莊正副。惟後山平埔族街莊未見有設正副總頭目之資料。其設正頭目者
有：媽佛莊；僅設頭目者有觀音山莊，石連埔莊。〔註 150〕

　　（3）頭人：頭人係一社之領袖，或一族之族長，或某團體之首腦。《臺
東州采訪冊》云：番人年未有婦及有婦已死或反目分離者，皆別居一處，曰
『擺郎館』。而館中人必受頭人老番約束，則同也。〔註 151〕

　　同書又云：

　　　各社有犯姦及盜竊、鬥毆等事，皆就社長、頭人、老番評論。〔註 152〕

由此可見，社長、頭人、「老番」同爲「番社」公共事務之裁判者或首長。如
識羅莊、姑律莊、石梯莊等均是。〔註 153〕

　　（4）紳耆：此處之紳耆係指士紳或「老番」。紳耆是否土著社固有之社
會階層之一，抑或受漢人街莊之影響而產生者，雖不敢斷定，但土著常有重
視老人之經驗，故應是土著社所固有。土著社中士紳雖很少，但不無其例。
荷蘭據臺時，受到荷蘭教化之土著，稱爲教冊，〔註 154〕此即士紳。土著之紳
耆不是土著社之職員，但因其富聲望，重要社務如通事、土目之稟舉或請斥

〔註 148〕戴炎輝，前引書，頁 385。
〔註 149〕同註 147，頁 540。
〔註 150〕田代安定，前引書，頁 247 至 291。
〔註 151〕胡傳，《台東州采訪冊》，頁 52。
〔註 152〕同註 151，頁 53。
〔註 153〕同註 150。
〔註 154〕伊能嘉矩，《台灣文化志》，下卷，頁 578 云：「教冊係新港等四社平埔番語
　　　　Sumaketsiavero，即讀書人之縮稱 ketsier 之音譯」。

革，社地之給墾或典押等常由社中紳耆連僉，尤其社內爭執常與通事、土目會同而予以調處。〔註155〕有關後山之平埔族莊社中紳耆之資料極少，但麻之林莊由紳耆來領導，〔註156〕則足見紳耆在後山中之社會具領導之地位與前山無異。

（5）莊長：後山有莊長之設，彭仔存莊即設有莊長。〔註157〕此類莊長係沿自漢人街莊正之異名，即一街莊之領袖。

（6）通事：土著社之設通事，始自鄭氏時代。〔註158〕清廷領臺後，仍予沿襲。蓋爲通言語，以辦「番餉」及課差役而設。在初期，通事以漢人充任；嗣後改由識字土民充當，其年代似在乾隆二十二年以後。〔註159〕通事通常係官所設；在光緒年間，通事之充任，需先由社內生員、業戶、屯弁丁、「番差」、「耆番」、麻踏等稟舉，然後由官驗充。〔註160〕通常一社有一通事和一頭目；但亦有一通事兼充數社者。〔註161〕數社合成一大社，則設有總通事或正通事及副通事。〔註162〕然光緒十二年（1886），劉銘傳刷新「番政」之際，改稱「熟番」通事爲董事，以與「生番」通事區別。當時「熟番」從舊慣，尚存留「番社」、頭目之名稱，而「番社」實已等於街莊，頭目權限與總理同，其通事主要在輔助頭目，不過擔當與漢民交涉有關「番租」收領事項而已，與從前通事任務全不相同。〔註163〕後山之平埔族唯加禮宛五莊共設有通事一名。但五莊之領袖爲總理而非頭目，實乃漢土混居之特例。〔註164〕

總之，總理、頭目、頭人、紳耆、莊長、通事等均爲平埔族社會之代表及公共事務之決定者與執行者。惟其決定必須經過「社衆會議」之決定。即遇有重要事務時，召集社中要人（並非召集全社人）。因之參加此會者爲總理、莊長、紳耆、頭目、頭人、通事及社內其他要人而已。〔註165〕

〔註155〕戴炎輝，前引書，頁407。
〔註156〕田代安定，前引書，頁271。
〔註157〕田代安定，前引書，頁285。
〔註158〕江日昇，《台灣外記》，頁408云：「上淡水通事李滄獻策，取金裕國，……」等語。可見明鄭時已設通事。
〔註159〕調查會編，《台灣私法》一卷上，頁374。
〔註160〕戴炎輝，前引書，頁388。
〔註161〕朱景英，《海東札記》，台文叢第十九種，1958，頁57。
〔註162〕見胡傳，《台東州采訪冊》，頁38至40。
〔註163〕溫吉，《台灣番政志》，第一冊，頁61。
〔註164〕田代安定，前引書，頁249。
〔註165〕戴炎輝，前引書，頁249。

三、土著（不包括平埔族）之社會結構

後山之居民主要以土著為主，所謂「州在臺灣山後，地皆群番所居」，
〔註166〕即可看出此種現象，土著所居之聚落曰「社」。《臺海使槎錄記》云：

> 社之大者，不過一、二百丁；社之小者，止有二、三十丁。〔註167〕

同書又記云：

> 社立一公所，名曰公廨，有事則集。〔註168〕

《番社采風圖考記》云：

> 番社前，蓋茅亭一所，進則館三間，名曰公廨；土目、通事會議決
> 斷之所，日夜撥番夫二人守候。〔註169〕

則知土著社一社之人口，少者二、三十人，多者一、兩百人；社中設有公廨，
平時為土目、通事之辦公處所，有事則為會議之所，日夜均輪番派人守衛。

清代統治土著，採取土人與漢人隔離之政策。詳言之，土著社與漢人之
街莊錯居，但社、莊不相統屬。土民自成一社，而因官之規制，各設社長及
通事以約束土民。蓋因土漢語言不同，風俗相異，不宜採取單軌制。又土著
社間，通常無統屬關係，從官方立場，則不無分割而治之意。惟間亦有總社
之組織。總社之結集，似因各小社為總社之分社，或各小社係同一種族而來。
惟總社與其管下各小社之關係，亦極為鬆弛。所謂：「出草遇鄰社番，亦或
殺而取其首」。〔註170〕可見總社對屬下統制之鬆弛。而總社常設有正、副社
長、總通事或正通事，以統轄數社；〔註171〕此與漢人之聯莊設總理者類似
也。

後山之埤南成廣澳、大麻里、秀姑巒、高山、南勢七社及高山木瓜六總
社均各設有總通事一名，副總通事一名，亦有不設副總通事者，如埤南成廣
澳總社。〔註172〕又拔子莊之週武洞總社設正、副社長各一名，下轄四小社。
〔註173〕總社之下各轄數社至二、三十社不等，社之大者設正社長一人，副社
長一、二人，通事一名，社之小者，則僅設社長一，通事一名，或合數小社

〔註166〕胡傳，《台東州采訪冊》，頁1。
〔註167〕黃叔璥，《台海使槎錄》，頁163，引東寧政事集語。
〔註168〕黃叔璥，《台海使槎錄》，頁169。
〔註169〕六十七，《番社采風圖考》，頁13。
〔註170〕胡傳，《台東州采訪冊》，頁53。
〔註171〕見胡傳，《台東州采訪冊》，頁21至41。
〔註172〕同註171。
〔註173〕胡傳，《台東州采訪冊》，頁29。

僅設一通事。〔註174〕

綜上所述可知，總通事、副總通事、通事、社長、副社長等均為土著社之領導人，其相互間之關係及職責，茲分述如下：

（1）社長及正、副社長：明鄭時期予土著社首領土官之職銜，清初沿之，乾隆時改土官為土目，光緒三年（1877）撫番開山善後章程言：「歸化各番社，宜設立頭目，作為社長，每月酌給薪水十元、八元，以示羈縻」。〔註175〕然當時後山並未及施行，故光緒五年（1875）卑南同知袁聞柝有再請給「番目」口糧之事。〔註176〕光緒十年劉銘傳擬定撫「番」章程時言：

> 所有未經歸順，情願剃髮歸化之社番，每社百人以外者，立一社丁，月給口糧洋五元，春秋發給衣褲四件。至五百人以上者，立一社長，月給口糧銀洋八元。其有千人以上之社長，月給口糧銀十兩，春秋發給該社長全家衣褲每季每人一套。〔註177〕

由此可見，社長有大、中、小之分，大、中社為社長，小社稱社丁。惟光緒十二年（1886），巡撫劉銘傳批張兆連稟報辦理卑南各社土著薙髮並議加社副名目時提及：

> 眾議社分支大小不一，其人數眾多者，僅一社長，則教約難周；議加社丁，又嫌卑下。現擬應立社丁者，亦請改名社長者，請加以社副。〔註178〕

由此可見，當時大社除有社長外，並加社副以協助社長，而應立社丁之小社，亦改社丁為社長，故後山無社丁之職矣！同時亦證明，社長、副社長、社丁等職銜，最晚在此時以前已設立。惟當時被立為社長之條件，似應舉社歸化薙髮後，其頭人或頭目始被立為社長、副社長，〔註179〕又光緒十三年（1887），臺灣府轉飭恒春縣之札中云：

> 查恒轄已經招撫歸化各社番頭人及通事口糧數目，並聲明應否變通按社分設社丁、社長月給口糧」奉批：「查恒春縣番社早經歸化，各頭人月給口糧，相安已久；應即仍行照舊辦理，毋庸按社分設。

〔註174〕同註171。
〔註175〕《劉銘傳撫台前後檔案》，頁7。
〔註176〕胡傳，《台東州采訪冊》，頁40至41。
〔註177〕屠繼善，《恒春縣志》，卷五，〈招撫〉，頁97至98。
〔註178〕《劉銘傳撫台前後檔案》，頁84。
〔註179〕同註178。

〔註180〕

由此可知，社長、社丁等職銜，乃爲懷柔新薙髮歸化之土著社之榮銜，其歸化已久者，並不給予此銜，而仍稱頭人或頭目等。此外，社長乃官方所立，且月給口糧，故可視爲官治組織之末端，同時亦爲土著社組織之首席領袖。此與頭目、頭人等純爲自治組織之領導者稍異。

（2）通事：通事之設已詳於本節平埔族社會中，惟後山平埔族以外之土著之通事，有總通事、副總通事及正、副通事等職。其正、副總通事，係總社之領袖，猶如漢人之聯莊正、副總理。統轄其屬下各土著社，正、副總通事均由官方派充，對外代表各社，對內協和各社傳達政令等。至於各社通事，一般而言乃與社長或頭目共同約束土民，辦理社務，但仍以通事居頭目之上，阮蔡文淡水詩云：「通事作頭家、土官聽役使」。〔註181〕即其記實。

後山之土著通事，概由官府於漢人中選充，且常累代世襲。他們常向撫墾局申請墾照，以拓墾營利，故大多稍有資產，如太魯閣通事李阿隆即其一例。〔註182〕通事之舉充、斥革等，已詳於本節平埔族社會中，茲不複述。

後山土著社之社會領導階層，除了社長、通事以外，尚有正、副頭目，「老番」，勻頭、均目〔註183〕等，「老番」即「番耆」。已與頭目詳述於本節平埔族社會中，至於勻頭、均目似爲較社長、副社長爲小，或爲某團體或宗族之領袖，因資料缺乏，難以確知。

山前土著社尚有麻達、番差、社記等差役，〔註184〕以傳達公事，協辦公務，使土著社自治組織得以順利運作。後山雖未見有此類差役之文獻記載，然可能有此類差役存在才是。

綜上觀之，後山之政治社會勢力，在漢人社會中以頭人、墾首、總理、紳耆、甲長等爲主。彼等大都爲群眾所敬服，對公共事務深具影響力，故官治系統都尋求其爲合作之對象。

後山之官治組織（詳見本章第一節），在光緒初年爲卑南廳，廳下設有招撫局，光緒五年（1879）裁招撫局後，其業務改由營官負責。當時官治組織與地方政治社會勢力之互動情形如下圖：

〔註180〕《劉銘傳撫台前後檔案》，頁88至89。

〔註181〕周鍾瑄，《諸羅縣志》，卷十一，〈藝文志〉，頁269。

〔註182〕田代安定，《台東殖民地豫察報文》，頁47。

〔註183〕田代安定，前引書，頁247至291。

〔註184〕戴炎輝，《清代台灣之鄉治》，頁403至405。

圖四－一　卑南廳時期官治組織與政治社會勢力關係圖

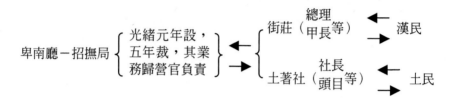

　　由前圖可看出，政令由廳下於招撫局，再透過街莊總理、甲長及土著社之社長、頭目、頭人等而下達於漢、土民眾。而漢土之輿情則以反方向上達於官府。但一般而言，清政府對漢人之街莊組織採放任主義，而對土著社則採取干涉、監督主義。此乃因土著文化未開，不識書算，缺乏自治能力，而土著社又有社租及社地，易爲漢人所侵佔、欺侮。〔註185〕故官治組織與地方政治社會勢力互相過程中，以土著社方面爲暢旺。此外，在當時之專制時代裡，政令下達之情形必較輿情上稟之機會爲多，此乃互動過程中之另一平衡現象。

　　光緒十三年（1887），後山改制爲臺東直隸州，前一年，劉銘傳設撫墾局以理「番政」，十五年（1889）又設五鄉以治漢人。故此時官治組織與地方政治社會勢力之交互作用又稍異於廳治時期，其互動情形如左圖：

圖四－二　臺東直隸州時期官治組織與政治社會勢力關係圖

<hr>

〔註185〕引自戴炎輝，前引書，頁366。

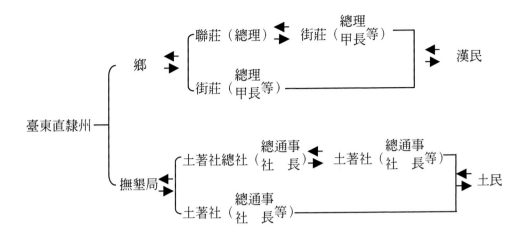

　　由上圖可見此期官治組織對漢、土之治理，改採雙軌之建制，但其交互作用之結果仍同，其目的均在使政令下達及「輿情」上通。

　　總之，後山之政治社會結構維持社會秩序，為社會發展提供了先決條件，也為政治安定奠下了基礎，使得政治能有效地運作。

第五章　結　語

　　清代後山之自然環境，並非絕佳之生存空間。就地形而言，後山高山縱橫，河川交錯，只有狹小之平原爲可耕之地。就氣候而言，冬季多霪雨，夏季多颱風，又處於地震帶上，風災、水災、地震頻仍，再加上瘴氣深重，更不適人居。就交通而言，陸上由於北、西、南三面皆爲高山所阻，海上以缺乏良港及風汎靡常而塞斷，故對外聯絡困難。內部則因山高谷深，溪流縱橫，對內交通亦不便。故向來只有種族複雜之土著定居於此，過著穴居野處，狩獵游耕之生活。荷、鄭時期，因產金之說流傳，偶有外來採金者涉足於其間，然猶荒煙未啓之地。

　　清廷治台以後，因恐漢人入侵「番地」及亂黨竄伏而劃界立石，以禁漢人入後山拓墾。然漢人或爲生計所迫，或爲利益之驅使，仍不斷地零星入墾，如吳全、鄭尚、黃阿鳳等均是。

　　當清廷視後山如化外之時，外人之覬覦後山卻接踵而至，先是貝尼奧斯基之企圖拓殖，繼則爲美利士之侵墾，其後更有美國、日本等國野心家之群起而進，終於釀成牡丹社之役。但卻喚醒了清廷對後山之關注，而有同治十三年（1874）開山撫「番」之進行，百餘年之封禁亦告解除。故清廷之積極經營後山，乃肇始於外人之覬覦，此在滿清理台史及台灣開發史上均爲一大特色。

　　清廷經營後山，以兵工開路，設局以招徠移民，經二十年之拓墾，至光緒末年時，終由蠻荒未闢變成有漢人五千餘，闢田數千甲之局面。奠定了後山開發之基礎，也穩固了清廷統治後山之磐石。然就其開發之動力而言，主要實因清廷官方之積極移民開墾之結果。此與前山之開發，大都靠民間之自

動拓墾，官方少有干涉者大異其趣。此亦爲後山開發之一大特色。

就開發之過程而言，清廷之開山撫「番」政策時弛時張，以沈葆楨、劉銘傳兩人治台時最積極，丁日昌、吳贊誠兩氏主政時次之，其餘則不足道矣！可見其人存則政存，人去則政息之情形，也反映出清廷治台政策之不穩定性及人事制度之不健全。

就其拓墾之情形而言，後山拓墾之地區，主要集中於花蓮、台東之間縱谷平原上。以南部之埤南最早，闢地亦最多，次則爲大莊、璞石閣一帶，花蓮以北則荒野仍多，開闢最晚，故後山開發先後乃由南而北漸次開發。與前山之情形相同。

就移民之來源而言，由於北、中、南三路之開闢、移民大多循此三路或海道入後山，故宜蘭、淡水之移民多循北路或海道入墾花蓮、新城一帶；南投、彰化地區之移民則多循中路入墾璞石閣、水尾一帶；而鳳山、恒春地區之移民多由南路入墾埤南、新開園、巴塱衛一帶。亦有少數直接來自大陸之粵籍移民，定居於大港口，客人城等地。不過後山之移民大多來自島內，此爲後山之又一特色。移民們大多彼此混合而居，或與土著混居，〔註1〕並無類似前山有粵人居山、漳、泉居平地之情形，而後山曠土甚多較不致爭奪耕地而紛爭，且土著出草之威脅，亦有助於漢人之團結，故後山並無類似台灣其他地方有分類械鬥之情形。此亦爲後山之一大特色。

後山之移民，富有武裝移民之意味，即先以兵勇開路後進駐後山，然後移民拓墾，並以駐軍防範土著之來襲，並維持秩序，此與台灣其他各地之先有移民拓墾，然後設官駐兵者不同，此亦爲後山之一大特色。因此，後山防營之地位相當重要，在招墾局裁撤後，營官甚至擔任撫墾事務，此亦爲前山所無。

清代爲開闢後山而進行開山及安撫土著，由於開山，而有北、中、南三路之開築，其中南、北二路之開闢，奠定了日後開闢蘇花公路與南橫公路之基礎，由於安撫土著，兇悍土著遭到膺懲，溫順土著備受教化。結果使後山土著日漸發展，奠定了日治時期及二次大戰後經營後山之基礎。

清季開闢後山，時人已頗多非議，光緒七年（1881），臺灣道劉璈即批評道：「名曰開山，不過鳥道一線，防不勝防，且有旋開旋塞者。至今地多曠土，

〔註1〕胡傳，《台東州采訪冊》，頁 20。田代安定：《台東殖民地豫察報文》，頁 36 至 41。

兵民無所憑依。名曰撫番，不過招番領賞。濫賞何益？且有旋賞旋叛者。至今殺人如故，番民格格不入。兼以山後陰凝成瘴，防墾兵民，類多中傷，以致開撫踵事虛糜，有名無實」。〔註2〕光緒十八年（1892）知府胡傳提出更嚴厲之指責道：「臺灣自議開山以來，十有八年矣。剿則無功；撫則罔效；墾則無尺十一寸地報請升科；防則徒爲富紳土豪保護茶寮、田寮、腦寮、而不禁兇番出草。每年虛糜防餉，撫墾費爲數甚鉅。明明無絲毫之益，而覆轍相蹈，至再、至三、至四、不悟、不悔；豈非咄咄怪事哉」。〔註3〕

　　後山之開闢，豈如劉璈及胡傳所言：「踵事虛糜，有名無實」乎？綜觀本文中諸路之開築，官軍之進駐，移民之入墾，耕地之擴展，土著之漢化，以致設官分治，使後山成爲漢、土互利共榮之地，豈劉、胡兩氏之言可埋沒哉！蓋後山開闢之肇因，乃在杜外人之覬覦，固中國東南之海疆。故後山開闢之契機在於鞏固國防。而國防乃百年之大計，需長期之培植，而難成於旦夕，故常投資巨額之財力人力，而其功利未能立見。後山開發僅短短二十餘年，耗費與績效雖不成比例，然後山從此漸闢，漢人社會從此確立，後山從此與前山混融爲一體，此豈胡傳、劉璈兩氏所能預見者哉！姚瑩曰：「臺灣生齒日繁，游手甚衆，山前無曠土矣！番弱勢不能有其地，不及百年，山後將全入版圖」。〔註4〕可謂有遠見者也。

〔註2〕劉璈，《巡台退思錄》，第一冊，頁55。
〔註3〕胡傳，《台灣日記與稟啓》，頁63至64。
〔註4〕姚瑩，《東槎紀略·埔里社紀略》，頁36。

參考書目

一、中文部份

1.《清聖祖實錄選輯》，台文叢第一六五種，1963。

2.《清世宗實錄選輯》，台文叢第一六七種，1963。

3.《清高宗實錄選輯》，台文叢第一八七種，1964。

4.《道咸同光四朝奏議選輯》，台文叢第二八八種，1971。

5.《清會典台灣事例》，台文叢第二二六種，1966。

6.《台灣通史》，連雅堂，台北眾文圖書股份有限公司，1979 年一版。

7.《台灣府志》，高拱乾，台文叢第六五種，1960。

8.《續修台灣府志》，余文儀，台文叢第一二一種，1962。

9.《巡台退思錄》，劉璈，台文叢第二一種，1958。

10.《台灣六記》，馬偕，台文叢第六九種，1960。

11.《全台遊記》，池志徵，台文叢第八九種，1960。

12.《清德宗實錄選輯》，台文叢第一九三種，1964。

13.《台灣關係文獻集零》，台文叢第三〇九種，1972。

14.《同治甲戌日兵侵台始末》，台文叢第三八種，1959。

15.《甲戌公牘抄存》，台文叢第三八種，1959。

16.《台東誌》，陳英，胡傳之台東采訪冊附錄，台文叢第八一種，1959。

17.《台灣采訪冊》，陳國瑛，台文叢第五五種，1959。

18.《重修鳳山縣志》，王瑛曾，台文叢第一四六種，1962。

19.《光緒朝東華錄選輯》，朱壽朋，台文叢第二七七種，196。

20.《噶瑪蘭廳志》，陳淑均，台文叢第一六〇種，1963。

21. 《台東州採訪冊》，台文叢第八一種，1959 年。

22. 《諸羅縣志》，周鍾瑄，台文叢第一四一種，1962。

23. 《彰化縣志》，周璽，台文叢第一五六種，1962。

24. 《淡水廳志》，陳培桂，台文叢第一七二種，1963。

25. 《台灣生熟番紀事》，黃逢昶，台文叢第五一種，1960。

26. 《東槎紀略》，姚瑩，台文叢第七種，1957。

27. 《蠡測彙鈔》，鄧傳安，台文叢第九種，1958。

28. 《東征集》，藍鼎元，台文叢第十二種，1958。

29. 《平台紀略》，藍鼎元，台文叢第一四種，1956。

30. 《裨海紀遊》，郁永河，台文叢第四四種，1959。

31. 《台海使槎錄》，黃叔璥，台文叢第四種，1957。

32. 《台游日記》，蔣師轍，台文叢第六種，1957。

33. 《台灣土地制度考查報告書》，程家穎，台文叢第一八四種，1963。

34. 《清代台灣大租調查書》，台文叢第一五二種，1963。

35. 《台灣私法物權編》，台文叢第一五〇種，1962。

36. 《番社采風圖考》，六十七，台文叢第九〇種，1961。

37. 《台灣島之歷史與地誌》，台北台灣銀行經濟研究室，1959。

38. 《台灣輿圖》，夏獻綸，台文叢第四五種，1959。

39. 《台灣「番」事物產與商務》，李讓禮，台文叢第四六種，1960 年。

40. 《台灣海防並開山日記》，羅大春，台文叢第三〇八種，1972 年。

41. 《臺灣日記與稟啟》，胡傳，台文叢第七一種，1960 年。

42. 《海音詩》全卷，劉家謀，省文獻會，1953 年。

43. 《籌辦夷務始末選輯》，台文叢第二〇三種，1964 年。

44. 《台灣外記》，江日昇，台文叢第六〇種，1960 年。

45. 《吳光祿使閩奏稿》，吳贊誠，台文叢第二三一種，1966 年。

46. 《劉壯肅公奏議》，劉銘傳，台文叢第二七種，1958 年。

47. 《恒春縣志》，屠繼善，台文叢第七五種，1960。

48. 《澎湖台灣紀略》，杜臻，台文叢第一〇四種，1961。

49. 《噶瑪蘭志略》，柯培元，台文叢第九二種，1961。

50. 《海東札記》，朱景英，台文叢第十九種，1958。

51. 《台灣地輿全圖》，撰者不詳，台文叢第一八五種，1963。

52. 《清季申報台灣記事輯錄》，台文叢第二四七種，1968。

53. 《台灣對外關係史料》，台文叢第二九〇種，1971。

54. 《清穆宗實錄選輯》，台文叢第一九〇種，1964。

55. 《福建台灣奏摺》，沈葆楨，台文叢第二九種，1959。

56. 《劉銘傳撫台前後檔案》，台文叢第二七六種，1969。

57. 《台灣之過去與現在》，台研叢第一〇七種，1972。

58. 《李文忠公全集》，李鴻章，光緒乙巳金陵刊本，台北，國立政治大學藏。

59. 《巴達維亞城日記》，郭輝譯，省文獻會，1970。

60. 《清光緒台灣通志》，蔣師轍，省文獻會，1956。

61. 《海國聞見錄》，陳倫炯，台文叢第二六種，1958。

62. 《宮中檔光緒朝奏摺》，國立故宮博物院，國立故宮博物院，1973。

63. 《台灣詩錄》，陳漢光，省文獻會，1971。

64. 《台東縣志》，黃拓榮，台東縣文獻委員會，1963。

65. 《中美早期外交史》，李定一，傳記文學出版社，1978。

66. 《台灣史研究——初集》，賴永祥，自印，1970。

67. 《台灣東部山地民族》，陳國鈞，自印，1957。

68. 《台灣史事概說》，郭廷以，台北正中書局，1965年六版。

69. 《台灣之土地制度與土地政策》，王益滔，台北台灣銀行經濟研究室（以下簡稱台銀經研室），1964。

70. 《台灣地質》，林朝榮，省文獻會，1974。

71. 《中國的台灣》，陳奇祿等著，台北中央文物供應社，1980。

72. 《清代台灣之鄉治》，戴炎輝，台北聯經出版事業公司，1979。

73. 《台灣史》，盛清沂、王詩琅、高樹藩，台灣省文獻會，1979年二版。

74. 《清代之噶瑪蘭》，廖風德，台北里仁書局，1982。

75. 《台灣省通志》，卷一、〈土地志·疆域篇〉，張炳楠，省文獻會，1970。

76. 《台灣省通志》，卷八，〈同胄志〉，張炳楠，省文獻會，1972。

77. 《台灣地理》，朱家泰，正中書局，1971。

78. 《台灣史論叢》第一輯，黃富三、曹永和編，台北眾文圖書公司，1980。

79. 《台東縣志》，黃拓榮，台東縣文獻文獻委員會，1963。

80. 《清代台灣經濟史》，周憲文，台研叢第四五種，1957。

81. 《台灣早期歷史研究》，曹永和，聯經出版事業公司，1979。

82. 《清代台灣水利開發研究》，蔡志展，昇朝出版社，1980。

83. 《晚清治台政策》，張世賢，東吳大學，1978。

84. 《花蓮縣志稿》，駱香林，花蓮縣政府，1961。

85.《台灣之原始經濟》，台研叢第七〇種，1959。

86.《台灣經濟史十一集》，台研叢第一一三種，1974。

87.《台灣文化論集》（一），林熊祥等著，台北台灣中華文化出版事業委員會，1954 年再版。

88.《台灣文物論集》，省文獻會編，省文獻會，1984 再版。

89.《台灣地名手冊》，陳正祥，省文獻會，1959。

90.《花蓮地誌》，李南山，台灣省立花蓮師範專科學校印行，1966。

91.《台灣考古學民族學概觀》，鹿野忠雄著，宋文薰譯，省文獻會，1955。

92.《美國與台灣》，黃嘉謨，中央研究院近代史研究所專刊，1966。

93.《日本史》，余又蓀，中華文化出版事業委員會，1956。

94.《台灣涉外關係史》，林子候，1978。

95.《明清台灣碑碣選集》，黃耀東編，省文獻會，1980。

96.《台灣番政志》，溫吉編譯，省文獻會，1957。

97.《丁日昌與洋務運動》，呂實強，近史所專刊第三十種，1972。

98.《中央山脈與台灣東部》，陳香，花蓮縣文獻委員會，1979。

99.《日寇侵凌牡丹社》（一）、（二），謝汝銓，台灣省通志館館刊創刊號，第一卷第二號，1948。

100.〈台灣牡丹社邊防始末〉，陳世慶，《文獻專刊》第一卷第 4 期，1950。

101.〈台灣先史時代的文化層〉，宋文薰譯，《文獻專刊》第三卷第 3、4 期合刊，1952。

102.〈撫墾〉，林衡立，《文獻專刊》第四卷第 1、2 期（銘傳特輯），1953。

103.〈花蓮平林遺跡之初步調查〉，劉茂源，《文獻專刊》第五卷第 1、2 期，1954。

104.〈伯尼約斯基之台灣探險〉，陳乃蘗，《台灣文獻》第六卷第 4 期，1955。

105.〈十七世紀荷人勘查台灣金礦紀實〉，賴永祥、王瑞徵譯，《台灣文獻》第七卷第 1、2 期，1956。

106.〈台灣隘制考〉，王世慶，《台灣文獻》第七卷第 3、4 期，1956。

107.〈牡丹社之役與李善德之活躍〉，賀嗣章譯，《台灣文獻》第十卷第 2 期，1959。

108.〈台東移住民史〉，陳季博，《台灣文獻》第十卷第 3 期。

109.〈清初嚴禁沿海人民偷渡來台始末〉（上）、（下），莊金德，《台灣文獻》第十五卷第 3 期，第 4 期，1964。

110.〈藍鼎元治台讜論〉，莊金德，《台灣文獻》第十七卷第 2 期，1966。

111.〈清代開闢台灣中路之吳光亮事略〉，林文龍，《台灣文獻》第二十六卷第

3 期，1975。

112. 〈牡丹社之役及其影響〉，林子候，《台灣文獻》第二十七卷第 3 期，1976。

113. 〈台東史實概述〉，楊越凱，《台灣文獻》第二十八卷第 4 期，1977。

114. 〈光緒二十三年台東廳吏之蘭嶼探查史料〉，洪敏麟，《台灣文獻》第二十九卷第 1 期，1978。

115. 〈清代同光之際開山撫番史事編年〉，盛清沂，《台灣文獻》第三十卷第 3 期，1979。

116. 〈東部考古紀行——本會同仁考察卑南遺址紀實〉，程大學，《台灣文獻》第三十二卷第 1 期，1981。

117. 〈談台灣後山之開發〉，陳顯忠，《台灣文獻》第三十二卷第 2 期，1983。

118. 〈清代的土地問題〉，黃富三，《食貨月刊復刊》四卷 3 期，1974。

119. 〈清代台灣漢人社會的開墾組織與土地制度之形成〉，陳其南，《食貨月刊復刊》九卷 10 期，1980。

120. 〈清代台灣漢人移民社會的歷史與政治背景〉，陳其南，《食貨月刊復刊》十卷 7 期，1980。

121. 〈清代台灣社會的結構變遷〉，陳其南，《民族所集刊》49 期，1980。

122. 〈清代台灣漢人土地所有型態之研究〉，張勝彥，《東海大學歷史學報》4 期，1981。

123. 〈清季台灣東部之農耕形態〉，陳榮波，《台灣銀行季刊》第十三卷第 1 期，1961。

124. 〈關於台灣更新世的人類與文化〉，宋文薰，《國際漢學會議論文集》，1981。

125. 〈台東縣卑南遺址發掘報告〉（一），宋文薰、連照美，《考古人類學刊》，1983。

126. 〈太麻里區發現的史前遺物簡報〉，吳燕和，《考古人類學刊》，1964。

127. 〈卑南遺址發掘〉，連照美，《科學月刊》，第十二卷 1 期，1981。

128. 〈長濱文化——台灣首次發現的先陶文化（簡報）〉，宋文薰，《中國民族學通訊》，第 9 期，1969。

129. 〈台灣東部縱谷地帶農墾與移民可能性之研究〉，陳正祥，《台灣銀行季刊》，六卷 4 期，1954。

130. 〈英人康氏占墾大南澳始末〉，卜新賢，《台灣風物》，五卷 5 期，1955。

131. 〈咸豐四年美國艦隊訪台記〉，賴永祥，《台北文物》，四卷 1 期，1955。

132. 〈清代台灣社會領導階層性質之轉變〉，蔡淵洯，《史聯雜誌》，第 3 期，1983。

133. 〈綠島人種的來源問題〉，畢長樸，《台灣風物》二一卷 1 期，1971。

二、日文部份

1. 《改隸前の東部台灣》，渡邊善嗣，1931，台北。
2. 《臺東殖民地豫察報文》，田代安定，1897，台灣總督府。
3. 《台灣文化志》，伊能嘉矩，刀江書院，1965。
4. 《臺灣志》，伊能嘉矩，以文館，1969。
5. 《台灣蕃政志》，伊能嘉矩，台灣總督府，1904。
6. 《台灣私法附錄參考書》，臨時台灣舊慣調查會（以下簡稱調查會），神戶小寺活版，1910。
7. 《台灣私法》第一卷（上）（下），調查會編，樓氏會社金子印刷所，1910。
8. 《台灣移住民史》，《台灣慣習記事》，第四卷第一號，第四卷第二號，佚名，1969。
9. 《台灣の蕃族研究》，鈴木作太郎，台灣史籍刊行會，1932。
10. 《清代水利史研究》，東京亞紀書房，1974。
11. 《大日本地名辭書續編第三台灣》，伊能嘉矩，富山房會社，1910。
12. 《台灣地名研究》，安倍明義，台北松田書店，1938。
13. 《台灣經濟史研究》，東嘉生，台北東部書籍株式會社台北支店，1944。
14. 《台灣征蕃記》，水野遵，抄本，台中圖書館藏，1879。
15. 《台灣蕃族慣習研究》，調查會，1921。
16. 《台灣蕃人事情》，台灣總督府民政部文書課，台灣日日新報社，1901。
17. 《台灣高砂族系統所屬の研究》，伊川子之藏等著，台大土俗人種研究室，1935。
18. 〈蘭人時代の蕃社戶口表〉中村孝志，《南方土俗》，四卷，1期，1984。

三、西文部份

1. J.W.Davidson：The Island of Formosa（1903）
2. Goddard, W.G：Formosa（London，1966）

後　記

　　本文之撰寫過程，蒙張勝彥師之悉心指導，舉凡史料之徵引，觀念之啟發，文稿之增刪潤飾，均蒙惠渥，張師並曾幫吾介紹工讀機會以解決不少經濟上之困境，若非張師之助吾斷炊者屢矣！故在此特別致上最高之謝意。另外，呂所長士朋師及古師鴻廷均曾給予課業或生活上之協助，又本文之完成，蒙諸多師長、友人之鼓勵與幫助，在此一併致謝。最後必須感謝岳父陳乃披先生及岳母王薔薇女士，若非他們提供經濟之支援並代為照顧愛女，我是無法完成學業的。而內人毓芳及愛女映紅給我的鼓勵與壓力，也是值得稱謝的，不然，本文之完成還得等待！再等待！